DIREITO ELEITORAL
REGULADOR

Diretora Responsável
MARISA HARMS

Diretora de Operações de Conteúdo
JULIANA MAYUMI ONO

Editores: Cristiane Gonzalez Basile de Faria, Danielle Oliveira e Iviê A. M. Loureiro Gomes

Assistente Editorial: Karla Capelas

Produção Editorial
Coordenação
JULIANA DE CICCO BIANCO

Analistas Editoriais: Amanda Queiroz de Oliveira, Andréia Regina Schneider Nunes, Danielle Rondon Castro de Morais, Flávia Campos Marcelino Martines, George Silva Melo, Luara Coentro dos Santos e Rodrigo Domiciano de Oliveira

Técnica de Processos Editoriais: Maria Angélica Leite

Assistentes Documentais: Roberta Alves Soares Malagodi e Samanta Fernandes Silva

Administrativo e Produção Gráfica
Coordenação
CAIO HENRIQUE ANDRADE

Assistentes Administrativos: Antonia Pereira e Francisca Lucélia Carvalho de Sena

Auxiliar de Produção Gráfica: Rafael da Costa Brito

Capa: Chrisley Figueiredo

Dados Internacionais de Catalogação na Publicação (CIP)
(Câmara Brasileira do Livro, SP, Brasil)

Almeida Neto, Manoel Carlos de
    Direito eleitoral regulador / Manoel Carlos de Almeida Neto. – 1. ed. – São Paulo : Editora Revista dos Tribunais, 2014.
    Bibliografia
    ISBN 978-85-203-5219-9
    1. Direito eleitoral 2. Direito eleitoral – Brasil I. Título.

14-02820   CDU-342.8(81)

Índices para catálogo sistemático: **1.** Brasil : Direito eleitoral   342.8(81)

MANOEL CARLOS DE ALMEIDA NETO

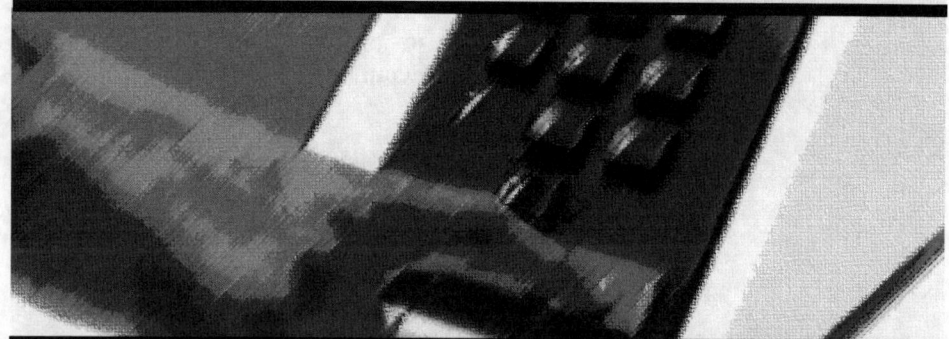

DIREITO ELEITORAL REGULADOR

THOMSON REUTERS
REVISTA DOS TRIBUNAIS™

DIREITO ELEITORAL REGULADOR

Manoel Carlos de Almeida Neto

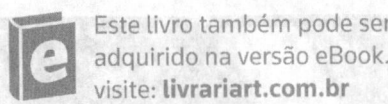

Este livro também pode ser adquirido na versão eBook.
visite: **livrariart.com.br**

© desta edição [2014]

Editora Revista dos Tribunais Ltda.

Marisa Harms
Diretora responsável

Rua do Bosque, 820 – Barra Funda
Tel. 11 3613-8400 – Fax 11 3613-8450
CEP 01136-000 – São Paulo, SP, Brasil

Todos os direitos reservados. Proibida a reprodução total ou parcial, por qualquer meio ou processo, especialmente por sistemas gráficos, microfílmicos, fotográficos, reprográficos, fonográficos, videográficos. Vedada a memorização e/ou a recuperação total ou parcial, bem como a inclusão de qualquer parte desta obra em qualquer sistema de processamento de dados. Essas proibições aplicam-se também às características gráficas da obra e à sua editoração. A violação dos direitos autorais é punível como crime (art. 184 e parágrafos, do Código Penal), com pena de prisão e multa, conjuntamente com busca e apreensão e indenizações diversas (arts. 101 a 110 da Lei 9.610, de 19.02.1998, Lei dos Direitos Autorais).

Central de Relacionamento RT
(atendimento, em dias úteis, das 8 às 17 horas)
Tel. 0800-702-2433
e-mail de atendimento ao consumidor: sac@rt.com.br
Visite nosso *site*: www.rt.com.br

Impresso no Brasil [05-2014]

Profissional

Fechamento desta edição [15.04.2014]

EDITORA AFILIADA

ISBN 978-85-203-5219-9

*A MELISSA RIBAS DE ALMEIDA e
ISADORA RIBAS DE ALMEIDA,
pedacinho de felicidade,
com todo meu amor.*

AGRADECIMENTOS

Ao Professor Titular Enrique Ricardo Lewandowski, Exmo. Ministro Vice-Presidente do Supremo Tribunal Federal e orientador deste trabalho, ao Exmo. Vice-Presidente da República, Michel Temer (Professor Titular de Direito Constitucional na PUC/SP), ao Exmo. Ex-Governador do Estado de São Paulo, Cláudio Lembo (Professor Titular de Direito Constitucional na Universidade Mackenzie), ao Exmo. Presidente da Comissão de Graduação da Faculdade de Direito da Universidade de São Paulo, Professor Livre-Docente, Heleno Torres, e, especialmente, a Exma. Presidente da Comissão de Pós-Graduação da FDUSP, estimada Professora Associada e Livre-Docente, Monica Herman Salem Caggiano, por terem integrado a banca de doutorado que aprovou esta tese, com imerecida menção de louvor e distinção, cujos preciosos ensinamentos e críticas fundamentais foram incorporados nesta publicação.

A Doutora Yara de Abreu Lewandowski, por semear esperança e me fazer acreditar neste sonho.

A todos minha gratidão.

PREFÁCIO

O Direito Eleitoral brasileiro, urdido sobre sólidas elaborações doutrinárias dos autores clássicos, foi progressivamente assumido como um domínio dos constitucionalistas. Nas últimas décadas, porém, vimos florescer trabalhos especializados e com maior aderência à prática e à técnica eleitoral. Foram muitas as razões. Entre outras, os 21 anos de ditadura, que o converteram num ordenamento simbólico e protocolar das relações eleitorais, desgarrado que estava dos fundamentos democráticos e das liberdades individuais. Passados mais de cinco lustros da promulgação da Constituição de 1988, é chegado o momento da sua renovação.

Nestes novos tempos, sob a égide do constitucionalismo do Estado Democrático de Direito, assume preponderância a consolidação democrática das relações entre sociedade e Estado como bases da construção teórica do Direito Eleitoral. A expansão dos partidos políticos, ao lado dos valores e institutos eletivos, com o voto direto, secreto, universal e periódico, forjaram a confiança na soberania popular como único meio para determinar o futuro da sociedade, conforme as escolhas públicas definidas pelos governantes eleitos, democraticamente. Por isso, a eleição,[1] objeto e fim do Direito Eleitoral, à luz desse modelo auspicioso, deve ser concebida como instrumento de concretização de liberdades fundamentais, proteção de minorias e máxima realização da democracia.

A obra *Direito eleitoral regulador*, que temos especial orgulho de prefaciar, de lavra do eminente e erudito estudioso, o Doutor Manoel Carlos de Almeida Neto, passe o truísmo, colmata uma antiga lacuna desta área, como inequívoco avanço em seara dantes dominada por superficialidades ou formalismos e repleta de indagações nunca exauridas.

Ao ter o privilégio de acompanhar, ao longo dos últimos anos, o profissionalismo invulgar e a qualificada produção acadêmica do nosso autor,[2] pude confirmar

---

1. DAUGERON, Bruno. *La notion d'élection en droit constitutionnel. Contribution à une théorie juridique de l'élection à partir du droit public français*. Paris: Dalloz, 2011.
2. São exemplos, entre outros: ALMEIDA NETO, Manoel Carlos de. *O novo controle de constitucionalidade municipal*. Rio de Janeiro: Forense, 2011; ALMEIDA NETO, M. C. de. A função administrativa da Justiça Eleitoral brasileira. In: GAGGIANO, Monica Herman Salem (coord.). *Direito eleitoral em debate: estudos em homenagem a Cláudio Lembo*. São Paulo: Saraiva, 2013; ALMEIDA NETO, M. C. de; LEWANDOWSKI, E. R. The brazilian electronic voting system. *Modern Democracy Magazine*. vol. 1. p. 6-7. Vienna, Austria, 2011; e ALMEIDA NETO, M. C. de; LEWANDOWSKI, E. R. La soberania popular y el sistema

seu itinerário de virtuosa maturidade doutrinária e compromisso com a efetividade da Constituição. Um ser humano de princípios e valores, de máxima seriedade, trabalhador incansável, integralmente devotado à justiça, generoso e de singular cultura humanista.

O presente estudo resulta da Tese de Doutorado do ilustre autor, defendida na Faculdade de Direito da Universidade de São Paulo, elaborada sob a orientação segura do Professor Titular de Direito do Estado Enrique Ricardo Lewandowski, Ministro e Vice-Presidente do STF e ex-Presidente do TSE. Para sua elaboração, contribuiu fortemente a experiência de Assessor-Chefe e Secretário-Geral da Presidência do TSE, entre 2009 e 2012. Ao longo desses elevados misteres, pôde colher da experiência haurida no acompanhamento da prática contínua da criação, aplicação e controle das normas produzidas pela Justiça Eleitoral, ao lado da vasta pesquisa, para servir ao referencial teórico do seu empenho acadêmico.

O exame da tese não poderia ter sido mais convincente, cuja Banca tivemos a honra de integrar, ao lado do seu magnífico orientador e dos demais membros, o Vice-Presidente da República Michel Temer (Professor Titular de Direito Constitucional na PUC-SP), o Ex-Governador do Estado de São Paulo Claudio Lembo (Professor Titular de Direito Constitucional na Universidade Mackenzie) e da Profa Monica Herman Salem Caggiano (Presidente da Comissão de Pós-Graduação e Professora de Direito Constitucional na Faculdade). E, após rico debate, sua aprovação, com distinção e louvor, veio como corolário dos encômios uníssonos ali proferidos.

O livro enfrenta tema dos mais difíceis, que é a atividade reguladora da Justiça Eleitoral, e o faz com objetividade e notável praticidade na abordagem das normas e respectivas laborações doutrinárias. Sua crítica é elegante, mas aguda, ao apontar as dificuldades e contradições no controle e coerência com a Constituição e leis eleitorais. É estudo profundamente inovador, com primorosa coerência em toda a extensão, amparado em qualificada bibliografia e pautado por rigorosa metodologia. Sua máxima ênfase, porém, está em ser uma das melhores evidências da retomada democrática do Direito Eleitoral brasileiro, no recorte temático assinalado.

Ao descortinar o intricado modelo regulador da Justiça Eleitoral, em estudo de cunho prático e teórico de raro equilíbrio, este livro avança. Inicialmente, traça a história do direito eleitoral brasileiro, organização, competências e funções da Justiça Eleitoral. Nesse intento, faz distinguir a função normativa da Justiça Eleitoral das funções administrativa, jurisdicional e consultiva, as quais se integram para conferir segurança jurídica sistêmica, agilidade administrativa e efetiva prestação

---

electrónico de votación brasileño. *De Jure – Revista de Investigación y Análisis*. v. ano 9. p. 119-127. Colima, México, 2010.

jurisdicional em favor da continuidade do Estado, segundo as escolhas livres e periódicas dos governantes e da representatividade parlamentar.

No seu prosseguir, desenvolve a teoria das nulidades eleitorais, para sustentar a validade relativa de votos anulados por cassação judicial de mandato e a necessidade de realização de novas eleições para a chefia do Executivo. Defende também, entre outras teses, o cômputo dos votos para a legenda, quando a decisão de inelegibilidade ou cancelamento de registro do candidato for proferida após o dia da eleição, no pleito proporcional. O estudo desdobra cuidados sobre o poder normativo da Justiça Eleitoral, define seu conceito, tipologias, fundamentos, pressupostos de existência, requisitos de validade e os limites formais e materiais impostos pelas leis e pela Constituição.

Por todos esses motivos, ao tempo que cumprimento nossa tradicional e secular EDITORA REVISTA DOS TRIBUNAIS, hoje Editora do Grupo THOMSON REUTERS, pela iniciativa da oportuna edição, celebro a honra de associar-me ao nosso valoroso autor e aos destinos dessa obra tão significativa, que nos chega sob as inspirações e virtudes de renovação do nosso Direito Eleitoral, para contribuir de modo indelével com seus parâmetros constitucionais e legislativos em vigor. Que assim seja.

HELENO TAVEIRA TORRES
Professor Livre-Docente e Presidente da Comissão de Graduação
(Coordenação do Curso) da Faculdade de Direito da USP.

SUMÁRIO

Agradecimentos 7
Prefácio 9
Introdução 19

1
EVOLUÇÃO DO SISTEMA ELEITORAL BRASILEIRO

1.1 Noções preliminares 21
    1.1.1   Soberania popular 21
    1.1.2   Representação política 22
    1.1.3   Ordenações e pelouros 25
1.2 Sufrágio no Império 26
    1.2.1   Círculos 28
    1.2.2   Terços 29
    1.2.3   Triunfo dos liberais 30
1.3 Eleições na República 31
    1.3.1   Roupagem republicana 33
    1.3.2   Congresso enquadrado 34
    1.3.3   Velha Carta 34
1.4 Verdade eleitoral 37
    1.4.1   Bico de pena e degola 37
    1.4.2   Revolução e eclipse democrático 38
    1.4.3   Raiar da democracia 41

2
A JUSTIÇA ELEITORAL DO BRASIL

2.1	Organização	43
	2.1.1 Órgão de cúpula	44
	2.1.2 Cortes regionais	46
	2.1.3 Juízes zonais	47
	2.1.4 Comissões	48
2.2	Competências	48
	2.2.1 Tribunal Superior Eleitoral	48
	2.2.2 Tribunais Regionais Eleitorais	50
	2.2.3 Juízes eleitorais	52
	2.2.4 Juntas eleitorais	53
2.3	Funções	53
	2.3.1 Função administrativa	54
	2.3.2 Função jurisdicional	61
	2.3.3 Função normativa	66
	2.3.4 Função consultiva	67
2.4	Classes processuais	69
	2.4.1 Generalidades	69
	2.4.2 Quadro completo	71
	2.4.3 Especificidades	73

3
TEORIA DAS NULIDADES ELEITORAIS

3.1	Nulidades *versus* anulabilidade	75
	3.1.1 Teoria positivada	76

	3.1.2	Nulidades normativas	77
3.2	Nulidades no Direito Eleitoral		78
	3.2.1	Voto nulo e voto anulado	78
	3.2.2	Votação nula e votação anulável	82
	3.2.3	Voto em branco	84
3.3	Vetor da maioria e a validade relativa de votos anulados		85
	3.3.1	Maioria de votos válidos	86
	3.3.2	Estado da questão no Tribunal Superior Eleitoral	88
	3.3.3	Dupla vacância no Executivo por cassação eleitoral	94

4
DOUTRINA DO PODER REGULAMENTAR

4.1	Lei e regulamento	101
4.2	Alicerce constitucional	104
4.3	Atos normativos primários e secundários	106
4.4	Classificação dos regulamentos	107

5
O PODER NORMATIVO DA JUSTIÇA ELEITORAL

5.1	Generalidades		111
	5.1.1	Origem e conceito	111
	5.1.2	Fundamento legal	113
	5.1.3	Base constitucional	113
	5.1.4	Direito estrangeiro	115

5.2 Manifestação do poder normativo 123

    5.2.1 Instruções eleitorais 124

    5.2.2 Consultas normativas 133

    5.2.3 Resoluções permanentes 141

    5.2.4 Regulamentos internos 146

5.3 Tipologia das resoluções eleitorais 148

    5.3.1 Normativa 149

    5.3.2 Regulamentativa 154

    5.3.3 Contenciosa-administrativa 155

    5.3.4 Consultiva 156

5.4 Nova disciplina das resoluções eleitorais 156

6

ELEMENTOS DO PODER NORMATIVO DA JUSTIÇA ELEITORAL

6.1 Elementares do ato 161

6.2 Pressupostos de existência 162

    6.2.1 Órgão judicial 164

    6.2.2 Requerente 164

    6.2.3 Processo 165

    6.2.4 Eleição 165

6.3 Requisitos de validade 165

    6.3.1 Competência 166

    6.3.2 Capacidade 167

    6.3.3 Audiência pública 168

    6.3.4 Publicidade 170

7
LIMITES DAS RESOLUÇÕES ELEITORAIS

7.1	Generalidades	173
	7.1.1 Separação dos Poderes	173
	7.1.2 Ativismo judicial eleitoral	175
	7.1.3 Estado de inconstitucionalidade	178
7.2	Resoluções eleitorais inconstitucionais	179
	7.2.1 Verticalização das coligações	179
	7.2.2 Infidelidade partidária	184
	7.2.3 Invalidação dos votos de legenda	189
7.3	Limites formais e materiais	193

BIBLIOGRAFIA 199
CONCLUSÕES 207

INTRODUÇÃO

A atividade regulamentar da Justiça Eleitoral tem sido objeto de longas discussões no âmbito doutrinário, político e jurisprudencial ante o impacto político e social que os regulamentos eleitorais causam no processo eleitoral brasileiro. Daí a imperiosa necessidade de realizar um exame mais aprofundado desse poder normativo.

Para tanto, a partir da noção de soberania popular e da representação política, desenvolve-se a evolução histórica do sistema eleitoral brasileiro, iniciado na primeira metade do século XVI, quando se realizaram as primeiras eleições no Brasil sob a regência das Ordenações Manoelinas e a votação por pelouros, passando por toda legislação eleitoral, dos círculos, dos terços, até o triunfo dos liberais, na reforma que culminou com a Lei Saraiva, de janeiro de 1881.

Com a proclamação da República, veio um novo tempo para o sistema eleitoral, com grandes desafios a serem superados, em busca da verdade eleitoral, somente atingível com o fim das eleições fraudadas e decididas a bico de pena. A saída estava na criação de uma Justiça Eleitoral independente.

Em seguida, examina-se a organização da Justiça Eleitoral do Brasil. As competências do TSE, dos TREs, dos juízes e Juntas Eleitorais, bem como as funções administrativa, jurisdicional, normativa e consultiva, todas materialmente delimitadas.

Com base na teoria geral das nulidades, o estudo ingressa no campo das nulidades eleitorais expondo as distinções, teóricas e positivadas, entre o voto nulo e o voto anulável, entre a votação nula e a votação anulável, bem como o voto em branco. Após, à luz do vetor da maioria, defende-se a validade relativa de votos anulados no pleito majoritário e a realização de novas eleições no caso de dupla vacância no Executivo, especialmente quando motivada por decisão da Justiça Eleitoral.

No capítulo 4, guiado pela clássica doutrina do poder regulamentar delineada por Hauriou, Malberg, Esmein, Duguit, Ducrocq, além de outras importantes referências nacionais e estrangeiras, o estudo apresenta as bases teóricas sobre as quais foram erigidas os alicerces do poder normativo da Justiça Eleitoral brasileira.

No capítulo 5, investiga-se a histórica função normativa da Justiça Eleitoral, que se insere no âmbito de atividade legislativa regulamentar, prevista na legislação de regência, desde o primeiro Código Eleitoral do Brasil (Dec. 21.076, de 24.02.1932), o qual, em seu art. 14, I e IV, estabelecia competência ao Tribunal Superior para elaborar o seu regimento interno e dos Tribunais Regionais, bem como "fixar normas uniformes para a aplicação das leis e regulamentos eleitorais, expedindo instruções que entenda necessárias". Na sequência, examinam-se as origens, o conceito, os fundamentos, a base Constitucional e os paralelos dessa atividade regulamentar em organismos de gestão eleitoral internacionais, como na Costa Rica, Uruguai, Fiji e Gâmbia, entre outros.

Com efeito, essa atividade normativa eleitoral se manifesta por meio dos processos autuados sob a classe "instrução", nos feitos administrativos, nas demandas jurisdicionais, nas consultas, com o título "resolução", nos regimentos, provimentos e portarias internas baixadas pelos Tribunais, com o objetivo de nortear o funcionamento da máquina eleitoral. Em seguida, se propõe uma tipologia das resoluções eleitorais, uma vez que foram identificadas quatro espécies distintas, a saber: (i) normativas; (ii) regulamentares; (iii) contenciosa-administrativas; e (iv) consultivas, todas hierarquicamente alinhadas e com o objetivo comum de organizar, regulamentar e executar as eleições.

O capítulo 6 do trabalho explica os elementos do poder normativo da Justiça Eleitoral, sustentando que os pressupostos são premissas, postulados, e dizem respeito ao plano *descritivo* da existência jurídica (mundo do ser), enquanto os requisitos são circunstâncias do plano *prescritivo* da validade (mundo do dever ser). Assim, aponta-se como pressupostos ou condições existenciais para esses regulamentos eleitorais: órgão jurisdicional, requerente, processo e eleição. De outro lado, apresenta-se como requisitos de validade: competência, capacidade, audiência pública e publicidade.

Por fim, examinam-se as balizas do ativismo judicial eleitoral, partindo-se da doutrina da separação das funções do Estado, com enfoque na crise reinante entre o Legislativo e o Judiciário, acentuada por alguns regulamentos expedidos pela Justiça Eleitoral, os quais criam e restringem direitos, inovando na ordem jurídica, até mesmo contra a Lei Maior do País.

Não se questiona a importância do poder regulamentar da Justiça Eleitoral, tão relevante para a administração de eleições livres e para o sucesso de uma democracia com dimensões continentais, na qual participam mais de 140 milhões de eleitores.

Busca-se, portanto, com o presente estudo, apresentar uma modesta contribuição para o aprimoramento da atividade regulamentar da Justiça Eleitoral brasileira, com alguma sistematização acadêmica apta a perquirir uma certa correção de rumos, em respeito aos limites impostos pelas leis e pela Constituição da República.

1
EVOLUÇÃO DO SISTEMA ELEITORAL BRASILEIRO

1.1 Noções preliminares

1.1.1 Soberania popular

A noção de soberania popular foi introduzida por Jean-Jacques Rousseau na obra *Du contract social; ou, Principes du droit politique,* publicada em abril de 1762.[1] Ao retomar o tema da legitimidade do poder, esse pensador partiu da premissa de que os homens, em um passado distante, teriam vivido no estado de natureza, longe da sociedade, rumo a uma associação ou contrato social que garantisse, simultaneamente, a igualdade e a liberdade. Rousseau ultrapassou restrições opostas ao exercício ilimitado do poder, determinado pelas leis divinas e pelo direito natural, para assentar que o povo, submetido às leis, deve ser o autor das mesmas, pois somente aos associados do pacto social competiria regulamentar as condições da sociedade.

E ao examinar a sensível missão do legislador, Rousseau argumentou que antes de erguer um edifício, um grande arquiteto observa e sonda o solo para saber se ele pode suportar o peso. Do mesmo modo, um legislador sábio não começa a escrever boas leis antes de saber se as pessoas que são destinatárias das normas podem suportar o peso dos regulamentos.[2]

Ao refletir sobre a teoria da soberania popular, Carré de Malberg observou que foi Rousseau "quem deu a essa doutrina sua expressão teórica mais clara, particularmente em seu *Contrato Social*, e ademais, quem deduziu as suas consequências práticas com uma precisão e uma coragem que não alcançou nenhum dos seus predecessores".[3]

---

1. ROUSSEAU, Jean-Jacques. *Du contract social; ou, Principes du droit politique*. Amsterdam: Chez Marc Michel Rey, 1762. 323 p.
2. "Comme, avant d'élever, un grand édifice l'architecte obferve & fonde le fol, pour voir s'il en peut foutenir le poids, le fage inftituteur ne commence pas par rédiger de bonnes loix en elles-mêmes; mais il examine auparavant fi le peuple auquel il les deftine eft propre à les fupporter". ROUSSEAU, Jean-Jacques. Idem, p. 92.
3. MALBERG, R. Carré. *Contribution à la theorie générale de l'État*. Paris: Recueil Sirey, 1920. t. I, p. 875.

Lewandowski, na mesma linha, observa que, a partir da obra de Rousseau, firmou-se o entendimento de que a vontade geral, isto é, a vontade do povo, reunido em torno do pacto fundante do contrato social, faz a lei, sem conhecer quaisquer limites ou restrições (*Quidquid populi placuit legis habet vigorem*).[4]

Com o advento do Estado Social, no fim da Primeira Guerra Mundial, a lei deixou de ser a expressão de uma anônima vontade geral, no sentido rousseauneano da expressão, conforme queriam os ideólogos do Estado liberal de Direito dos séculos XVIII e XIX, passando, assim, a representar o resultado da vontade política de uma maioria parlamentar, fundada a partir de vontades preexistentes no seio da sociedade, ainda que de maneira fragmentada.[5]

1.1.2 Representação política

Com efeito, onde impera a soberania popular, os governantes são escolhidos pelo povo para exercerem as atividades públicas na condição de mandatários ou representantes dos cidadãos, de forma legítima, ou seja, com base no sufrágio universal, igual, direto e secreto.

Nesse sentido, a Constituição Republicana de 1988 consagrou, entre outros, o princípio da soberania popular ao declarar, no seu art. 1.º, parágrafo único, que todo o poder emana do povo, que o exerce por meio de representantes eleitos ou diretamente.[6] O art. 14, *caput*, da mesma Carta, assevera que a soberania popular será exercida pelo sufrágio universal e pelo voto direto e secreto, com valor igual para todos. Sobre o tema, Fávila Ribeiro assentou que a soberania popular é o ponto fundamental da concepção do regime democrático.[7]

Para Dalmo de Abreu Dallari, a conquista do sufrágio universal foi um dos objetivos precípuos da Revolução Francesa e "constou dos programas de todos os movimentos políticos do século XIX, que se desencadearam em busca da democratização do Estado".[8]

Quanto ao direito de votar, Prado Kelly assentou que:

---

4. LEWANDOWSKI, Enrique Ricardo. *Globalização, regionalização e soberania*. São Paulo: Ed. Juarez de Oliveira, 2004. p. 225-227.
5. SILVA, Daniela Romanelli da. *Democracia e direitos políticos*. Campinas: Editor-Autor, 2005. p. 62.
6. "Todo poder emana do povo, que o exerce por meio de representantes eleitos ou diretamente, nos termos desta Constituição" (art. 1.º, parágrafo único, da CF/1988).
7. RIBEIRO, Fávila. O direito eleitoral e a soberania popular. *Themis*. vol. 3. n. 1. p. 300. Fortaleza: Esmec, 2000.
8. DALLARI, Dalmo de Abreu. *Elementos de teoria geral do estado*. 25. ed. São Paulo: Saraiva, 2005. p. 184.

"Voto é liberdade, e esta se manifesta por ação ou omissão, desde que seja cumprido o dever de comparecimento aos colégios eleitorais. Ninguém forçará um homem livre a proclamar a dignidade ou as virtudes de dezenas de cidadãos inscritos, os únicos entre os quais se lhe permite distribuir os sinais de sua simpatia ou de seu apreço. A lei o obriga a votar, porque é um ônus de cidadania; mas não lhe impõe um candidato – porque ao Estado e a seus agentes não é dado violar as defesas da consciência e do mundo subjetivo".[9]

Em um sistema representativo, deve-se, ainda, proteger as vontades das minorias, com amplo espectro de liberdades públicas fundamentais, como o direito de expressão, de reunião e de associação. E essa proteção das minorias se efetiva não apenas com a proteção, mas, principalmente, com a sua representação no Congresso Nacional. A propósito, Virgílio Afonso da Silva demonstra que os sistemas majoritários permitem uma representação artificiosa das minorias, por meio de cotas para as "maiores minorias", ao passo que os sistemas proporcionais não são baseados em reservas de representação, o que permite uma melhor qualidade representativa dos grupos minoritários.[10]

Mas a participação do povo no poder, atualmente, como observa Lewandowski, não acontece mais apenas a partir do indivíduo, do cidadão singular, ente privilegiado pelas instituições político-jurídicas do liberalismo, entre as quais se destacam as agremiações políticas. A passagem do século XX para o século XXI representa a época em que o indivíduo deixa de ser o protagonista para ceder espaço às associações, acolhidas nas constituições de diversos países, que se multiplicam nas denominadas "organizações não governamentais" (ONGs), destinadas à promoção de interesses específicos, tais como a salvaguarda do meio ambiente, a proteção da saúde e da educação, a defesa do consumidor ou o desenvolvimento da reforma agrária.[11]

Esse quadro fático, somado ao problema da representação política tradicional, originou institutos que diminuem a distância entre os cidadãos e o poder, com destaque para o plebiscito, o referendo, a iniciativa legislativa, o veto popular e o *recall*, os três primeiros incorporados na Constituição de 1988 (art. 14, I, II e III).[12]

---

9. KELLY, José Eduardo Prado. *Estudos de ciência política*. São Paulo: Saraiva, 1966. vol. 1, p. 255.
10. SILVA, Virgílio Afonso. *Sistemas eleitorais*. São Paulo: Malheiros, 1999. p. 137.
11. LEWANDOWSKI, Enrique Ricardo. Reflexões em torno do princípio republicano. In: VELLOSO Carlos Mário da Silva; ROSAS, Roberto; AMARAL, Antonio Carlos Rodrigues do (coord.). *Princípios constitucionais fundamentais: estudos em homenagem ao Professor Ives Gandra Martins*. São Paulo: Lex, 2005. p. 381.
12. Idem, p. 381.

É certo que a democracia representativa, exercida por meio de mandatários eleitos pelos partidos políticos, por indispensável, subsiste integralmente em nosso ordenamento político-jurídico, embora complementada pelo instrumental próprio da democracia participativa. John Stuart Mill, nessa linha, assentou que, "nas comunidades que excedem as proporções de um pequeno vilarejo, é impossível a participação pessoal de todos, a não ser numa porção muito pequena dos negócios públicos, pois o tipo ideal de um governo perfeito só pode ser o representativo".[13]

Os partidos políticos brasileiros sofreram as vicissitudes da alternância entre regimes democráticos e ditatoriais, impedindo, com honrosas exceções, que eles desenvolvessem uma sólida base ideológica.[14] Com essa lacuna, os partidos estiveram aprisionados ao fenômeno que Maurice Duverger identificou como o domínio oligárquico dos dirigentes partidários, cujo apanágio é "o apego a velhas fisionomias e o conservadorismo".[15]

Desse modo, os partidos de quadros e de massas ligados aos movimentos mais populares, com matizes ideológicos claros, apareceram recentemente, após a Segunda Guerra Mundial, em decorrência do processo de industrialização. Sob a égide da Constituição brasileira de 1988, Monica Herman Salem Caggiano constatou que a figura do partido político "passa a gozar de plena liberdade quanto a sua estrutura interna, sendo-lhe assegurada a faculdade de auto-organização, sob a única condição de integrar nos seus estatutos regras concernentes à fidelidade partidária e disciplina partidárias", para, em seguida, concluir: "Isto significa que qualquer controle ou investida legal nesse terreno vem a ser contagiada de inconstitucionalidade".[16]

Não obstante os defeitos inerentes ao sistema partidário brasileiro, hoje, os partidos políticos são absolutamente indispensáveis ao processo democrático, não apenas porque expressam múltiplos interesses e aspirações dos mais variados grupos sociais, mas, principalmente, porque são fundamentais para a formação de líderes políticos e seleção de candidatos aos cargos populares de natureza eletiva.[17]

Mas, para isso, é preciso entender, desenvolver e sanear o processo de escolha dos representantes do verdadeiro titular da soberania popular: o povo. Exatamente por essa razão é que o filósofo espanhol Ortega y Gasset afirmou que "a saúde das democracias, quaisquer que sejam seu tipo e grau, depende de um mínimo detalhe

---

13. MILL, John Stuart. *O governo representativo*. Brasília: UnB, 1981. p. 47.
14. FLEISCHER, David. Os partidos políticos. In: AVELAR, Lucia; CINTRA, Antonio Otávio (org.). *Sistema político brasileiro: uma introdução*. São Paulo: Unesp, 2004. p. 249.
15. DUVERGER, Maurice. *Os partidos políticos*. Rio de Janeiro: Zahar, 1970. p. 197.
16. CAGGIANO, Monica Herman Salem. Partidos políticos na Constituição de 1988. *Revista de Direito Público*. n. 94. ano 23. p. 145. São Paulo, abr.-jun. 1990.
17. SILVA, Daniela Romanelli. Op. cit., p. 62.

técnico: o processo eleitoral. Tudo o mais é secundário. Se o regime de eleições é acertado, se se ajusta à realidade, tudo vai bem: se não, ainda que o resto marche otimamente, tudo vai mal".[18]

A seguir, uma breve evolução do processo eleitoral brasileiro e a dificílima jornada percorrida para a implementação da Justiça Eleitoral em nosso País.

1.1.3 Ordenações e pelouros

Na primeira metade do século XVI, realizaram-se no Brasil as primeiras eleições para a escolha dos oficiais do Conselho das Câmaras, também denominado Senado da Câmara, em algumas das mais importantes cidades, como Salvador, Rio de Janeiro, São Luiz e São Paulo. O processo eleitoral era regido pelas Ordenações Manoelinas, que, em seu título XLV, fixava "de que modo se [faria] a eleição dos juízes, e vereadores, e outros oficiais".

Naquela quadra, os "homens bons e o povo" nomeavam seis cidadãos para eleitores que indicavam, de três em três anos, os juízes, vereadores, procuradores, tesoureiros e escrivães, para mandato de um ano, renovado por três exercícios. Os votos eram depositados em bolas de cera, chamadas "pelouros" e, curiosamente, segundo o item 4 do título XLV da referida Ordenação, a cada ano, um menino de sete anos revolveria bem esses pelouros para, em seguida, retirar os nomes sorteados para os cargos.[19]

Victor Nunes Leal registrou que, apesar da expressão "homens bons e povo", não se cuidava de sufrágio universal, como seria fácil imaginar. Ao contrário, explica que "o eleitorado de primeiro grau das Câmaras era bastante restrito, pois geralmente se consideravam 'homens bons' os que já haviam ocupado cargos da municipalidade ou 'costumavam andar na governança' da terra".[20]

A eleição era inspirada no clássico Sistema eleitoral por Pelouros, estabelecido em Portugal, por Dom João I, por meio da Ordenação de Pelouros, em 12.06.1391, que normatizava a eleição do corpo político camarário,[21] o qual presidia e representava a comunidade do conselho (atualmente chamado município), formado por juízes ordinários, vereadores, procuradores e tesoureiros. O nome pelouro advém aos projéteis das antigas peças de artilharia dos primitivos

---

18. ORTEGA Y GASSET, José. *La rebelión de las masas*. 14. ed. Madri: Espasa-Calpe, 1958. p. 134.
19. JOBIM, Nelson; PORTO, Walter Costa. *Legislação eleitoral no Brasil: do século XVI a nossos dias*. Brasília: Senado Federal, 1996. vol. 1, p. 9.
20. LEAL, Victor Nunes. *Coronelismo, enxada e voto*. 7. ed. São Paulo: Cia. das Letras, 2012. p. 114.
21. CAPELA, José Viriato. *As freguesias do Distrito de Braga nas memórias paroquiais de 1758*. Braga: Barbosa & Xavier, 2003. p. 54.

canhões portugueses, cuja forma e aparência lembravam as bolas de cera utilizadas na apuração.[22]

Por fim, as Ordenações Manoelinas foram substituídas pelas Ordenações Filipinas no domínio castelhano, em 1603, acentuando o caráter administrativo do cargo de vereador.

1.2 Sufrágio no Império

As primeiras eleições realizadas no Brasil foram reguladas pelo Decreto de 07.03.1821, que fixou "instrucções para as eleições dos Deputados das Côrtes, segundo o methodo estabelecido na Constituição Hespanhola, e adoptado para o Reino Unido de Portugal, Brazil e Algarves".[23]

Conforme observou Francisco Belisário, essas eleições se fizeram de acordo com a Constituição espanhola de Cadiz (1812), uma vez que

"a omissão das instruções portuguesas de 25 de novembro fora intencional por parte da junta provisional e governo de Portugal com o fim de excluir o Brasil da constituinte. Reunindo-se as cortes em 24.01.1821, foi ainda rejeitada a indicação de um deputado para que se mandasse proceder à eleição de deputados no Reino do Brasil, sendo aceita a parte da emenda relativa às ilhas dos Açores e da Madeira".[24]

Por meio do Decreto de 03.06.1822, convocou-se a nossa primeira Assembleia-Geral Constituinte e Legislativa, que previa eleição indireta, em dois graus, segundo as instruções publicadas pela Decisão 57, de 19.06.1822.

As Instruções de 1822 constituem a primeira lei eleitoral brasileira, ou seja, foi baixada para regular eleições para o legislativo nacional, e não para as Cortes portuguesas, sem fazer alusão ao método espanhol. O grande objetivo da Constituinte de 1823 era formar uma sólida monarquia constitucional no Brasil que respeitasse os direitos e as garantias individuais e limitasse o poder do monarca.

Entretanto, em 12.11.1823, o Imperador Pedro, que, segundo ele próprio, governava "pela graça de Deus e unânime aclamação dos povos", resolveu dissolver a Constituinte, com a invasão do Plenário pelo Exército e a prisão e o exílio de

---

22. CAPELA, José Viriato. Eleições e sistemas eleitorais nos municípios portugueses de Antigo Regime. In: CRUZ, Maria Antonieta (org.). *Eleições e sistemas eleitorais: perspectivas históricas e políticas*. Porto: Universidade Porto Editorial, 2009. p. 382.
23. JOBIM, Nelson; PORTO, Walter Costa. Op. cit., p. 25.
24. SOUZA, Francisco Belisário Soares de. *O sistema eleitoral no Império*. Brasília: Senado Federal, 1979. p. 50.

vários deputados. As divergências surgiram porque o Imperador aspirava ao poder absoluto de veto e ao controle pleno sobre o parlamento.

Assim, outro projeto de Constituição foi elaborado, e Dom Pedro I outorgou a Constituição Política do Império do Brasil, em 25.03.1824. A primeira *Magna Carta* brasileira não admitia a descentralização do poder do Imperador, denominado Poder Moderador, embora tivesse previsto outras três funções: legislativa, executiva e judicial.

O texto foi elaborado pelo Conselho de Estado, com inspiração em ideias francesa e inglesa, além de forte influência na Constituição portuguesa. A Carta estabeleceu um Estado unitário, sem autonomia para as províncias e, no âmbito eleitoral, fixou o sufrágio censitário, pelo qual se vedava o direito de votar às mulheres e àqueles que tivessem renda líquida anual inferior a cem mil réis, ou duzentos mil réis para eleitores de segundo grau. Para se eleger deputado, exigia-se renda de quatrocentos mil réis líquidos e, para senador, oitocentos mil réis brutos, tudo auferido pelos bens de raiz e comércio.

Sob a égide dessa Carta Política, destaca-se o Ato Adicional de 1834, que estabeleceu um "regente eletivo e temporário", com mandato de quatro anos, enquanto o Imperador não alcançasse a maioridade.

No entanto, em 23.07.1840, o deputado Andrada Machado, irmão de José Bonifácio, derruba a regência ao apresentar e aprovar projeto de lei contendo apenas um artigo: "Sua Majestade Imperial o senhor D. Pedro II é desde já declarado maior". Assim, aos 14 anos de idade, por conta do episódio conhecido como "golpe da maioridade", iniciava-se o 3.º período imperial do Brasil.

A Lei 387, de 19.08.1846, foi a primeira norma votada pela Assembleia--Geral para disciplinar as eleições de deputados, senadores e membros das assembleias provinciais. Ela previu também inelegibilidades infraconstitucionais, uma vez que vedava ao presidente e ao secretário da Província, assim como ao comandante de Armas, a possibilidade de ser eleito membro da Assembleia Provincial (art. 83).

Apesar de todos os percalços, a Lei Eleitoral de 1846 foi considerada um "melhoramento no método prático de eleições",[25] se comparada às Instruções de 1824 e de 1842, especialmente quanto à formação das mesas eleitorais e das incompatibilidades parlamentares. A referida legislação constituiu um grande avanço rumo à legitimidade da representação no parlamento.[26]

---

25. SOUZA, Francisco Belisário Soares de. Op. cit., p. 68.
26. BRASIL. Câmara dos Deputados. Parlamento Brasileiro 190 anos: arbítrio do Executivo abre caminho para República. Disponível em: [www2.camara.leg.br/a-camara/conheca/historia/historia/camara180/materias/mat14.html]. Acesso em: 01.09.2013.

1.2.1 Círculos

Em 1855, com a chamada "Lei dos Círculos" (Dec. 842, de 19.09.1855), reformou-se o sistema eleitoral para deputados e senadores – de majoritário por lista, para se dividir as províncias em distritos, ou círculos de apenas um representante, para a eleição dos deputados e de seu suplente.

Por meio da Lei dos Círculos, introduziu-se no sistema eleitoral brasileiro a exigência de maioria absoluta dos votos para se definir o resultado da disputa eleitoral. Esse sistema já era utilizado nos Estados Unidos, na Inglaterra e, principalmente, na França, cuja Lei Eleitoral de 22.12.1789, que exigia *la majorité absolue des votants* no pleito,[27] serviu de inspiração.

Com efeito, pelo sistema eleitoral dos círculos, se ninguém obtivesse a maioria absoluta de votos, proceder-se-ia imediatamente a um segundo escrutínio, votando cada eleitor unicamente em um dos quatro candidatos mais votados no primeiro escrutínio. Se ainda no segundo escrutínio ninguém obtivesse a maioria absoluta de votos, proceder-se-ia imediatamente a um terceiro turno, disputado pelos dois mais votados, sendo eleito deputado aquele que obtivesse a maioria absoluta dos votos (art. 1.º, § 6.º).[28]

Ao examinar os resultados perniciosos dessa lei sobre a política, os partidos e o regime eleitoral, Francisco Belisário assentou que "os círculos trouxeram logo esta consequência: enfraqueceram os partidos, dividindo-os em grupos, em conventículos da meia dúzia de indivíduos, sem nexo, sem ligação, sem interesses comuns e traços de união. Toda a nossa esfera política, até então elevada, apesar da nossa relativa pequenez como nação, sentiu-se rebaixada".[29]

Com o advento do Dec. 1.082, de 18.08.1860, estabelece-se o sistema distrital com três deputados, ou seja, na prática, círculos de três nomes. A dificuldade desse sistema, conforme explica Walter Costa Porto, era que, "das vinte províncias, seis davam somente dois deputados e sete outras elegiam representantes em número que não era múltiplo de três".[30] Todavia, nesse caso, o citado decreto previa "um ou dois distritos de dois deputados" (arts. 1.º e 2.º). Ademais, registre-se a ausência dos partidos políticos, vista como vantagem ante a disciplina severa do antigo regime.

---

27. FERREIRA, Manoel Rodrigues. *A evolução do sistema eleitoral brasileiro*. Brasília: Senado Federal, 2001. p. 191.
28. JOBIM, Nelson; PORTO, Walter Costa. Op. cit., p. 115-117.
29. SOUZA, Francisco Belisário Soares de. Op. cit., p. 80.
30. FERREIRA, Manoel Rodrigues. Op. cit., 2001, p. 3.

1.2.2 Terços

Por meio do Dec. 2.675, de 20.10.1875, adotou-se no País a Lei do Terço, pois, nas eleições primárias e secundárias, os eleitores votavam em dois terços do número total a ser eleito na província. Na prática, dividiam-se os cargos eletivos a serem preenchidos em dois terços para a maioria e um terço para a minoria, situação considerada um problema de representação da antiga Lei dos Círculos.

Manoel Rodrigues Ferreira explica que a Lei do Terço foi regulamentada pelo Decreto de 12.01.1876, cujas regras eram as seguintes:

"(...) cada eleitor somente podia votar em um número de nomes que fossem os dois terços dos a eleger. Assim, por exemplo, São Paulo tinha o direito de eleger nove deputados à Assembleia-Geral e 36 à Assembleia Provincial. De acordo com a lei, os eleitores (de 2.º grau) deviam organizar suas chapas com seis nomes (dois terços de nove), e 24 nomes (dois terços de 36), respectivamente. O partido vitorioso (ou coligação) somente poderia preencher dois terços de cargos eletivos. O resto, isto é, o terço que faltasse, seria preenchido pela minoria, ou seja, o partido ou coligação que tivesse obtido menos votos".[31]

Anos antes de ingressar no Brasil, o sistema de terços já havia sido adotado na Inglaterra e, por essa razão, foi amplamente discutido na Câmara do Império, com especial atenção para os partidos e coligações que se organizavam para disputar o pleito.

Um dado importante da Lei do Terço é que, pela primeira vez, atribuiu-se jurisdição eleitoral aos juízes. Assim, o juiz de Direito era o "funcionário competente para conhecer da validade ou nulidade da eleição de Juízes de Paz e Vereadores das Câmaras Municipais, mas não [poderia] fazê-lo senão por via de reclamação, que [deveria] ser apresentada dentro do prazo de 30 dias, contados da apuração" (§ 30).[32]

Com isso o Judiciário passava a praticar importantes funções jurisdicionais eleitorais, com o poder de anular o pleito em caso de "fraude plenamente comprovada e que prejudique o resultado da eleição", cabendo recurso voluntário de qualquer cidadão no caso de despacho que aprovasse o pleito. Na situação de decisão que anulasse a eleição, caberia também um recurso com efeito suspensivo para o Tribunal da Relação do distrito (§ 30). Mantida a anulação das eleições, o Presidente do Tribunal deveria enviar cópia do acórdão e, imediatamente, realizar nova eleição (§ 32).[33]

---

31. Idem, p. 210.
32. JOBIM, Nelson; PORTO, Walter Costa. Op. cit., p. 135.
33. Idem, p. 135.

Embora não houvesse a Justiça Eleitoral especializada, esses foram os primeiros passos da jurisdição eleitoral no Brasil, ainda que de forma embrionária, com um terço da competência que deveria ter e com abrigo para as minorias.

1.2.3 Triunfo dos liberais

O desgastado sistema de eleições indiretas mantido pela Lei do Terço estava no seu limite quando Dom Pedro II resolveu dar abrigo às reivindicações do Partido Liberal, que havia reiniciado a campanha pelas eleições diretas. Assim, o Imperador deliberou com os presidentes da Câmara e do Senado e, em seguida, resolveu confiar ao PL a responsabilidade pela reforma eleitoral.

Foi designado para a direção dos trabalhos o Visconde de Sinimbu, que, diante da dúvida em saber se a reestruturação eleitoral deveria ser por meio de lei ordinária ou por reforma constitucional, não resistiu ao temor do Imperador em convocar uma Assembleia Constituinte que ameaçasse a monarquia e não soube resolver o impasse. Já enfraquecido, Sinimbu resolveu reprimir duramente uma manifestação popular contra o aumento de passagens dos bondes, o que resultou na morte de alguns civis.[34]

D. Pedro II, que não tolerava violência, tornou a permanência de Sinimbu insustentável no Gabinete e, assim, forçou-o a renunciar. Ato contínuo, o Imperador escolheu o político baiano José Antônio Saraiva, também liberal, que, segundo o historiador Afonso Celso,

"(...) inspirava respeito e confiança inigualáveis. Possuía, pois, predicados especiais, exercia magnetismo pessoal pouco vulgar. Bom-senso, faro agudo das ocasiões, arte em as aproveitar, ideias claras e práticas, confiança em si, conhecimento do meio em que vivia, prudência, altivez, decisão, jeito sob aparência rude, manha disfarçada em explosões de brutal franqueza, conferiam-lhe inquestionável superioridade".[35]

Ante o gigantismo da responsabilidade que lhe tinha sido confiada pelo Imperador, Saraiva resolveu convidar para redigir a lei eleitoral um jovem conterrâneo, brilhante, de 31 anos de idade, que estava em sua primeira legislatura como deputado federal. Seu nome era Ruy Barbosa.

Ruy trabalhou arduamente e, em poucos dias, o projeto de reforma estava redigido, com ideias consideradas avançadas para o seu tempo, como as eleições diretas. Originariamente, Saraiva era contra o voto dos analfabetos. Ruy concordava com o impedimento por considerá-lo demagógico, pois, naquela época, as

---

34. LACOMBE, Américo Jacobina; MELO FRANCO, Afonso Arinos de. *A vida dos grandes brasileiros: Rui Barbosa*. São Paulo: Editora Três, 2001. p. 97.
35. FIGUEIREDO, Afonso Celso de Assis. *Oito anos de parlamento*. Brasília: UnB, 1981. p. 37.

ideias e os programas políticos circulavam basicamente pela via impressa. Para Ruy, erradicar o analfabetismo era a solução.[36]

Concluída a redação do projeto, coube também a Ruy a defesa da lei no parlamento. Em 09.01.1881, por meio do Dec. 3.029, o Imperador sancionou o ato normativo conhecido como Lei Saraiva ou Lei do Censo. A propósito, durante os debates no parlamento, Ruy, respondendo à questão sobre a corrupção nas altas classes ou naquelas excluídas pelo censo, como os tipógrafos, jornalistas e outros disse: "Não imponho a classe nenhuma o labéu de corrompida: ignoro que hajam classes poluídas e classes extremes. Em todas há partes sãs e partes perdidas, virtudes e chagas morais (...) aplaudo o projeto exatamente em nome da conveniência dos operários brasileiros, que contribuirão para o eleitorado em proporção menor, mas com toda a energia do seu contingente".[37]

Desse modo, a Lei Saraiva constituiu as eleições diretas, o voto secreto, as inelegibilidades e o retorno aos círculos (formalmente chamados distritos) de um só deputado para a Assembleia-Geral e plurinominais para as Assembleias Provinciais. O referido ato normativo estabeleceu a eleição em dois turnos para os candidatos à Assembleia-Geral e reafirmou a exigência de maioria dos votos (art. 18, § 2.º), além de ter criado o título de eleitor e estabelecido duras penalidades contra as fraudes eleitorais.

Com o fim do Império, em 15.11.1889, o Brasil estava com um sistema eleitoral bastante amadurecido, fruto de quase sete décadas de inúmeros aperfeiçoamentos que culminaram com a Lei Saraiva, redigida por Ruy Barbosa, o que facilitou sobremaneira a transição para a República.

1.3 Eleições na República

A proclamação da República deu início a um novo período para o sistema eleitoral pátrio. O sufrágio universal foi implementado pelo governo provisório, chefiado pelo Marechal Manoel Deodoro da Fonseca, por meio do Dec. 6, de 19.11.1889, o qual considerava eleitores todos os cidadãos brasileiros, no gozo de seus direitos políticos, que soubessem ler e escrever.

Em seguida, por meio do Dec. 29, de 03.12.1889, o governo provisório nomeou uma comissão com cinco membros, a saber: o signatário do Manifesto Republicano Joaquim Saldanha Marinho, na qualidade de presidente; Américo Brasiliense de Almeida Mello, vice-presidente; Antonio Luiz dos Santos Werneck, Francisco Rangel Pestana e José Antonio Pedreira de Magalhães Castro, vogais. Essa comissão teve a função de elaborar um projeto de Constituição dos Estados Unidos do

---

36. LACOMBE, Américo Jacobina; FRANCO, Afonso Arinos de Mello. Op. cit., p. 98.
37. FERREIRA, Manoel Rodrigues. Op. cit., 2001, p. 223.

Brasil para apresentar à Assembleia Constituinte, convocada em 21.12.1889 para se reunir em 15.11.1890.

O trabalho foi entregue ao governo, pela comissão, em 30.05.1890. Em junho do mesmo ano, Ruy Barbosa revisou minuciosamente o projeto, modificando sua estrutura, e no dia 22 do mesmo mês o projeto estava finalizado e aprovado. A participação de Ruy no projeto da Constituição de 1891 mereceu amplo registro na doutrina especializada:

"Ruy redigira todo o projecto da Constituição de seu próprio punho, em dois dias. A pressa era tal que o auxiliar de Ruy, Rodolpho Tinoco, que foi incumbido de calligraphar de seu punho, a nanquim, o texto constitucional, que deveria ser apresentado à assinatura de todo o gabinete, teve de trabalhar ininterruptamente durante 19 horas. Ao acabar a tarefa, teve de ser carregado, pois nem se podia erguer da cadeira, com os músculos contraídos e retesados por aquela posição forçada durante tão longo tempo".[38]

"A despeito de alguns publicistas discordarem, o fato é que há fundamento justificado na assertiva de que teria Ruy Barbosa redigido, quase por inteiro, a Constituição de 1891. Em verdade, ingente foi o esforço do grande brasileiro, não só na elaboração do Estatuto Básico como também na defesa e interpretação do seu texto. Procurou ele, por todos os modos – conforme patenteamos – preservar o espírito republicano de que era reflexo a nova Constituição, explicando ao povo, através da tribuna e dos jornais, sua essência e escopo".[39]

"Nesta ocasião, inclusive quando do debate do Projeto na Assembleia Constituinte, exerceu grande influência a personalidade marcante de Rui Barbosa. Não é de se estranhar, pois que a Constituição tenha encampado muitas de suas ideias, sobretudo a do Federalismo Americano, do qual era grande conhecedor".[40]

O primeiro regulamento eleitoral da República foi o Dec. 200-A, de 08.02.1890, que, nas eleições para deputado da Assembleia Constituinte, tratou minuciosamente sobre a qualificação do corpo de eleitores.

Assim, estavam aptos a votar: (i) todos os cidadãos brasileiros natos, no gozo de seus direitos civis e políticos, que soubessem ler e escrever; (ii) todos os cidadãos naturalizados brasileiros (art. 4.º); e os excluídos de votar: (i) os menores de 21 anos, com exceção dos casados, dos oficiais militares, dos bacharéis formados e doutores, além dos clérigos de ordens sacras; (ii) os filhos-famílias, não sendo

---

38. BARBOSA, Ruy. *Cartas de Inglaterra: o Congresso e a Justiça no Regimen Federal*. 2. ed. São Paulo: Livraria Acadêmica Saraiva, 1929. p. 27.
39. ACCIOLI, Wilson. *Instituições de direito constitucional*. Rio de Janeiro: Forense, 1979. p. 78.
40. BASTOS, Celso Ribeiro. *Curso de direito constitucional*. São Paulo: Celso Bastos Editor, 2002. p. 172.

como tais considerados os maiores de 21 anos, ainda que em companhia do pai; e (iii) as praças de pré do Exército, da Armada e dos corpos policiais, com exceção das reformadas (art. 5.º).

1.3.1 Roupagem republicana

Com roupagem republicana e aparentemente democrática, o Dec. 510, de 22.06.1890, foi baixado pelo governo provisório com a finalidade principal de publicar a Constituição dos Estados Unidos do Brasil, precedida da seguinte justificativa:

"Considerando na suprema urgência de acelerar a organização definitiva da República, e entregar no mais breve prazo possível à Nação o governo de si mesma, resolveu formular sob as mais amplas bases democráticas e liberais, de acordo com as lições da experiência, as nossas necessidades e os princípios que inspiraram a revolução a 15 de novembro, origem atual de todo o nosso direito público, a Constituição dos Estados Unidos do Brasil, que com este ato se publica, no intuito de ser submetida à representação do País, em sua próxima reunião, entrando em vigor desde já nos pontos abaixo especificados".[41]

O referido ato marcou a eleição dos representantes do Congresso Nacional para 15.09.1890 e convocou uma assembleia dos eleitos para 15 de novembro do mesmo ano (art. 1.º). Assim, o projeto de Constituição, redigido pelos cinco notáveis nomeados em 03.12.1889 e, depois, revisado por Ruy Barbosa, foi publicado pelo Governo Provisório em 22.06.1890, conferindo "Poderes especiais do eleitorado" aos membros do Congresso que seria eleito "para julgar a Constituição que neste ato se publica" (art. 2.º).

Por fim, o ato normativo assentou que a Constituição estava em vigor unicamente no tocante à dualidade das Câmaras do Congresso e à composição, à eleição e à função que essas câmaras eram "chamadas a exercer, de aprovar a dita Constituição, e proceder em seguida na conformidade das suas disposições" (art. 3.º).

Como se registra, o Governo Provisório induziu, para dizer o mínimo, o Congresso a aprovar a Constituição de 1891, que já tinha entrado parcialmente em vigor antes mesmo da eleição dos membros do Congresso Nacional, criando, assim, um fato constitucional consumado, apenas aparentemente democrático.

O Congresso que se reuniu, portanto, tinha a missão de "aprovar" Constituição já publicada, munido de limitado "poder constituinte", o que implica uma contradição em termos, uma vez que o poder extraordinário de fundar uma nova

---

41. BRASIL. Dec. 510, de 22 de junho de 1890. Publica a Constituição dos Estados Unidos do Brasil. *Colleção de leis do Brasil*, vol. 6, p. 1365.

ordem constitucional não conhece fronteiras, ao contrário do legislativo ordinário, e esses não se confundem, conforme observou Esmein.[42]

Na prática, os verdadeiros constituintes originários foram Joaquim Saldanha Marinho (presidente), Américo Brasiliense de Almeida Mello (vice-presidente), Antonio Luiz dos Santos Werneck, Francisco Rangel Pestana e José Antonio Pedreira de Magalhães Castro (vogais), todos nomeados pelo Dec. 29, de 03.12.1889, que repassaram o texto a Ruy Barbosa (revisor).

1.3.2 Congresso enquadrado

No dia seguinte ao supracitado decreto, o "generalíssimo Marechal", como constava no ato estatal, manda observar o regulamento para a eleição do primeiro Congresso Nacional, em ato normativo elaborado pelo Ministro do Interior, José Cesário de Faria Alvim, com base na antiga Lei Saraiva.

O Regulamento Alvim, como ficou conhecido, fixou eleição popular direta para 205 deputados, distribuídos proporcionalmente entre os Estados e o Distrito Federal, de acordo com o número de seus eleitores, e 63 senadores, divididos em três para cada unidade federativa.

Entretanto, o regulamento limitou ainda mais o poder da suposta Assembleia Constituinte ao lhe impor a eleição indireta do primeiro Presidente e Vice-Presidente da República. O art. 62 dessa lei estabelecia que, "aos cidadãos eleitos para o primeiro Congresso, entendem-se conferidos Poderes especiais para exprimir a vontade nacional acerca da Constituição publicada pelo Decreto 510, de 22 de junho do corrente, bem como para eleger o primeiro presidente e o vice-presidente da República".

Assim, com toda articulação política que enquadrou o Congresso Nacional, o Marechal Deodoro da Fonseca foi eleito, de forma enviesada, Presidente da República em 15.09.1890, por um legislativo subserviente aos interesses do Executivo.

1.3.3 Velha Carta

Com o advento da Constituição Republicana de 1891, promulgada em 24 de fevereiro, estabeleceu-se o sistema presidencialista de governo, cuja eleição direta exigia a "maioria absoluta de votos". No entanto, se nenhum dos candidatos a obtivesse, o Congresso elegeria, "por maioria dos votos presentes, um, dentre os

---

42. "De cette conception est sortie la distinction du pouvoir législatif et du pouvoir constituant, tous deux établis, d'ailleurs, par une même Constitution, l'un ayante compétence pour le vote des lois ordinaires, l'autre pour le vote des lois constitutionnelles." ESMEIN, Adhemar. *Éléments de droit constitutionnel français et comparé.* 5. ed. Paris: Recueil Sirey, 1909. p. 511.

que tiverem alcançado as duas votações mais elevadas na eleição direta" (art. 47, § 2.º, da Constituição de 1891).

Com forte inspiração norte-americana, a Constituição de 1891 assentou o sistema legislativo dividido entre a Câmara dos Deputados e o Senado Federal, com legislatura de três anos (art. 17, § 2.º); no Judiciário introduziu o modelo da *judicial review* no controle de constitucionalidade das leis e atos normativos federais e estaduais (art. 58, § 1.º); e, respeitado o espírito federalista, fixou autonomia aos Estados,[43] "de forma que fique assegurada a autonomia dos municípios, em tudo quanto respeite ao seu peculiar interesse" (art. 68).

No entanto, conforme registrou Hely Lopes Meirelles, na prática, a situação vivida pelo municípios brasileiros era bem diferente, especialmente por conta da farsa eleitoral:

"Durante os 40 anos em que vigorou a Constituição de 1891 não houve autonomia municipal no Brasil. O hábito do centralismo, a opressão do coronelismo e a incultura do povo transformaram os Municípios em feudos de políticos truculentos, que mandavam e desmandavam nos 'seus' distritos de influência, como se o Município fosse propriedade particular e o eleitorado um rebanho dócil ao seu poder.

Os prefeitos eram eleitos ou nomeados ao sabor do governo estadual, representado pelo 'chefe' todo-poderoso da 'zona'. As eleições eram de antemão preparadas, arranjadas, falseadas ao desejo do 'coronel'. As oposições que se esboçavam no interior viam-se aniquiladas pela violência e pela perseguição política do situacionismo local e estadual. Não havia qualquer garantia democrática. E nessa atmosfera de opressão, ignorância e mandonismo, o Município viveu quatro décadas, sem recurso, sem liberdade, sem progresso, sem autonomia".[44]

Na mesma linha, Ruy Barbosa, ao defender a autonomia dos municípios baianos no STF, proferiu palavras históricas em defesa da eleição dos prefeitos:

"Vida que não é própria, vida que seja de empréstimo, vida que não for livre, não é vida. Viver do alheio, viver por outrem, viver sujeito à ação estranha, não se chama viver, senão fermentar e apodrecer. A Bahia não vive, porque não tem municípios. Não são municípios os municípios baianos, porque não gozam de autonomia. Não logram autonomia, porque não têm administração, porque é o Governo do Estado quem os administra, nomeando-lhes os administradores".[45]

---

43. ALMEIDA NETO, Manoel Carlos de. *O novo controle de constitucionalidade municipal*. Rio de Janeiro: Forense, 2011. p. 77.
44. MEIRELLES, Hely Lopes. *Direito municipal brasileiro*. 14. ed. São Paulo: Malheiros, 2006. p. 39-40.
45. BARBOSA, Ruy. *Comentários à Constituição Federal brasileira*. São Paulo: Saraiva, 1934. vol. 1 e 5. p. 66

No tocante ao sistema eleitoral, a Carta de 1891 fixou as condições de elegibilidade, e inelegibilidades, e atribuiu ao Congresso Nacional competência privativa para "regular as condições e o processo da eleição para os cargos federais em todo o País" (art. 34).

Em atenção ao estabelecido no art. 34 da Constituição de 1891, o Congresso elaborou a primeira norma eleitoral da República, a Lei 35, de 26.01.1892, sancionada pelo presidente Floriano Peixoto, que estabeleceu o processo para as eleições no âmbito federal.

Na sequência, pequenas alterações normativas foram implementadas sobre as incompatibilidades (Leis 184/1893 e 342/1895), sobre o processo de apuração das eleições para os cargos de Presidente e Vice-Presidente da República (Lei 347/1895) e sobre a data do pleito (Leis 380/1895, 411/1896, 620/1899 e 917/1902).

Outra reforma, gravíssima, consubstanciou a maior imoralidade da República Velha: a Lei 426, de 07.12.1896, que instituiu o chamado "voto descoberto", por meio do qual, na prática, quebrava-se o sigilo da votação, favorecendo a captação ilícita de sufrágio e abuso do poder político e econômico.

O art. 8.º da referida lei estabeleceu: "Será lícito a qualquer eleitor votar por voto descoberto, não podendo a mesa recusar-se a aceitá-lo". E, segundo o seu parágrafo único, "o voto descoberto será dado, apresentando o eleitor duas cédulas, que assinará perante a mesa, uma das quais será depositada na urna e a outra lhe será restituída depois de datada e rubricada pela mesa e pelos fiscais".

Com isso, o eleitor ficou extremamente vulnerável porque poderia sair, caso quisesse, com um recibo de seu voto e ser alvo de toda espécie de chantagem de políticos e candidatos praticantes do coronelismo, um poder privado, que, nas palavras de Victor Nunes Leal, sempre ressurge "das próprias cinzas, porque a seiva que o alimenta é a estrutura agrária do País".[46]

Em 15.11.1904, foi aprovada a Lei 1.269, denominada Lei Rosa e Silva, que revogou o sistema da Lei Eleitoral 35, de 1892. Entre as mais importantes questões, a nova norma disciplinou o alistamento eleitoral; aumentou para cinco o número de deputados por distrito, com lista incompleta e voto cumulativo; e manteve o pernicioso voto descoberto, favorecendo, todavia, a representação das minorias de maneira mais efetiva.

Por fim, duas leis foram sancionadas no governo Wenceslau Braz. A primeira, Lei 3.139, de 02.08.1916, reconheceu a competência dos Estados para disciplinar o alistamento estadual e municipal, atribuindo exclusivamente ao Poder Judiciário o seu preparo. A segunda, Lei 3.208, de 27 de dezembro do mesmo ano, manteve o sistema anterior de votação, de modo que apenas consolidou a legislação eleitoral vigente.

---

46. LEAL, Victor Nunes. *Coronelismo...* cit., p. 139.

1.4 Verdade eleitoral

A busca da verdade eleitoral sufragada nas urnas sempre foi o principal objetivo perseguido pela Justiça Eleitoral e o principal motivo de sua criação pelos revolucionários de 1930. É que, como bem assentou Victor Nunes Leal, "a corrupção eleitoral tem sido um dos mais notórios e enraizados flagelos do regime representativo no Brasil".[47]

Até 1933, segundo observa Nelson de Souza Sampaio, não tivemos eleições "verdadeiras" no Brasil. E lembra que, "durante todo o Império, ouviu-se o clamor contra a 'mentira eleitoral'. As eleições eram fabricadas pelo Gabinete no poder, que usava de todas as armas de fraude, do suborno, da pressão e da violência para obter sempre vitórias eleitorais".[48]

1.4.1 Bico de pena e degola

Apesar dos méritos do sistema eleitoral da Primeira República, a legislação vigente nunca logrou coibir as numerosas fraudes eleitorais, cada vez mais sorrateiras. Entre as mais conhecidas falsificações estavam o *bico de pena* e a *degola*. Victor Nunes Leal, com clareza solar, sintetiza as duas mazelas:

"A primeira era praticada pelas mesas eleitorais, com funções de junta apuradora: inventavam-se os nomes, eram ressuscitados os mortos e os ausentes compareciam; na feitura das atas a pena todo-poderosa dos mesários realizava milagres portentosos. A segunda metamorfose era obra das câmaras legislativas no reconhecimento de Poderes: murros dos que escapavam das ordálias preliminares tinham seus diplomas cassados na provação final. (…) o número de depositados nas urnas era de pouca significação no reconhecimento, desde que houvesse interesse político em conservar ou afastar um representante. A vantagem da situação era ter de seu lado a força policial e os cofres públicos, estando, pois, em melhores condições de premiar ou perseguir".[49]

A disputa presidencial de 1910, travada entre Ruy Barbosa e o Marechal Hermes da Fonseca, foi marcada por gigantescas fraudes eleitorais e o desaparecimento de livros de ata nas agências dos Correios. Para se ter uma ideia do ocorrido, apenas sete seções, das 67 existentes, instalaram mesas eleitorais regularmente. Derrotado nas eleições, Ruy descreveu o cenário das fraudes em seu *Manifesto à Nação*:

"O que por esse expediente, com efeito, veríamos últimas, seria a abolição total da eleição. Só lhe faltaria esse última demão, para ser acabada e perfeita a obra

---

47. Idem, p. 222.
48. Sampaio, Nelson de Souza. A justiça eleitoral. *Revista Brasileira de Estudos Políticos*. n. 34. ano 16. p. 114. Belo Horizonte, jul. 1972.
49. Leal, Victor Nunes. *Coronelismo…* cit., p. 215.

da violência e da pilhagem. Começou-se por viciar o alistamento, na revisão, onde quer que elle dependia dos 'mandões' verberados pelo *Jornal*, admittindo-se os inalistáveis, com que se conta, e excluindo-se os alistáveis, de que se receia. Depois, à véspera da eleição annunciada, subtrahem-se os livros de actas. Alliciando-se, em seguida os mesários, para não se reunirem. Onde elles, em consequencia, não comparecem, lavram-se as actas a bico de penna. Onde ao contrário, as mesas se constituem, e se processa com regularidade a eleição, acommettem-se as secções, e roubam-se as urnas, substituindo-se, mediante actas *ad-hoc*, a eleição real por outra; ou, quando não se logra esta substituição, manipula-se, por meio de outras actas, uma eleição latteral, absolutamente suppositicia contraposta à verdadeira. Em não havendo escrutínio, as actas fraudulentas o supprem. Em o havendo, lídimo e escorreito, as duplicatas o contestam".[50]

Assim, diante do cenário de crimes eleitorais, os ideais moralizadores se faziam presentes nos cidadãos brasileiros que buscavam acabar com as eleições definidas a bico de pena, pois, como disse Carlos Reis, deputado constituinte da segunda Constituição republicana, "tínhamos três fraudes: na eleição, na apuração e no reconhecimento".[51]

Assis Brasil, ao resumir o quadro de fraudes eleitorais sob a égide da Constituição de 1891, durante discurso proferido na Assembleia Nacional Constituinte de 1933/1934, assentou que, "no regime que botamos abaixo com a Revolução, ninguém tinha a certeza de se fazer qualificar, como a de votar (...) Votando, ninguém tinha a certeza de que lhe fosse contado o voto (...) Uma vez contado o voto, ninguém tinha segurança de que seu eleito havia de ser reconhecido através de uma apuração feita dentro desta Casa e por ordem, muitas vezes superior".[52]

Desse modo, a única forma de se revelar a verdade das urnas, da maneira mais livre e democrática possível, era por meio de uma revolução que alterasse profundamente o maltratado sistema eleitoral brasileiro.

1.4.2 Revolução e eclipse democrático

Com a Revolução vitoriosa, instituiu-se o Governo Provisório por meio do Dec. 19.398, de 11.11.1930, com inúmeras subcomissões para estudo e reforma das leis, entre as quais a 19.ª Subcomissão Legislativa, que elaborou o anteprojeto do Código Eleitoral. A comissão foi composta por João Crisóstomo da Rocha

---

50. BARBOSA, Ruy. *Excursão eleitoral aos Estados de Bahia e Minas Geraes: manifestos à Nação.* São Paulo: Casa Garraux, 1910. p. 274.
51. BRASIL. Câmara dos Deputados. *Annaes da Assembléa Nacional Constituinte 1933-1934.* Brasília: Imprensa Oficial, 1934. vol. 2, p. 231.
52. Idem, p. 507.

Cabral (relator), Francisco de Assis Brasil e Mário Pinto Serva, que, inspirados no Tribunal Eleitoral Tcheco,[53] de 1920, elaboraram o esboço do nosso primeiro Código Eleitoral.

Historiador do Direito Eleitoral brasileiro, Walter Costa Porto, em discurso proferido durante sessão solene em que se comemorou o sexagésimo aniversário do TSE, revelou o perfil desses três importantes brasileiros, cuja produção intelectual fundou os alicerces do nosso sistema eleitoral:

"Gaúcho de Pedras Altas, deputado à Assembleia Provincial do Rio Grande do Sul nas últimas legislaturas do Império, Assis Brasil fora deputado à Constituinte de 1890 e diplomata, e, já em 1893, insistia em projeto que, corrigindo o sistema Andrae-Hare, trazia o modelo proporcional para as eleições às assembleias em nosso País (...) foi Assis Brasil o que mais contribuiu, no século XX, para a formatação e saneamento de nossos pleitos.

Cabral, piauiense de Jurumenha, professor da Faculdade de Direito da Universidade do Rio de Janeiro, fora deputado federal, em 1920, pelo seu Estado e lamentara, em razão de sua derrota nas urnas, em 1924, que não havia eleição livre na maior parte do País. Dizia ele: 'O alistamento é fraudado; o voto é comprimido; o resultado das urnas, burlado, até no processo de reconhecimento das câmaras', e insistia em que a reforma de que mais carecia o país era 'a reforma do voto', com 'um sistema perfeitamente garantidor da liberdade eleitoral e da verdade nas eleições e também da efetiva representação proporcional das minorias'.

Finalmente, Mário Pinto Serva, paulista, fundara o Partido Democrático de São Paulo, elegendo-se, por ele, deputado estadual em 1934. Em artigos e livros, publicados anteriormente à conclusão do projeto do Código de 32, ele já manifestara as ideias consagradas naquele texto. Em livro publicado em 1931, declarava que 'as máximas reivindicações do País se pleiteiam, se acumulam e se concentram na arena da reforma eleitoral'".[54]

O Tribunal Eleitoral tcheco foi idealizado também com base no Tribunal de Verificação Eleitoral (*Wahlprüfungsgericht*), estabelecido pelo art. 31 da Constituição de Weimar, de 1919, *in verbis*:

"Art. 31. Junto à Assembleia Nacional é instituído um Tribunal especial para a verificação das eleições e mais com a incumbência de conhecer das questões de perda de mandato de Deputado. O Tribunal de verificação de eleições compõe-

---

53. VELLOSO, Carlos Mário da Silva. A reforma eleitoral e os rumos da democracia no Brasil. In: ROCHA, Cármen Lúcia Antunes; VELLOSO, Carlos Mário da Silva (org.). *Direito eleitoral*. Belo Horizonte: Del Rey, 1996. p. 14.
54. BRASIL. Tribunal Superior Eleitoral. *60 anos do TSE: sessão comemorativa no TSE, homenagens do Senado Federal e da Câmara dos Deputados*. Brasília: TSE, 2005. p. 36.

-se de membros da Assembleia Nacional, eleitos por ela para uma legislatura e de membros do Tribunal Administrativo da República, nomeados pelo Presidente da República, mediante proposta da respectiva Presidência. As suas decisões são tomadas, depois de debate oral, por três membros da Assembleia Nacional e dois membros do Tribunal Administrativo. Fora das suas sessões, o processo é dirigido por um comissário federal, nomeado pelo Presidente da República. Ademais, o processo será regulado pelo mesmo Tribunal".

A primeira eleição regular conduzida pelo Tribunal de Verificação Eleitoral ocorreu satisfatoriamente em 06.06.1920, e o seu resultado demonstrou que a classe média se moveu para a direita, enquanto muitos trabalhadores moveram-se para a esquerda.[55] Quanto aos reflexos no sistema brasileiro, Fávila Ribeiro observou que o modelo eclético do Tribunal de Verificação de Weimar foi uma resposta às sucessivas interferências políticas no mecanismo de controle eleitoral, de modo que estivesse equilibrada a participação do Judiciário como forma de racionalizar o poder.[56]

Assim, com o advento do Dec. 21.076, de 24.02.1932, foi publicado o Código Eleitoral, com profundas alterações no sistema eleitoral, como: a representação proporcional, o sufrágio feminino,[57] a idade de 18 anos para se tornar eleitor, a maior segurança ao sigilo do sufrágio e, principalmente, confiou o alistamento eleitoral, a apuração dos votos e o reconhecimento da proclamação dos candidatos eleitos à Justiça Eleitoral.

A Constituição de 16.07.1934 – promulgada e elaborada pela Assembleia Constituinte eleita em 03.05.1933 e também influenciada pela Constituição de Weimar – incorporou as inovações do Código Eleitoral. Após algumas críticas ao sistema eleitoral no decorrer das eleições de outubro de 1934, por meio da Lei 48, de 04.05.1935, introduziram-se modificações no Código Eleitoral, as quais, segundo Walter Costa Porto, lograram alcançar "plena proporcionalidade no sistema eleitoral brasileiro já que, antes, tratava-se de um sistema misto, proporcional no primeiro turno e majoritário no segundo".[58]

Por sua curtíssima duração, em face do Golpe de 1937, Celso Ribeiro Bastos chegou a concluir que, "do ponto de vista histórico, a Constituição de 1934 não

---

55. HENIG, Ruth Beatrice. *The Weimar Republic: 1919-1933*. London: Routledge, 1998. p. 27.
56. RIBEIRO, Fávila. *Direito eleitoral*. 5. ed. Rio de Janeiro: Forense, 2000. p. 154.
57. O sufrágio feminino é resultado de proposta da Confederação Católica do Rio de Janeiro, mas, em 1924, Basílio Magalhães já havia proposto, na Câmara dos Deputados, o voto secreto e obrigatório, bem como o sufrágio e a elegibilidade das mulheres. LEAL, Victor Nunes. *Coronelismo...* cit., p. 327.
58. JOBIM, Nelson; PORTO, Walter Costa. Op. cit., p. 4.

apresenta relevância. É no fundo, um instrumento circunstancial que reflete os antagonismos, as aspirações e os conflitos da sociedade daquele momento".[59]

Entretanto, não se pode desprezar o significado histórico da Constituição de 1934, tendo em conta a semente plantada com a criação da Justiça Eleitoral, que entrou em eclipse em 1937, mas voltou a germinar com a redemocratização de 1945. Sobre o significado dessa Carta Magna, Francisco de Assis Alves observou que:

"Um dos melhores momentos de inspiração dos constituintes de 1934 foi o da criação da Justiça Eleitoral. Este o grande destaque do Poder Judiciário, na Carta Política da Segunda República. O sistema representativo ganhou em muito com a Justiça Eleitoral, preparada dentro dos princípios da independência e imparcialidade, para tratar de toda matéria que lhe é afeta. Posto acima dos interesses partidários, esse órgão teve por escopo aperfeiçoar e moralizar o sistema eleitoral. A Justiça Eleitoral, consignou Wenceslau Escobar, 'teve o objetivo de pôr termo aos escandalosos reconhecimentos pela Câmara dos Deputados de cidadãos que, sem terem sido eleitos, a Câmara os diplomava como representantes da Nação'".[60]

1.4.3 Raiar da democracia

Com o raiar da democracia, restaura-se a Justiça Eleitoral. O Dec.-lei 7.586, de 28.05.1945, regulou o alistamento eleitoral e as eleições em todo País, fixando o TSE como órgão de cúpula, com sede na capital da República, um Tribunal Regional na capital de cada Estado e no Distrito Federal, juízes e juntas eleitorais.

Apesar da redemocratização, somente em 24.07.1950, o segundo Código Eleitoral foi instituído, por meio da Lei 1.164, regulando a constituição dos partidos políticos, o alistamento eleitoral, a propaganda política, o voto secreto em cabine indevassável e as eleições.

Algumas alterações ao diploma normativo foram implementadas: a Lei 2.550/1955 instituiu a folha individual de votação; a Lei 2.562/1955 fixou cédula única para as eleições presidenciais; e a Lei 2.982/1956 determinou a utilização de cédulas para todas as demais eleições majoritárias. As Leis 4.109 e 4.115, de 1962, determinaram a utilização da cédula oficial de votação nas eleições proporcionais.

Em 15.07.1965, o presidente Castelo Branco sancionou a Lei 4.737, o último Código Eleitoral, que, embora editado durante o regime militar, continua vigente até hoje, com inúmeras modificações em seu texto, o que é muito natural.

Do Império à República, nesse breve retrospecto histórico, os passos das eleições no Brasil demonstram, com muita clareza, que as pegadas imperiais e

---

59. BASTOS, Celso Ribeiro. Op. cit., p. 184.
60. ALVES, Francisco de Assis. *As Constituições do Brasil*. São Paulo: IASP, 1985. p. 34.

antidemocráticas que marcaram o caminho trilhado por homens que resolveram eleições a bico de pena foram deixadas para trás, porque mais forte que a tirania foi a busca incansável do povo brasileiro pela verdade eleitoral sufragada nas urnas, a principal razão de ser da Justiça Eleitoral.

A evolução histórica revela que eleições livres sempre estiveram na pauta de lutas do vitorioso povo brasileiro o qual, mesmo navegando em águas turvas e revoltas em que não se enxergava a democracia, ou cruzando mares repletos de piratas da soberania popular, sempre resistiu bravamente e apontou a proa no barco para águas transparentes do raiar democrático.

2
A JUSTIÇA ELEITORAL DO BRASIL

2.1 Organização

A Constituição Federal de 1988 estabeleceu que a organização e a competência da Justiça Eleitoral devem ser disciplinadas por lei complementar (art. 121), entretanto o constituinte fixou estruturas sólidas para o seu pleno desenvolvimento. Assim, a Constituição organizou a Justiça Eleitoral em quatro órgãos, hierarquicamente dispostos na seguinte classificação: (i) TSE; (ii) TREs; (iii) Juízes Eleitorais; (iv) Juntas Eleitorais (art. 118 da Constituição).

De outro lado, a Constituição garantiu aos membros dos tribunais, juízes e integrantes das Juntas Eleitorais plena garantia de inamovibilidade, no exercício de suas funções. Estabeleceu, assim, um sistema de rodízio em que os juízes dos tribunais servirão por dois anos e, salvo por motivo justificado, nunca por mais de dois biênios consecutivos, sendo os juízes substitutos escolhidos na mesma ocasião e pelo mesmo processo, em número idêntico para cada categoria (art. 121, §§ 1.º e 2.º, da Constituição).

Não há falar, pois, na Justiça Eleitoral, em vitaliciedade, ante a ausência de quadros próprios de juízes eleitorais. A inexistência de vitaliciedade é altamente positiva para a evolução da Justiça Eleitoral, uma vez que não permite o engessamento da jurisprudência, e sim o seu desenvolvimento segundo a dinâmica político-social.

Um dado interessante na composição dos tribunais eleitorais diz respeito à vaga destinada à advocacia. Diferentemente de outros tribunais, na Justiça Eleitoral a Ordem dos Advogados do Brasil, que é órgão de classe, não participa do processo de escolha das listas tríplices. Essas listas, por determinação constitucional, são elaboradas pelos Tribunais de Justiça e pelo STF (arts. 119, II, e 120, III, da Constituição).[1]

Outras peculiaridades dos tribunais eleitorais despertam algumas críticas. Uma delas é que os advogados membros da Justiça Eleitoral não estão abrangidos pela proibição de exercício da advocacia contida no art. 28, II, da Lei 8.906/1994 (ADI 1.127-MC, de 06.10.1994). Desse modo, tanto os juízes dos TREs quanto os

---

1. MS 21.073, de 29.11.1990; MS 21.060, de 19.06.1991.

ministros do TSE com assento na vaga destinada à advocacia não estão impedidos de advogar, salvo no âmbito da Justiça Eleitoral, por óbvio.

Outra crítica é a ausência de membros do Ministério Público entre os juízes eleitorais. Nesse sentido, o Procurador da República José Jairo Gomes argumenta que "estranhamente, não sobrou uma cadeira para o Ministério Público nem no TSE, nem nos TREs. No particular, merece censura o Legislador Constituinte, pois essa solução contraria a lógica implantada para a composição dos demais tribunais".[2] Em que pese a argumentação do autor, o fato é que o constituinte não reservou assento para o MP nas cortes eleitorais, na linha do Código Eleitoral, o qual determinava, expressamente, que "a lista não poderá conter nome de Magistrado aposentado ou de membro do Ministério Público" nas vagas destinadas à advocacia (art. 25, § 2.º, introduzido pela Lei 4.961/1966 e alterado pela Lei 7.191/1994).

Essa discussão, ademais, foi examinada pelo STF no julgamento do RMS 23.123/PB, em 15.12.1999, ocasião em que se decidiu que o art. 25, § 2.º, do Código Eleitoral foi recepcionado pela Constituição e não foi revogado pela Lei 7.191/1994. Naquela assentada, o relator, Min. Marco Aurélio, afirmou que "a análise da instituição – Justiça Eleitoral – parte de um determinado princípio e de um determinado espírito informador, para que se integre ao Tribunal, aquele que se produziu na profissão, por longos anos, escolhido não pela corporação, mas pelos membros do Tribunal, que conhecem quem está exercendo a profissão e realmente tem condição de trazer a perspectiva do advogado ao debate das questões eleitorais".

2.1.1 Órgão de cúpula

Órgão de cúpula da Justiça Eleitoral, o TSE é composto por sete membros escolhidos mediante eleição, por voto secreto: (i) de três juízes dentre os ministros do STF; (ii) dois juízes dentre os ministros do STJ; e iii) dois juízes entre seis advogados de notável saber jurídico e idoneidade moral, indicados pelo STF e escolhidos por nomeação do Presidente da República (art. 119, I, II, da Constituição).

A presidência e a vice-presidência do TSE são de competência exclusiva dos ministros do STF, eleitos em sessão, sempre respeitada, por tradição, uma ordem cronológica de antiguidade no comando da Alta Corte Eleitoral. Igualmente, o cargo de Corregedor Eleitoral é exclusivo dos ministros do STJ (art. 119, parágrafo único, da Constituição).

De outro lado, não podem fazer parte do TSE cidadãos que tenham entre si parentesco, ainda que por afinidade, até o 4.º grau, seja legítimo ou ilegítimo o vínculo, excluindo-se neste caso, o que tiver sido escolhido por último. Quanto

---

2. GOMES, José Jairo. *Direito eleitoral*. 8. ed. São Paulo: Atlas, 2012. p. 69.

aos ministros da tradicionalmente denominada "categoria dos juristas", conforme redação originária do art. 16, § 1.º, do Código Eleitoral, bastava que os dois indicados tivessem notável saber jurídico e reputação ilibada.

Com a publicação da Lei 7.191/1984, a classe dos juristas passou a ser de assento exclusivo da advocacia, regra mantida pelo constituinte de 1988. Ademais, atualmente, a nomeação não poderá recair em cidadão demissível *ad nutum*, nem em diretor, proprietário ou sócio de empresa beneficiada com subvenção, privilégio, isenção ou favor em virtude de contrato com a Administração Pública, tampouco em quem exerça mandato de caráter político, federal, estadual ou municipal (art. 16, §§ 1.º e 2.º, do Código Eleitoral).

Em sua primeira fase, a Corte Superior Eleitoral se instalou em 20.05.1932, sob a presidência do Min. Hermenegildo de Barros, então Vice-Presidente do STF. Com o advento da Constituição de 1937, a Justiça Eleitoral sofreu solução de continuidade. Somente com a redemocratização o TSE foi restaurado, em 01.06.1945, no Palácio Monroe, sob a presidência do Min. José Linhares, três dias após a edição do Dec. 7.586, de 28.05.1945, que criara o tribunal.

Logo em seguida, em 1946, a Corte caminhou da Avenida Rio Branco para a antiga sede do STF, na Rua Primeiro de Março, onde funcionou até 1960, quando foi transferida para Brasília, em instalações provisórias, no Bloco 6 da Esplanada dos Ministérios,[3] até a mudança, em 1971, para a Praça dos Tribunais Superiores.

Em 15.12.2011, sob a presidência de Enrique Ricardo Lewandowski, foi inaugurada a nova sede do TSE – batizado pelo referido ministro de "Tribunal da Democracia" – no Setor de Administração Federal Sul, onde atualmente funciona, em condições condignas com as suas necessidades funcionais.[4]

---

3. BRASIL. Tribunal Superior Eleitoral. *60 anos do TSE: sessão comemorativa no TSE, homenagens do Senado Federal e da Câmara dos Deputados*, Brasília: TSE, 2005, p. 11-27.
4. "O prédio da nova sede do Tribunal Superior Eleitoral é um projeto de Oscar Niemeyer, cujo *contrato* com a administração da Corte foi assinado em 2005. No mesmo ano, foi lançada a *pedra fundamental* da construção, que se destaca por sua *moderna arquitetura, sustentabilidade* e *acessibilidade*, sendo sempre acompanhada de perto pela rigorosa fiscalização dos ministros que presidiram o TSE entre 2005 e 2011. O vertiginoso crescimento do eleitorado nos últimos 40 anos – de 30 milhões em 1971 para 136 milhões em 2011 – tornou pequena a *antiga sede* e o TSE teve que se dividir entre o edifício sede e três anexos, o que prejudicava o *deslocamento de processos e pessoas*. O plenário da Corte, com apenas 63 lugares, já não comportava mais o público dos grandes julgamentos e cerimônias, tais como a diplomação do presidente da República. A sede inaugurada no dia 15.12.2011 reúne, no mesmo espaço físico, uma área de grande importância estratégica da Justiça Eleitoral, a *informática*, responsável pelo desenvolvimento e manutenção da urna eletrônica, que antes ficavam armazenadas em *depósito* afastado da sede do TSE". Disponível em: [http://tse.jus.br/institucional/o-tse/sede-atual].

2.1.2 Cortes regionais

Segunda instância da Justiça Eleitoral, os Tribunais Regionais estão localizados na capital de cada Estado e do Distrito Federal e são compostos por sete membros, eleitos por voto secreto: de dois juízes selecionados entre os desembargadores dos Tribunais de Justiça; dois juízes de direito escolhidos pelo Tribunal de Justiça; um juiz do TRF ou juiz federal escolhido pelo respectivo tribunal e, por fim, de dois juízes entre seis advogados de notável saber jurídico e idoneidade moral, indicados pelo Tribunal de Justiça e nomeados pelo Presidente da República (art. 120 da Constituição).

Em simetria ao TSE, o presidente e o vice-presidente do Tribunal Regional são eleitos entre os desembargadores (art. 120, § 2.º, da Constituição). Quanto aos Corregedores locais, a situação varia entre os tribunais, uma vez que a Constituição não faz qualquer distinção entre os demais juízes regionais. As atribuições do Corregedor Regional são fixadas pelo TSE e, em caráter supletivo ou complementar, pelo TRE ao qual estiver vinculado o juiz (art. 26, § 1.º, do Código Eleitoral).

Ademais, no cumprimento de suas atribuições, o Corregedor Regional se locomoverá para as zonas eleitorais, por determinação do TSE ou do TRE, a pedido dos juízes eleitorais, a requerimento de partido político, após deferimento pelo Tribunal Regional e sempre que entender necessário, ante a discricionariedade da função.

Um Procurador da República indicado pelo Procurador-Geral da República deve oficiar junto a cada Tribunal Regional. Já no Distrito Federal, as funções de Procurador Regional Eleitoral serão exercidas pelo Procurador-Geral da Justiça do Distrito Federal. Todos esses Procuradores com atribuições simétricas às do Procurador-Geral da República. Para auxiliá-los nas suas funções, os Procuradores Regionais poderão requisitar membros do Ministério Público Federal ou do Ministério Público local (Res. do TSE 20.887/2001), mediante prévia autorização do PRG, não tendo os requisitados, todavia, assento nas sessões dos TREs (arts. 26 e 27 do Código Eleitoral).

Os Tribunais Regionais deliberam por maioria de votos, em sessão pública, com a presença da maioria de seus membros. Nas hipóteses de impedimento e não existindo *quorum*, será o membro da Corte substituído por outro da mesma categoria, designado na forma prevista na Constituição. Todavia, é importante registrar que "não há como convocar substitutos representantes de classe diversa para complementação de *quorum* em TRE, dado se exigível que tal ocorra entre membros da mesma classe" (Res. do TSE 22.469/2006).

Por fim, perante o Tribunal Regional, e com recurso voluntário para o TSE, qualquer interessado poderá arguir a suspeição dos seus membros, do Procurador Regional, ou mesmo de funcionários da Secretaria, de juízes e de escrivães eleitorais, nos casos previstos na lei processual civil, sob fundamento de parcialidade partidária, nos termos regimentais (art. 28 do Código Eleitoral).

2.1.3 Juízes zonais

Os juízes eleitorais são órgãos da Justiça Eleitoral, nos termos do art. 118, III, da Constituição, e atuam na primeira instância, nas zonas eleitorais, daí a denominação, na prática forense, de juízes zonais. Segundo a Lei Maior, esses juízes de direito devem ser relacionados à magistratura comum estadual (art. 11 da LC 35/1979, denominada Lei Orgânica da Magistratura Nacional – Loman).

A questão já despertou a jurisdição do TSE, nos autos da Pet 33.275, julgada na sessão de 30.03.2012. Na oportunidade, os ministros indeferiram pedido de cinco associações ligadas à magistratura federal, a saber, a Associação dos Juízes Federais do Brasil (Ajufe), Associação dos Juízes Federais da 1.ª Região (Ajufer), Associação dos Juízes Federais da 5.ª Região (Rejufe), Associação dos Juízes Federais de Minas Gerais (Ajufe/MG) e Associação dos Juízes Federais do Rio Grande do Sul (Ajufe/RGS) que pretendiam incluir os juízes federais no exercício da jurisdição eleitoral de primeiro grau nas zonas eleitorais.

As associações de juízes pediam a alteração da Res. do TSE 21.009/2002, segundo a qual "a jurisdição em cada uma das zonas eleitorais em que houver mais de uma vara será exercida, pelo período de dois anos, por juiz de Direito da respectiva Comarca, em efetivo exercício".

O voto condutor do acórdão assentou que a controvérsia estaria limitada ao sentido e ao alcance da expressão "juízes de direito" constante do art. 32 do Código Eleitoral, de 1965. Entretanto, sustentou "que o texto constitucional em vigor, a despeito disso, expõe regra que menciona explicitamente juízes de Direito como representativos da Justiça Estadual Comum".

Afirmou, ainda, que, a Constituição estabeleceu claramente serem os juízes de direito da Justiça estadual comum aqueles que deveriam integrar os Tribunais Regionais Eleitorais, isto é, "a jurisdição eleitoral de segundo grau, fosse porque tinha o constituinte a informação de que eram os juízes estaduais que efetivamente a desempenhavam em primeiro grau, fosse porque lhe parecera conveniente valer-se da capilarização da sua experiência até então". Vencido no debate, o Min. Marco Aurélio defendeu que a jurisdição eleitoral é eminentemente federal e, por essa razão, autorizaria a participação dos juízes federais na primeira instância, da mesma forma que a Constituição prevê assento na segunda instância, ou seja, uma vaga no TRE.

A juridição eleitoral realmente é muito cobiçada, pois nunca se viu tamanha discussão para processar e julgar matéria de natureza previdenciária, de cunho eminentemente federal. O entendimento emanado do TSE é, sem dúvida, o mais consentâneo com a vontade da Constituição.

Desse modo, os juízes de direito exercem as suas funções eleitorais por designação dos TREs. Se em determinada comarca tiver apenas um juiz, ele acumulará as duas funções, mesmo antes de adquirir vitaliciedade (art. 22, § 2.º, da Loman). Quando há mais de um juiz de direito na comarca, existe um rodízio a cada biênio (Resoluções do TSE 20.505/1999 e 21.009/2002 c/c art. 33 do Código Eleitoral).

Por fim, o Código Eleitoral determina que o juiz eleitoral despache todos os dias "na sede da sua zona eleitoral" (art. 34).

2.1.4 Comissões

As juntas eleitorais são comissões compostas por um juiz de direito (presidente) e por dois ou quatro cidadãos de notória idoneidade, nomeados 60 dias antes da eleição, após aprovação do Tribunal Regional, pelo seu presidente. Os integrantes das juntas eleitorais, no exercício de suas funções, gozam de plenas garantias e são inamovíveis (art. 121, § 1.º, da Constituição).

Até 10 (dez) dias antes da nomeação, os nomes indicados para compor a junta serão publicados no órgão oficial do Estado, "podendo qualquer partido, no prazo de 3 (três) dias, em petição fundamentada, impugnar as indicações" (art. 36, § 2.º, do Código Eleitoral).

Todavia, não podem ser nomeados membros das juntas, escrutinadores ou auxiliares: (i) os candidatos e seus parentes, ainda que por afinidade, até o segundo grau, inclusive, bem assim o cônjuge; (ii) os membros de diretorias de partidos políticos devidamente registrados e cujos nomes tenham sido oficialmente publicados; (iii) as autoridades e agentes policiais, bem como os funcionários no desempenho de cargos de confiança do Executivo; (iv) os que pertencerem ao serviço eleitoral (art. 36, § 3.º, do Código Eleitoral).

2.2 Competências

A Constituição de 1988 estabeleceu que são irrecorríveis as decisões do TSE, salvo quando contrariarem a própria Constituição e as denegatórias de *habeas corpus* ou mandado de segurança. Quanto aos Tribunais Regionais, a Lei Maior previu recorribilidade quando a decisão for proferida contra lei ou a Constituição, quando ocorrer divergência na interpretação de lei entre dois ou mais TREs, quando versarem sobre inelegibilidade ou expedição de diplomas nas eleições federais ou estaduais, ou quando anular diplomas ou decretar a perda de mandatos eletivos federais ou estaduais, ou quando denegar *habeas corpus*, mandado de segurança, *habeas data* ou mandado de injunção (art. 121, §§ 3.º e 4.º).

2.2.1 Tribunal Superior Eleitoral

O Código Eleitoral, recepcionado pela Constituição como lei complementar, em sentido material, assentou competência do Tribunal Superior para processar e julgar, originariamente: (i) o registro e a cassação de registro de partidos políticos, dos seus diretórios nacionais e de candidatos à Presidência e Vice-Presidência da República; (ii) os conflitos de jurisdição entre Tribunais Regionais e juízes eleitorais de Estados diferentes; (iii) a suspeição ou o impedimento aos seus membros, ao Procurador-Geral e aos funcionários da sua Secretaria; (iv) os crimes eleitorais e os comuns que lhes forem conexos cometidos pelos seus próprios juízes e por juízes dos Tribunais Regionais; (v) as reclamações relativas a obrigações impostas por lei aos partidos políticos, quanto à contabilidade e à apuração da origem dos seus recursos; (vi) as impugnações contra apuração do resultado geral, proclamação dos eleitos e expedição de diploma na eleição de Presidente e Vice-Presidente da República; (vii) os pedidos de desaforamento dos feitos não decididos nos Tribunais Regionais dentro de 60 dias da conclusão ao relator; (viii) os pedidos de desaforamento dos feitos não decididos nos Tribunais Regionais dentro de 30 dias da conclusão ao relator, formulados por partido, candidato, Ministério Público ou parte legitimamente interessada; (ix) as reclamações contra os seus próprios juízes que, no prazo de 30 dias a contar da conclusão, não houverem julgado os feitos a eles distribuídos; (x) a ação rescisória, nos casos de inelegibilidade, desde que intentada dentro de 120 dias de decisão irrecorrível, possibilitando-se o exercício do mandato eletivo até o seu trânsito em julgado; e (xi) os recursos interpostos das decisões dos Tribunais Regionais, nos termos do art. 276, inclusive os que versarem sobre matéria administrativa (art. 22 do Código Eleitoral).

Compete, ainda, exclusivamente, ao TSE, nos termos do art. 23 da Lei 4.737/1965: (i) elaborar o seu regimento interno; (ii) organizar a sua Secretaria e a Corregedoria-Geral, propondo ao Congresso Nacional a criação ou extinção dos cargos administrativos e a fixação dos respectivos vencimentos, provendo-os na forma da lei; (iii) conceder aos seus membros licença e férias, assim como afastamento do exercício dos cargos efetivos; (iv) aprovar o afastamento do exercício dos cargos efetivos dos juízes dos TREs; (v) propor a criação de Tribunal Regional na sede de qualquer dos Territórios; (vi) propor ao Poder Legislativo o aumento do número dos juízes de qualquer Tribunal Eleitoral, indicando a forma desse aumento; (vii) fixar as datas para as eleições de Presidente e Vice-Presidente da República, senadores e deputados federais, quando não o tiverem sido por lei; (viii) aprovar a divisão dos Estados em zonas eleitorais ou a criação de novas zonas; (ix) expedir as instruções que julgar convenientes à execução do Código Eleitoral; (x) fixar a diária do Corregedor-Geral, dos Corregedores Regionais e auxiliares em diligência fora da sede; (xi) enviar ao Presidente da República a lista tríplice organizada pelos Tribunais de Justiça; (xii) responder, sobre matéria eleitoral, às consultas que lhe forem feitas em tese por autoridade com jurisdição federal ou órgão nacional de partido político; (xiii) autorizar a contagem dos votos pelas mesas receptoras nos Estados em que essa providência for solicitada pelo Tribunal Regional respectivo; (xiv) requisitar a força federal necessária ao cumprimento da lei, de suas próprias decisões ou das decisões dos Tribunais Regionais que o solicitarem, e para garantir a votação e a apuração; (xv) organizar e divulgar a Súmula de sua jurisprudência; (xvi) requisitar funcionários da União e do Distrito Federal quando o exigir o acúmulo ocasional do serviço de sua Secretaria; (xvii) publicar um boletim eleitoral; e (xviii) tomar quaisquer outras providências que julgar convenientes à execução da legislação eleitoral.

Em razão da competência verticalizada da Justiça Eleitoral, cujo processo requer máxima celeridade, sob pena de perda de objeto da prestação jurisdicional, os Tribunais e os juízes inferiores devem dar imediato cumprimento às decisões, instruções, mandatos e outros atos decisórios emanados do TSE, nos termos do art. 21 do Código Eleitoral.

2.2.2 Tribunais Regionais Eleitorais

Os Tribunais Regionais possuem competência originária para processar e julgar: (i) o registro e o cancelamento do registro dos diretórios estaduais e municipais de partidos políticos, bem como de candidatos a Governador, Vice-Governadores e membro do Congresso Nacional e das Assembleias Legislativas; (ii) os conflitos de jurisdição entre juízes eleitorais do respectivo Estado; (iii) a suspeição ou impedimentos aos seus membros, ao Procurador Regional e aos funcionários da sua Secretaria, assim como aos juízes e escrivães eleitorais; (iv) os crimes eleitorais cometidos pelos juízes eleitorais; (v) o *habeas corpus* ou mandado de segurança, em matéria eleitoral, contra ato de autoridades que respondam perante os Tribunais de Justiça por crime de responsabilidade e, em grau de recurso, os denegados ou concedidos pelos juízes eleitorais, ou, ainda, o *habeas corpus* quando houver perigo de se consumar a violência antes que o juiz competente possa prover sobre a impetração; (vi) as reclamações relativas a obrigações impostas por lei aos partidos políticos, quanto a sua contabilidade e à apuração da origem dos seus recursos; (vii) os pedidos de desaforamento dos feitos não decididos pelos juízes eleitorais em 30 dias da sua conclusão para julgamento, formulados por partido, candidato, Ministério Público ou parte legitimamente interessada, sem prejuízo das sanções decorrentes do excesso de prazo (art. 29 do Código Eleitoral).

No âmbito do recurso, os TREs devem julgar os recursos interpostos dos atos e das decisões proferidas pelos juízes e juntas eleitorais, além das decisões dos juízes eleitorais que concederem ou denegarem *habeas corpus* ou mandado de segurança.

Ademais, em regra, as decisões das Cortes Regionais são terminativas e irrecorríveis, salvo quando couberem os seguintes recursos para o TSE: (i) especial, quando forem proferidas contra expressa disposição de lei ou quando ocorrer divergência na interpretação de lei entre duas ou mais Cortes Eleitorais; (ii) ordinário, quando versarem sobre expedição de diploma nas eleições federais e estaduais, ou quando denegarem *habeas corpus* ou mandado de segurança (arts. 29, parágrafo único, e 276 do Código Eleitoral).

Compete, também, exclusivamente, aos TREs: (i) elaborar o seu regimento interno; (ii) organizar a sua secretaria e a Corregedoria Regional, provendo-lhes os cargos na forma da lei, e propor ao Congresso Nacional, por intermédio do TSE a criação ou supressão de cargos e a fixação dos respectivos vencimentos; (iii) conceder aos seus membros e aos juízes eleitorais licença e férias, assim como afastamento do exercício dos cargos efetivos, submetendo, quanto aqueles, a decisão à aprovação do TSE; (iv) fixar a data das eleições de Governador e Vice--Governador, deputados estaduais, prefeitos, vice-prefeitos, vereadores e juízes de paz, quando não determinada por disposição constitucional ou legal; (v) constituir as juntas eleitorais e designar a respectiva sede e jurisdição; (vi) indicar ao TSE as zonas eleitorais ou seções em que a contagem dos votos deva ser feita pela mesa receptora; (vii) apurar com os resultados parciais enviados pelas juntas eleitorais, os resultados finais das eleições de Governador e Vice-Governador de membros do Congresso Nacional e expedir os respectivos diplomas, remetendo dentro do prazo de 10 dias após a diplomação, ao Tribunal Superior, cópia das atas de seus trabalhos; (viii) responder, sobre matéria eleitoral, às consultas que lhe forem feitas, em tese, por autoridade pública ou partido político; (ix) dividir a respectiva circunscrição em zonas eleitorais, submetendo essa divisão, assim como a criação de novas zonas, à aprovação do TSE; (x) aprovar a designação do Ofício de Justiça que deva responder pela escrivania eleitoral durante o biênio; (xi) requisitar a força necessária ao cumprimento de suas decisões e solicitar ao Tribunal Superior a requisição de força federal; (xii) autorizar, no Distrito Federal e nas capitais dos Estados, ao seu presidente e, no interior, aos juízes eleitorais, a requisição de funcionários federais, estaduais ou municipais para auxiliarem os escrivães eleitorais, quando o exigir o acúmulo ocasional do serviço; (xiii) requisitar funcionários da União e, ainda, no Distrito Federal e em cada Estado ou Território, funcionários dos respectivos quadros administrativos, no caso de acúmulo ocasional de serviço de suas Secretarias; (xiv) aplicar as penas disciplinares de advertência e de suspensão até 30 dias aos juízes eleitorais; (xv) cumprir as decisões e instruções do TSE; (xvi) determinar, em caso de urgência, providências para a execução da lei na respectiva circunscrição; e (xvii) organizar o fichário dos eleitores do Estado.

Por fim, compete privativamente aos Tribunais Regionais suprimir os mapas parciais de apuração, mandando utilizar apenas os boletins e os mapas totalizadores, desde que o menor número de candidatos às eleições proporcionais justifique a supressão, observadas as seguintes normas: (i) qualquer candidato ou partido poderá requerer ao Tribunal Regional que suprima a exigência dos mapas parciais de apuração; (ii) da decisão do Tribunal Regional qualquer candidato ou partido poderá, no prazo de três dias, recorrer para o Tribunal Superior, que decidirá em cinco dias; (iii) a supressão dos mapas parciais de apuração só será admitida até seis meses antes da data da eleição; (iv) os boletins e mapas de apuração serão impressos pelos Tribunais Regionais, depois de aprovados pelo TSE; (v) o Tribunal Regional ouvirá os partidos na elaboração dos modelos dos boletins e mapas de apuração, a fim de que estes atendam às peculiaridade locais, encaminhando os modelos que aprovar, acompanhados das sugestões ou impugnações formuladas pelos partidos, à decisão do TSE (art. 30 do Código Eleitoral).

2.2.3 Juízes eleitorais

Em relação aos juízes eleitorais, o art. 35 do Código Eleitoral estabelece competência para: (i) cumprir e fazer cumprir as decisões e determinações do Tribunal Superior e do Regional; (ii) processar e julgar os crimes eleitorais e os comuns que lhe forem conexos, ressalvada a competência originária do Tribunal Superior e dos Tribunais Regionais; (iii) decidir *habeas corpus* e mandado de segurança, em matéria eleitoral, desde que essa competência não esteja atribuída privativamente a instância superior; (iv) fazer as diligências que julgar necessárias à ordem e presteza do serviço eleitoral; (v) tomar conhecimento das reclamações que lhes forem feitas verbalmente ou por escrito, reduzindo-as a termo, e determinando as providências que cada caso exigir; (vi) indicar, para aprovação do Tribunal Regional, a serventia de Justiça que deve ter o anexo da escrivania eleitoral; (vii) dirigir os processos eleitorais e determinar a inscrição e a exclusão de eleitores; (viii) expedir títulos eleitorais e conceder transferência de eleitor; (ix) dividir a zona em seções eleitorais; (x) mandar organizar, em ordem alfabética, relação dos eleitores de cada seção, para remessa à mesa receptora, juntamente com a pasta das folhas individuais de votação; (xi) ordenar o registro e cassação do registro dos candidatos aos cargos eletivos municipais e comunicá-los ao Tribunal Regional; (xii) designar, até 60 dias antes das eleições, os locais das seções; (xiii) nomear, 60 dias antes da eleição, em audiência pública anunciada com pelo menos cinco dias de antecedência, os membros das mesas receptoras; (xiv) instruir os membros das mesas receptoras sobre as suas funções; (xv) providenciar a solução das ocorrências que se verificarem nas mesas receptoras; (xvi) tomar todas as providências ao seu alcance para evitar os atos viciosos das eleições; (xvii) fornecer aos que não votaram por motivo justificado e aos não alistados, por dispensados do alistamento, um certificado que os isente das sanções legais; (xviii) comunicar, até às 12 horas do dia seguinte à realização da eleição, ao Tribunal Regional e aos delegados de partidos credenciados, o número de eleitores que votarem em cada uma das seções da zona sob sua jurisdição, bem como o total de votantes da zona.

Sobre a Zona Eleitoral (ZE), importa registrar que a sua área pode não coincidir com a do município, pois a ela pode abranger mais de uma municipalidade. De outro lado, em um mesmo município podem existir inúmeras ZEs, que, por sua vez, são divididas em seções eleitorais.

Já a circunscrição eleitoral é o "espaço geográfico onde se trava determinada eleição".⁵ Ou seja, o País, na eleição do Presidente e Vice-Presidente da República; o Estado, nas eleições para governador e vice-governador, deputados federais e estaduais e senadores; o Município, nas eleições de prefeito e vereadores.

2.2.4 Juntas Eleitorais

Por fim, sobre a competência das Juntas, o art. 40 do Código Eleitoral fixa atribuição para: (i) apurar, no prazo de 10 dias, as eleições realizadas nas zonas eleitorais sob a sua jurisdição; (ii) resolver as impugnações e demais incidentes verificados durante os trabalhos da contagem e da apuração; (iii) expedir os boletins de apuração; (iv) expedir diploma aos eleitos para cargos municipais. Ocorre que, com o advento do sistema eletrônico de votação, as funções de apuração ficaram praticamente esvaziadas, tendo em conta que a contabilização dos votos é feita eletronicamente sem a intervenção dos integrantes das juntas nesse sentido (art. 59 e ss. da Lei das Eleições). Nas eleições municipais, compete à Junta Eleitoral expedir os diplomas aos candidatos eleitos, por meio do juiz eleitoral (presidente) mais antigo, quando houver mais de uma junta.

2.3 Funções

Como um espelho daquilo que ocorre com a clássica doutrina da separação dos Poderes, ou melhor, da divisão de funções do Estado, a Justiça Eleitoral, além da sua atividade típica jurisdicional, também exerce, de forma atípica, funções administrativas e legislativas. Essa divisão dos Poderes será objeto de exame no capítulo 7 deste estudo, à luz da doutrina da separação das funções do Estado.

Sob enfoque eleitoralista, Fávila Ribeiro observou que a escala de competências da Justiça Eleitoral possui polivalentes potencialidades "legiferativas, administrativas e jurisdicionais", em conformidade com os problemas a enfrentar, identificando, assim, três posições decisórias: dispor, observar e garantir.⁶

Conforme examinaremos nesta pesquisa, no âmbito da Justiça Eleitoral, essas atividades são muito mais acentuadas e visíveis do que em outros ramos do Judiciário. Além das funções tradicionais, Fávila Ribeiro observou ainda, a função consultiva da Justiça Eleitoral, ante a sua singular competência "para responder a consultas sobre matéria eleitoral que sejam formuladas em caráter hipotético".⁷

---

5. FARHAT, Saïd. *Dicionário parlamentar e político: o processo político e legislativo no Brasil*. São Paulo: Melhoramentos/Fundação Peirópolis, 1996. p. 121.
6. RIBEIRO, Fávila. *Direito eleitoral*. 5. ed. Rio de Janeiro: Forense, 2000. p. 179.
7. Idem, p. 180.

Assim, podemos identificar quatro funções na Justiça Eleitoral: administrativa,[8] jurisdicional, normativa e consultiva, conforme examinaremos a seguir, de maneira pormenorizada.

2.3.1 Função administrativa

Administrar eleições em um País de dimensões continentais, com segurança, eficiência e transparência, não é uma tarefa nada fácil. É que a confiança, sem nenhuma dúvida, consiste no maior patrimônio da Justiça Eleitoral, criada no seio da revolução de 1930, em busca da almejada "verdade eleitoral", então ofuscada por eleições fraudadas e decididas a bico de pena.

Ao examinar as funções da Justiça Eleitoral, Sepúlveda Pertence ressalta que a atividade-fim desse ramo do Judiciário possui um caráter eminentemente administrativo:

"Ao passo que na Justiça ordinária, como nos demais ramos de Justiça especializada, a atividade-fim dos juízes e tribunais, por definição, é de natureza quase exclusivamente jurisdicional, reduzindo-se as suas atribuições administrativas ao desenvolvimento das atividades-meio de autogoverno da estrutura judiciária, diverso é o panorama da Justiça Eleitoral: nesta, como tenho tido a oportunidade de enfatizar, a sua própria finalidade finalística primeira, a direção do processo eleitoral, é predominantemente de caráter administrativo, posto que sujeita – como toda a atividade administrativa em nosso sistema – ao controle jurisdicional suscitado pelos interessados" (MS 1.501/RJ, rel. Min. Sepúlveda Pertence, j. 02.02.1992).

Nas Eleições Gerais de 2010, presidida pelo Min. Ricardo Lewandowski, cerca de 135.804.433 eleitores estavam aptos a escolher os seus representantes em 5.567 municípios brasileiros e em 126 localidades situadas no exterior, totalizando 400.001 seções eleitorais.

Efetivou-se, ainda, a instalação de 159 seções eleitorais para o voto em trânsito aos cargos de Presidente e Vice-Presidente da República, além de 356 locais de votação destinados aos 19.933 presos provisórios aptos a votar e aos menores em cumprimento de medidas socioeducativas (Res. do TSE 23.219, de 02.03.2010).

Com efeito, disputaram 21.735 candidatos, distribuídos aos seguintes cargos: 9 para Presidente da República, 167 para Governador de Estado, 272 para Senador,

---

8. ALMEIDA NETO, Manoel Carlos de. A função administrativa da Justiça Eleitoral brasileira. In: GAGGIANO, Monica Herman Salem (coord.). *Direito eleitoral em debate: estudos em homenagem a Cláudio Lembo*. São Paulo: Saraiva, 2013. p. 242-266.

6.020 para Deputado Federal, e 15.267 para Deputado Estadual e Distrital, segundo dados da Secretaria de Tecnologia da Informação do TSE.[9]

Para dar concreção a essa grandiosa tarefa, a Justiça Eleitoral contou com quase 25 mil servidores efetivos, 3 mil juízes eleitorais e 2,2 milhões de mesários, que colaboraram para que o sistema eletrônico de votação operasse da forma mais legítima e transparente possível.

A fim de compreender o funcionamento do sistema eletrônico de votação brasileiro, a Lei das Eleições determina que a votação e a totalização dos votos serão feitas por sistema eletrônico e que a urna eletrônica contabilizará cada voto, "assegurando-lhe o sigilo e inviolabilidade, garantida aos partidos políticos, coligações e candidatos ampla fiscalização" (art. 59 e ss. da Lei 9.504/1997).

Para efetivar a vontade da Constituição de forma mais célere e eficiente, em 1985, o TSE, no espírito da redemocratização, sob a presidência do Min. Néri da Silveira, deu início ao processo de informatização[10] das eleições estaduais de 1986, com o recadastramento geral eletrônico do eleitorado,[11] fundado na criação de um número de inscrição único nacional e a consequente substituição dos títulos de eleitor.

No âmbito normativo, a implantação do processamento eletrônico de dados eleitorais foi autorizada por meio da Lei 7.444, de 20.12.1985, sancionada pelo então Presidente da República José Sarney, que viabilizou a revisão do eleitorado e o imediato registro de mais de 70 milhões de eleitores, tornando-se o maior cadastro informatizado de eleitores da América Latina.

Em resguardo da privacidade do cidadão, as informações de caráter personalizado constantes do cadastro eleitoral – filiação, data de nascimento, profissão, estado civil, escolaridade, telefone e endereço do eleitor –, são sigilosas e só podem ser fornecidas por decisão judicial fundamentada (art. 29, §§ 1.º e 2.º, da Res. do TSE 21.538/2003, combinado com o art. 9.º, I e II, da Lei 7.444/1985).

Para as Eleições Gerais de 1994, na presidência do Min. Sepúlveda Pertence, o TSE montou uma rede de transmissão de dados (*software* e *hardware*) possibilitando a comunicação eletrônica de informações entre os órgãos da Justiça Eleitoral, com o objetivo de apurar e divulgar o resultado das eleições de forma mais célere. Na prática, os votos depositados nas urnas eram apurados e transmitidos de cada Junta

---

9. BRASIL. Tribunal Superior Eleitoral. *Relatório das eleições 2010*. Brasília: TSE, 2011. p. 17.
10. Registre-se, por oportuno, que, em 1978, o TRE/MG iniciou tentativas de automação de processos eleitorais e apresentou protótipo de mecanização do processo de votação ao TSE.
11. No ano de 1983, o TRE/RS, de forma pioneira, desenvolveu o processo de informatização de seu cadastro de eleitores.

Eleitoral para os 27 Tribunais Regionais Eleitorais do País, que retransmitiam ao TSE para totalização geral e divulgação em âmbito nacional.

A base de dados cadastrais dos eleitores, informatizada e devidamente revisada, somada à estrutura de processamento e transmissão de dados, que interligou as Zonas Eleitorais e os TREs com o TSE, serviram de base para a implementação do voto eletrônico no País.

Para desenvolvimento desse projeto, o então Presidente do TSE, Min. Carlos Velloso, fixou a implantação do voto eletrônico como meta prioritária de sua gestão. Nesse sentido, em seu discurso de posse, assentou que:

"A verdade eleitoral é a razão de ser da Justiça Eleitoral. (...) Devemos reconhecer, entretanto, que ainda são perpetradas fraudes no processo eleitoral. O exemplo mais recente é o das Eleições de 1994, no Rio de Janeiro. Estamos convencidos de que essas fraudes serão banidas do processo eleitoral brasileiro no momento em que eliminarmos as cédulas, as urnas e os mapas de urna, informatizando o voto. O alistamento já está informatizado. Em 1994, foram informatizadas as zonas eleitorais. A meta, agora, meta que tentaremos implementar no correr do ano de 1995, é a informatização do voto".[12]

Em seguida, o Min. Carlos Velloso instalou a Comissão de Informatização das Eleições Municipais de 1996, formada por juristas, cientistas e técnicos em informática que, sob a presidência do Corregedor-Geral Eleitoral, Min. Ilmar Galvão, apresentou justificativa para a eliminação da fraude: "Tornando transparente o processo eleitoral é anseio não só da Justiça Eleitoral, como da sociedade em geral. A validade do pleito, não apenas no seu aspecto legal, mas também moral, está intimamente ligada à ideia que o resultado traduza a vontade livre e consciente manifestada pelo eleitor. Colocar a tecnologia a serviço da cidadania é o caminho que a modernidade nos indica".[13]

Para a preparação do projeto da urna eletrônica,[14] incluindo os equipamentos de *hardware* e *software*, o TSE formou um grupo técnico, por meio da Port. TSE 282/1995, que contou com a colaboração de conceituadas instituições e órgãos existentes no Brasil, como o Instituto Nacional de Pesquisas Espaciais (INPE), o Centro Técnico Aeroespacial de São José dos Campos, o Ministério da Ciência e Tecnologia, o Instituto Tecnológico da Aeronáutica (ITA) e o Centro de Pesquisa e Desenvolvimento da Telebrás, além dos Ministérios do Exército, da Marinha e da Aeronáutica.

---

12. VELLOSO, Carlos Mário da Silva. *Direito constitucional*. Brasília: Consulex, 1998. p. 520.
13. Cf. Termo de Referência apresentado pela Comissão de Informatização das Eleições Municipais de 1996, em 07.04.1995.
14. O primeiro nome técnico conferido à urna eletrônica foi "Coletor Eletrônico de Votos – CEV".

Em cinco meses, no decorrer de 1996, a comissão técnica concluiu o projeto, e a urna eletrônica foi enfim liberada para fabricação. Com efeito, a Justiça Eleitoral logrou êxito ao implementar o voto informatizado para mais de 1/3 do eleitorado brasileiro nas Eleições Municipais de 1996, em todas as capitais e cidades com mais de 200.000 eleitores.

No comando do TSE nas eleições de 1996, o Min. Marco Aurélio fez o balanço do processo eleitoral e, ao comemorar o sucesso do pleito, bem lembrou que:

"a implantação do voto eletrônico demandou o trabalho diuturno de 2.000 técnicos e a utilização de 1.200 microcomputadores, bem como das 74.127 urnas espalhadas por 57 municípios, que congregaram 31 milhões de eleitores. São números que impressionam, mormente depois de colhidos os resultados: apenas 3,65% das máquinas falharam, sendo que o percentual de votos em branco não ultrapassou 3% e os nulos ficaram na casa dos 9%. Nunca, em toda história da Justiça Eleitoral brasileira, deparamos com estatísticas tão favoráveis. E note-se: essa foi a nossa primeira experiência".[15]

Durante as eleições de 1996, o Brasil recebeu a visita de 34 observadores representantes de 17 países, tanto de nações da América Latina, como dos Estados Unidos da América e da Espanha, além de representantes do Banco Interamericano de Desenvolvimento (BID), entre outros organismos internacionais.

Ao final do processo eleitoral, o grupo de observadores dos países visitantes constatou, principalmente: (i) a participação numérica do eleitorado semelhante a de eleições anteriores, ou seja, a introdução da urna eletrônica não obstou a presença efetiva dos eleitores; (ii) respeito às regras e aos procedimentos de votação, com a formação de pequenas filas; (iii) harmonia na relação entre eleitores, fiscais e mesários; (iv) ausência de força militar nas ruas, o que demonstrou a confiança dos eleitores, dos candidatos e dos partidos na atuação da Justiça Eleitoral; (v) credibilidade no novo processo eletrônico de votação em razão da impossibilidade de fraude.[16]

Nas Eleições Gerais de 1998, cerca de 2/3 dos eleitores brasileiros votaram eletronicamente, uma vez que, além das capitais e cidades com mais de 200.000 eleitores, também os municípios com mais de 40.000 eleitores votaram por meio das urnas eletrônicas, visualizando a foto de seu candidato, transmitindo-se, por consequência, maior segurança e confiabilidade ao eleitor.

---

15. CAMARÃO, Paulo César Bhering. *O voto informatizado: legitimidade e democracia*. São Paulo: Empresa das Artes, 1997. p. 198.
16. BRASIL. Tribunal Regional Eleitoral do Rio Grande do Sul. *Voto eletrônico. Edição Comemorativa: 10 anos da urna eletrônica, 20 anos do recadastramento eleitoral*. Porto Alegre: TRE-RS/Centro de Memória da Justiça Eleitoral, 2006. p. 49.

Mas foi nas Eleições Municipais de 2000 que o projeto do sistema eletrônico de votação alcançou a informatização de 100% do eleitorado brasileiro, diga-se, 110.000.000 de brasileiros, e o sucesso repetiu-se nas eleições de 2002, 2004 e seguintes. Em 2006, votaram eletronicamente 125.913.479 brasileiros, em 27 Estados, 5.565 municípios, 380.945 seções eleitorais, 430.000 urnas eletrônicas, em 326.161 candidatos. Validamente, o TSE administra com eficiência a *maior eleição informatizada do mundo*, com a média de divulgação do resultado em apenas 5 horas.

A grandiosidade e a eficácia desse sistema atraíram a visita de observadores de países como Alemanha, Colômbia, Coreia, Costa Rica, Estados Unidos da América, Honduras, Índia, Indonésia, Itália, Irã, Japão, Moçambique, Nicarágua, Panamá, Rússia, Turquia, entre outros, além dos países que, em caráter experimental, utilizaram as urnas eletrônicas brasileiras, a exemplo da Argentina, do Equador, do México, do Paraguai e da República Dominicana.

Depositário dos ideais democráticos e republicanos, o TSE não se desonerou da missão de aprimorar a segurança do *sistema eletrônico de votação brasileiro* e, nesse mister, deu início ao projeto da "Urna Biométrica" nas Eleições Municipais de 2008.[17] Na prática, o voto do eleitor é processado com absoluta segurança a partir da identificação de sua impressão digital.

À ocasião, escolheram-se três municípios,[18] com uma média de 15.000 eleitores em cada um, para o projeto piloto. Consequentemente, cerca de 45.000 eleitores foram cadastrados com fotografia e impressão digital de todos os dedos das mãos e votaram com segurança no pleito.

Projeto de vanguarda, a tecnologia desenvolvida na urna biométrica objetiva a segurança das eleições, reduzindo ainda mais a possibilidade de fraude, com a exata individualização do eleitor.

Para garantir a transparência e a segurança do *sistema eletrônico de votação brasileiro*, é assegurado aos fiscais dos partidos políticos, à Ordem dos Advogados do Brasil (OAB) e ao Ministério Público (MP), em cada eleição, o acesso antecipado aos *softwares* das eleições, desenvolvidos pelo TSE ou sob sua encomenda, para fiscalização e auditoria. Posteriormente, os programas são apresentados, compilados e assinados digitalmente pelos representantes dos partidos políticos, da OAB e do MP. Em seguida, são testados, assinados digitalmente por representantes do TSE, fechados em Cerimônia de Assinatura Digital e Lacração dos Sistemas e guardados na sala-cofre da Corte Superior eleitoral, nos termos da Res. do TSE 23.205, de 09.02.2010.

---

17. BRASIL. Tribunal Superior Eleitoral. *Relatório das eleições 2008*. Brasília: TSE, 2009.
18. Município de São João Batista, Estado de Santa Catarina, Município Colorado do Oeste, Estado de Rondônia e o Município de Fátima do Sul, Estado de Mato Grosso do Sul.

Ainda em 2009, o Plenário do TSE aprovou requerimento formulado pelo Partido dos Trabalhadores (PT) e pelo Partido Democrático Trabalhista (PDT) para a realização de testes públicos de segurança nas urnas eletrônicas. Após a decisão do TSE em verificar o sistema conforme pedido, os partidos desistiram do requerimento. O Tribunal aceitou a desistência, mas o então Procurador-Geral Eleitoral, Roberto Gurgel, assumiu a autoria da petição em razão do elevado interesse público em torno dos novos testes sugeridos.

Desse modo, os testes públicos de segurança para as eleições ocorreram em novembro de 2009, sob a coordenação do então Vice-Presidente, Min. Ricardo Lewandowski e contaram com a participação de 38 investigadores selecionados, entre os quais, especialistas em tecnologia da informação, técnicos da Marinha, da Controladoria-Geral da União (CGU), da Procuradoria-Geral da República (PGR), da Information Systems Security Association (ISSA), do STJ e do TST. Acompanharam os testes observadores da Organização dos Estados Americanos (OEA), da Câmara dos Deputados, do Exército, do Serviço Federal de Processamento de Dados (Serpro), do Tribunal de Contas da União (TCU) e da Federação Nacional das Empresas de informática (Fenainfo), entre outros.

Ao final dos testes públicos, nenhuma das equipes ou participantes conseguiu burlar ou violar o sistema eletrônico de votação brasileiro. O resultado dos testes comprova a segurança e a inviolabilidade do sistema brasileiro de votação eletrônico, caracterizado e reconhecido por sua agilidade, eficiência, estabilidade, integridade e segurança. Não é por outra razão que, segundo pesquisa realizada pelo Instituto Nexus, entre os dias 18 e 24.11.2008, em todos os Estados brasileiros, 97% dos eleitores aprovaram a urna eletrônica. Segundo a mesma pesquisa, a Justiça Eleitoral foi apontada como a instituição mais confiável do País.

Nas Eleições Gerais de 2010, aproximadamente 136 milhões de brasileiros escolheram, por meio de quase 450.000 urnas eletrônicas, o Presidente da República, 27 Governadores de Estado e do Distrito Federal, 54 Senadores, 513 Deputados Federais e 1.059 Deputados Estaduais e Distritais. Em apenas 1 hora e 4 minutos o País sabia o nome da Presidente da República eleita matematicamente e, em menos de 24 horas, o resultado total das eleições, o novo recorde para a Justiça Eleitoral.

Nessa marcha evolutiva, mais de um milhão de brasileiros irá se identificar e votar, por meio da biometria, em mais de 60 municípios onde a Justiça Eleitoral promoveu o recadastramento do eleitorado (Res. do TSE 23.208, de 11.02.2010). Observe-se que esse número representa significativo salto se comparado às eleições de 2008.

E os avanços não param. Nas Eleições Gerais de 2010, os eleitores que estiveram ausentes de seu domicílio eleitoral puderam votar em candidato à Presidente da República, desde que estivessem em qualquer uma das 27 capitais brasileiras. Nesse sentido, o art. 233-A do Código Eleitoral, com redação dada pelo art. 6.º da

Lei 12.034/2009, *ipsis verbis*: "Aos eleitores em trânsito no território nacional é igualmente assegurado o direito de voto nas eleições para Presidente e Vice-Presidente da República, em urnas especialmente instaladas nas capitais dos Estados e na forma regulamentada pelo Tribunal Superior Eleitoral".

Com efeito, o sistema eletrônico de votação desenvolvido no País é orgulho de todos os brasileiros que aspiram viver segundo os ideais democráticos e republicanos. Da lisura e transparência do processo eleitoral decorre o fortalecimento do Estado democrático, destinado a garantir o exercício dos direitos sociais e individuais, a segurança, a liberdade, o bem-estar, o desenvolvimento social, a igualdade e a Justiça.[19]

Revelar a "verdade eleitoral", sufragada nas urnas eletrônicas de forma segura, célere e transparente, é o maior e mais importante trabalho desenvolvido pela Justiça Eleitoral brasileira, que, sem dúvida, tem cumprido com pleno êxito a sua missão constitucional de garantir que a soberania popular se expresse da forma mais livre e democrática possível.[20]

Outro ponto que merece destaque na função administrativa da Justiça Eleitoral é o papel desempenhado pelas Forças Armadas. Desde 1994, o TSE conta com o apoio logístico para o transporte de pessoas e materiais a locais de difícil acesso durante a realização das eleições. Destaca-se nessa atividade, a viabilização do voto em tribos indígenas, algumas inacessíveis por via terrestre ou fluvial.

Para instaurar esse procedimento, é necessário que o Tribunal Regional Eleitoral informe ao TSE os locais de difícil acesso que necessitarem de reforço. Em seguida, o TSE envia ofício ao Presidente da República solicitando autorização. Uma vez autorizado, a presidência requer providências ao Ministério da Defesa quanto aos procedimentos que serão adotados pela Chefia de Logística.

Ao final, o TSE solicita aos TREs que encaminhem relatório detalhado, com as justificativas de cada despesa para ulterior prestação de contas ao Tribunal de Contas da União.

Em 2012, o TSE e o Ministério da Defesa firmaram a Carta de Intenções 1 com o objetivo de viabilizar o alistamento eleitoral e o alistamento militar, de forma cooperativa.

---

19. ALMEIDA NETO, Manoel Carlso de; LEWANDOWSKI, Enrique Ricardo. La soberanía popular y el sistema electrónico de votación brasileño. *De Jure – Revista de Investigación y Análisis*. Colima, México, v. ano 9, p. 119-127, 2010.
20. ALMEIDA NETO, Manoel Carlos de; LEWANDOWSKI, Enrique Ricardo. The Brazilian Electronic Voting System. *Modern Democracy Magazine*. vol. 1. p. 6-7. Vienna, Áustria, 2011.

A iniciativa levou em conta, de um lado, a importância do alistamento militar, pressuposto essencial ao exercício do serviço militar obrigatório e contribuição para o desenvolvimento do País e defesa do território, e, de outro lado, o alistamento eleitoral que viabiliza a efetivação do processo democrático.

Desse modo, há cooperação objetiva, com o desenvolvimento de ações para o compartilhamento de informações não sigilosas constantes do cadastro de eleitores e a utilização dos navios hospitais, da Marinha do Brasil, e os Pelotões Especiais de Fronteira, do Exército Brasileiro, como unidades de Alistamento Militar e Eleitoral, de forma recíproca.

Portanto, sob a égide da Constituição de 1988, o papel das Forças Armadas nas eleições, por meio do Exército, da Marinha e da Aeronáutica, é fornecer apoio logístico à Justiça Eleitoral e, nesse sentido, consolidar a democracia e as eleições livres no Brasil.

2.3.2 Função jurisdicional

A palavra jurisdição deriva do latim *jus dicere* ou *iuris dictio*, cuja junção é *jurisdictio*, ou seja, dizer o direito. O conceito de jurisdição, em sentido amplo, corresponde ao total da competência do magistrado, com todos os elementos que a compõe: *notio, coercio, judicium, imperium e executio*.[21]

Foram exatamente os juristas italianos os que mais se dedicaram a revelar o sentido e o alcance da jurisdição. Por decênios, os juristas Chiovenda e Carnelutti travaram um duelo acadêmico sobre a definição da matéria. Para o primeiro, a noção de jurisdição representa o Estado em sua função de "atuação da vontade concreta da lei por meio da substituição, pela atividade de órgãos públicos, da atividade de particulares ou de outros órgãos públicos, já no afirmar a existência da vontade da lei, já no torná-la, praticamente, efetiva".[22] Já para Carnellutti, a jurisdição se define como a função que busca a "justa composição da lide".[23]

Mas foi Liebman quem observou que essas duas definições são complementares, uma vez que a primeira representa uma visão estrita do conteúdo da jurisdição, estabelecendo a relação entre lei e jurisdição, ao passo que a segunda considera a atuação do direito como meio para atingir uma finalidade ulterior, qual seja, a composição do conflito de interesses, procurando, assim, captar o conteúdo efetivo

---

21. DE PLÁCIDO E SILVA. *Vocabulário jurídico*. Rio de Janeiro: Forense, 1999, p. 466.
22. CHIOVENDA, Giuseppe. *Instituições de direito processual civil*. Campinas: Bookseller, 1998.
23. CARNELLUTI, Francesco. *Instituições do processo civil*. Campinas: Servanda, 1999.

da matéria à qual a lei vem aplicada e o resultado prático, sob o aspecto sociológico, a que a operação conduz.[24]

Uma caraterística basilar para a função jurisdicional é a definitividade, ou seja, em regra, as decisões judiciais não são submetidas ao controle de outros Poderes. Desse modo, por ser uma atividade exclusiva do Estado, por meio da atividade jurisdicional, o juiz não pode negar-se a julgar ou solucionar um problema, ainda que não exista norma que trate do tema, pois é vedado em nosso sistema jurídico o *non liquet*, em que os juízes romanos deixavam de decidir por não encontrar regra jurídica específica ao caso concreto.

Com efeito, o ordenamento jurídico dispõe de mecanismos e fontes para se fazer Justiça aos casos em que se tenha "lacunas de conflito" a que alude Ferraz Jr.[25] Ademais, ante o caráter abstrato da norma jurídica, não há como se prever positivamente todos os casos concretos. Desse modo, não existem lacunas no direito, mas, sim, problemas de decisão não regulamentados por lei.

Karl Engish afirma que as lacunas são deficiências do Direito Positivo (legislado ou consuetudinário) "apreensíveis como falhas de conteúdo de regulamentação jurídica para determinadas situações de fato em que é de esperar essa regulamentação e em que tais falhas postulam e admitem a sua remoção através duma decisão judicial jurídico-integradora".[26]

Desse modo, para o autor, na determinação das lacunas, não se pode ficar adstrito apenas à vontade do legislador histórico, uma vez que a mudança das concepções de vida pode fazer surgir novas lacunas, anteriormente não notadas, e que, devem ser consideradas lacunas do Direito vigente, não simplesmente *lacunas jurídico-políticas*.

Engish observa que o método mais usual para a colmatação das lacunas é a *analogia*, eis que toda regra jurídica é susceptível de aplicação analógica, até entre os diversos ramos do Direito. E afirma que "as conclusões por analogia não têm apenas cabimento dentro do mesmo ramo de Direito, nem tão pouco dentro de cada Código, mas verificam-se também de um para outro Código e de um ramo do Direito para outro. Vemos a analogia intercalada entre a interpretação e o argumento a contrário".[27]

---

24. LIEBMAN, Enrico Tullio. *Manual de direito processual civil*. Rio de Janeiro: Forense, 1986.
25. FERRAZ JR., Tercio Sampaio. *Introdução ao estudo do direito: técnica, decisão e dominação*. São Paulo: Atlas, 2001, p. 218.
26. ENGISH, Karl. *Introdução ao pensamento jurídico*. Lisboa: Fundação Calouste Gulbenkian, 1988. p. 279.
27. Idem, p. 293.

O autor também observa que a hermenêutica encontra o seu limite quando o sentido possível das palavras já não dá abrigo a uma decisão jurídica, uma vez que "o que de nós se exige é que, segundo as nossas forças, a todas as questões jurídicas respondamos juridicamente, que colmatemos as lacunas do Direito Positivo, na medida do possível através de ideias jurídicas".[28]

Sobre a questão, Kelsen observou o poder de criação de normas jurídicas pelos tribunais, especialmente os de última instância, não apenas vinculante para o caso *sub judice* como também para os casos idênticos, ante a força do precedente.[29] Para Kelsen:

"A teoria, nascida no terreno da *common law* anglo-americana, segundo a qual somente os tribunais criam Direito, é tão unilateral como a teoria, nascida no terreno do Direito legislativo da Europa continental, segundo a qual os tribunais não criam de forma alguma Direito mas apenas aplicam Direito já criado. Esta teoria implica a ideia de que só há normas jurídicas gerais, aquela implica a de que só há normas jurídicas individuais. A verdade está no meio. Os tribunais criam Direito, a saber – em regra – Direito individual; mas, dentro de uma ordem jurídica que institui um órgão legislativo ou reconhece o costume como fato produtor de Direito, fazem-no aplicando o Direito geral já de antemão criado pela lei ou pelo costume. A decisão judicial é a continuação, não o começo, do processo de criação jurídica".[30]

Sobre essa característica da função jurisdicional, importa destacar o pensamento de Niklas Luhmann, no sentido de que: (i) apenas os tribunais, no exercício da função jurisdicional, possuem a obrigação de decidir todo e qualquer caso que lhes for submetido, haja ou não previsão legislativa expressa que o regule, sendo vedado o *non liquet*; (ii) a decisão do órgão jurisdicional é a última, porquanto não pode ser submetida ao controle de nenhuma outra função estatal pois a jurisdição é a última forma de controle social; (iii) porque é obrigado a decidir qualquer conflito, o órgão judicial tem o poder de criar a regra jurídica do caso concreto; (iv) as decisões judiciais, porque finais, precisam ser indiscutíveis, fazendo-se coisa julgada.[31]

Com essas reflexões, o juiz vê-se coagido a tomar uma decisão e fundamentá-la ante a proibição *non liquet*. Portanto, torna-se imprescindível ao magistrado

---

28. Engish, Karl. Op. cit., p. 309.
29. Kelsen, Hans. *Teoria pura do direito*. São Paulo: Martins Fontes, 2000. p. 278-279.
30. Idem, p. 283.
31. Luhmann, Niklas. A posição dos tribunais no sistema jurídico. *Revista da Ajuris*. Porto Alegre: Ajuris, 1990.

ter a liberdade de construção do Direito, por suas fontes, utilizando a criatividade judicial para decidir definitivamente, sem desbordar dos limites de sua função e competência jurisdicional.

A jurisdição eleitoral se caracteriza pela resolução judicial dos conflitos de interesses travados antes e depois do processo eleitoral, com a finalidade de garantir a legitimidade democrática e a paridade de armas no pleito. E essa jurisdição se manifesta no bojo de ações e recursos eleitorais processados nas Zonas Eleitorais, nos TRE e no TSE, seu órgão de cúpula.

Entre as principais ações e recursos eleitorais destacam-se o recurso especial eleitoral (REspE), o recurso ordinário (RO), a representação (Rp), a ação de investigação judicial eleitoral (AIJE), o recurso contra expedição de diploma (RCED) e a ação de impugnação de mandato eletivo (AIME), além dos pedidos de direito de resposta, embargos declaratórios, embargos infringentes, agravos de instrumento e regimentais, reclamação eleitoral, ação rescisória, entre outros. Esse tema será melhor examinado no último item deste capítulo.

A propósito, para se ter uma ideia a respeito da intensidade dessa função, nas eleições municipais de 2008, por exemplo, o TSE realizou 193 sessões jurisdicionais, proferindo 2.763 acórdãos, 9.636 decisões monocráticas e 591 liminares. Ao todo, naquele ano, foram distribuídos 11.543 processos e proferidas 13.527 decisões. Nas instâncias ordinárias, o volume de decisões proferidas é impressionante e revela a intensidade da função jurisdicional ora examinada, conforme tabela a seguir:[32]

---

32. BRASIL. Tribunal Superior Eleitoral. *Relatório das Eleições 2008* cit., p. 65-66.

Tabela 17 – Estatística Processual no Ano de 2008 TREs e Cartórios Eleitorais

TRE	1.ª instância					2.ª instância		
	Processos Recebidos	Processos Julgados	Processos Pendentes de 1.ª Decisão	Decisões Proferidas	Processos Distribuídos	Processos Julgados	Processos Pendentes de 1.ª Decisão	Decisões Proferidas
AC	4.165	1.188	3.272	2.005	279	280	35	291
AL	15.925	10.305	4.900	10.655	1.537	1.720	50	1.902
AM	15.236	11.444	4.226	11.338	1.365	1.331	34	1.539
AP	4.582	3.453	831	2.463	353	390	13	410
BA	73.121	55.450	20.379	60.045	5.177	5.268	580	6.345
CE	35283	10466	24817	10466	2482	2664	617	3.132
DF	3.648	4.519	63	5.355	104	168	585	169
ES	20.508	5.445	1.189	8.270	992	1.020	100	1.096
GO	45.108	35.450	8.831	39.855	3.090	3.100	669	3.315
MA	42.536	32.750	8.120	32.920	2.796	2.742	353	2.882
MG	15.693	13.602	1.535	17.622	8.680	7.806	1.839	8.874
MS	21.715	17.176	4.633	17.969	932	1.027	69	1.079
MT	29.168	21.890	7.487	20.140	2.687	1.376	29	1.507
PA	37.826	28.179	10.179	29.463	2.722	2.830	281	119
PB	28.372	20.798	5.719	18.684	2.458	1.255	27	1.315
PE	37.906	31.536	7.052	28.668	2.607	2.372	596	2.652
PI	29.321	23.975	6.138	21.557	2.744	2.199	803	2.762
PR	80.603	57.111	11.607	57.111	5.013	5.049	879	5.866
RJ	52.272	38.801	11.985	43.428	3.282	3.671	483	4.083
RN	30.405	13.823	9.457	14.500	2.256	1.563	617	1.709
RO	14.394	12.074	671	13.591	909	906	99	1.111
RR	2.880	1.710	724	1.710	287	209	18	280
RS	65.673	39.859	25.814	39.859	2.151	1.828	780	1.996
SC	49.313	31.219	3.976	31.264	2.033	1.757	487	2.104
SE	15.525	13.276	3.595	13.468	1.343	1.315	354	1.331
SP	163.027	123.920	30.135	122.401	7.853	8.113	1.638	8.859
TO	19.297	11.012	4.432	72.716	1.707	1.756	160	1.887

Nas Eleições Gerais de 2010, foram 152 sessões, sendo proferidos 3.334 acórdãos, 7.601 decisões singulares, totalizando 11.437 decisões.[33]

José Jairo Gomes lembra que a função jurisdicional pode ter origem em procedimento administrativo, que, ante a superveniência do conflito, transforma-se em judicial, como, por exemplo, em casos de transferência de domicílio eleitoral que pode ser impugnada, no prazo de 10 (dez) dias, por qualquer delegado de partido político, nos termos do art. 57, § 2.º, combinado com os arts. 7.º e 8.º da Lei 6.996/1982.[34]

Normalmente, a função jurisdicional eleitoral se desenvolve para a aplicação de decisões e sanções não penais, e a jurisdição é provocada por algum meio de impugnação previsto na legislação especial, que pode ser exercida pelos legitimados do processo eleitoral, quais sejam, os partidos, as coligações, os candidatos e o Ministério Público. Já no âmbito penal eleitoral, a jurisdição tem início mediante ação penal pública incondicionada, por denúncia do Ministério Público eleitoral (art. 355 do Código Eleitoral), ou, na hipótese de omissão do *Parquet*, por meio de ação penal privada subsidiária, mediante queixa do ofendido (art. 5.º, LIX, da Constituição).

2.3.3 Função normativa

Objeto central do presente estudo, a histórica função normativa da Justiça Eleitoral se insere no âmbito de atividade legislativa regulamentar, prevista na legislação de regência desde o primeiro Código Eleitoral (Dec. 21.076, de 24.02.1932), que, em seu art. 14, I e IV, estabelecia a competência do Tribunal Superior para elaborar seu regimento interno e o dos Tribunais Regionais, além de "fixar normas uniformes para a aplicação das leis e regulamentos eleitorais, expedindo instruções que entenda necessárias".

Tal competência normativa foi mantida no art. 13, *a* e *p*, da Lei 48, de 04.05.1935, que promoveu ampla reforma no Código Eleitoral, no art. 9.º, *a* e *g*, do Código Eleitoral de 1945 (Dec.-lei 7.586, de 28.05.1945), que ficou conhecido como Lei Agamemnon e, por fim, no art. 23, I e IX, do Código Eleitoral vigente (Lei 4.737, de 15.07.1965).

Ante a tradição normativa, ao longo do tempo, a mais abalizada doutrina tem registrado o exercício da atividade não apenas regulamentar, mas, sobretudo, normativa pela Justiça Eleitoral, conforme será examinado nos capítulos 4 e seguintes do presente estudo, de maneira pormenorizada, revelando a origem, o conceito, os fundamentos, a competência, as espécies, os pressupostos e os limites dessa atividade.

---

33. Brasil. Tribunal Superior Eleitoral. *Relatório das Eleições 2010* cit., p. 51.
34. Gomes, José Jairo. Op. cit., p. 66.

2.3.4 Função consultiva

Na antiga Roma, por volta de 130 d.C., os pareceres formulados pelos jurisconsultos no exame de casos concretos tinham força vinculante quando apresentados em juízo e não confrontados com outro parecer, situação em que o magistrado poderia decidir livremente. Assim, esses juristas emitiam pareceres jurídicos sobre questões diversas a eles apresentadas (*respondere*), orientavam as partes sobre como agir em juízo (*agere*) e os leigos na realização dos negócios jurídicos (*cavere*).

Consta que essa atividade consultiva não era remunerada, pois consubstanciava prestígio social a certos juristas romanos alçados ao posto de jurisconsultos (Inst. 1.2.8), que respondiam em nome do Imperador Adriano, ou seja, exerciam o chamado *ius respondendi ex auctoritate principis*, com força obrigatória em juízo.[35]

Ao examinar o *ius respondendi*, Alexandre Corrêa e Gaetano Sciascia observaram que tais pareceres, quando concordes, tinham força de lei, mas, no período pós-clássico, "com o fim de eliminar a confusão, que então se verificara, os Imperadores Teodósio II e Valenciano III baixaram a chamada Lei das Citações, em 426, pela qual somente as opiniões de Papiniano, Ulpiano, Paulo, Modestino e Gaio tinham força de lei. No caso de discordância prevalecia a opinião da maioria; no de igualdade, a opinião de Papiniano, quando alegada".[36]

Atualmente, o espectro do *ius respondendi* está presente de maneira irrefutável no TSE e, de forma mais indireta, no STF, conforme observou Georghio Alessandro Tomelin, no bojo da ainda enigmática arguição de descumprimento de preceito fundamental (ADPF), a esfinge do controle de constitucionalidade das leis:

"Na ADPF, o Supremo Tribunal – à semelhança do que ocorreu na Roma pós-clássica à época da Lei das Citações – tem oportunidade de exercitar o *ius respondendi*. Ao que tudo indica, o Constituinte pretendeu tão somente atribuir a nobre função ao Pretório Excelso, sem tecer quaisquer considerações acerca da legitimidade para provocar o *ius respondendi*, de pertinência temática ou de uma ritualística de índole processual. Esta novel função não se compara a qualquer outra que já tenha exercido o STF: a Constituição Federal conferiu ao entendimento dos 11 integrantes de nossa Corte mais alta peso equiparável – quando tratarem de preceitos fundamentais positivos – aos escritos daqueles cinco jurisconsultos do 'Tribunal dos Mortos'".[37]

---

35. MARKY, Thomas. *Curso elementar de direito romano*. 3. ed. São Paulo: Saraiva, 1987. p. 8.
36. CORRÊA, Alexandre; SCIASCIA, Gaetano. *Manual de direito romano*. São Paulo: Saraiva, 1957. vol. 1. p. 28-29.
37. TOMELIN, Georghio Alessandro. Arguição de descumprimento de preceito fundamental: instrumento para uma remodelada "interpretação autêntica" dos direitos fundamentais.

No Brasil, a primeira consulta sobre matéria eleitoral de que se tem notícia foi formulada pouco antes da Guerra de Independência, pela Câmara de Olinda, ao Príncipe Regente do Reino do Brasil, Dom Pedro I, para saber se deveriam ser realizadas novas eleições para a escolha dos eleitores de paróquia que elegeriam os procuradores ou se serviriam aqueles já eleitos quando das eleições gerais para deputados das Cortes de Lisboa.[38]

À ocasião, em 11.07.1822, José Bonifácio de Andrada e Silva, um dos patriarcas da independência, respondeu que D. Pedro

"há por bem declarar que o decreto mencionado (de 16.02.1822) não determina quais sejam os eleitores (de 3.º grau), que devem nomear os referidos procuradores, deixando ao arbítrio dos povos a escolha da maneira que julgarem mais a propósito; que nesta e nas outras províncias se têm servido dos eleitores (do 3.º grau), antigos; que, contudo, quando estes não mereçam a confiança pública, fica livre a escolha dos outros".[39]

Assim, na prática, o príncipe regente deixou ao arbítrio das províncias a realização, ou não, das referidas eleições. Nesse tempo, conforme registrou Manoel Rodrigues Ferreira, "não havia, em primeiro grau (o povo), qualificação ou registro. Somente os seus delegados, os eleitores da paróquia, possuiriam o necessário diploma, uma cópia das atas das eleições. Observemos, ainda, que a religião católica era a religião oficial, adotada pela Monarquia portuguesa, o que explica as missas estabelecidas nas Instruções".[40] Por fim, o autor observa que o pleito era única e exclusivamente de deputados à Assembleia-Geral, não havendo, até então, assembléias nas províncias.

No entanto, essa competência consultiva só foi positivada por meio da Lei 48, de 04.05.1935, que modificou o Código Eleitoral de 1932 e fixou competência privativa ao TSE para "responder, sobre matéria eleitoral, às consultas que lhe sejam feitas por autoridades públicas ou partido registrado" (art. 13, *m*).

O Código Eleitoral seguinte, Dec.-lei 7.586, de 28.05.1945, manteve a atribuição do TSE para responder a consultas (art. 9.º, *e*), e, finalmente, o Código Eleitoral em vigor, Lei 4.737/1965, também preservou essa função ao estabelecer competência exclusiva ao TSE para "responder, sobre matéria eleitoral, às consultas que lhe forem feitas em tese por autoridade com jurisdição, federal ou órgão nacional de partido político" (art. 23, XII).

In: CUNHA, Sérgio Sérvulo; GRAU, Eros Roberto (org.). *Estudos de direito constitucional em homenagem a José Afonso da Silva*. São Paulo: Malheiros, 2003. p. 671-672.
38. FERREIRA. Manoel Rodrigues. *A evolução do sistema eleitoral brasileiro*. Brasília: TSE, 2005. p. 67-68.
39. Idem, p. 68.
40. FERREIRA. Manoel Rodrigues. Op. cit., 2. ed., 2005, p. 71.

É importante ressaltar que, embora não prevista no primeiro Código Eleitoral, a partir da reforma de 1935, os TREs passaram a ter competência concorrente para "responder a consultas que lhe sejam endereçadas por autoridades públicas ou partidos políticos" (art. 27, *k*, da Lei 48/1935).

No Código de 1945, foi preservada a atribuição para "responder, sobre matéria eleitoral, às consultas que lhes forem feitas por autoridade pública ou pelo Diretório dos partidos políticos registrados" (art. 12, *c*, do Dec.-lei 7.586/1945).

Atualmente, a competência consultiva das Cortes Regionais está mantida no art. 30, VIII, do Código Eleitoral, para responder os questionamentos feitos, em tese, "por autoridade pública ou partido político", em simetria ao art. 23, XII, do mesmo diploma normativo.

Ao examinar a função consultiva da Justiça Eleitoral, Fávila Ribeiro explica essa característica singular, de maneira precisa:

"Comporta ainda mencionar a competência da Justiça Eleitoral para responder a consultas sobre matéria eleitoral que sejam formuladas em caráter hipotético, isto é, sem contemplar situações concretas, emanadas de autoridades públicas ou partidos políticos. Essa disponibilidade funcional é sobremodo singular por se apresentar conectada a um ramo do Poder Judiciário, devendo ser compreendida por seu alcance eminentemente pedagógico, permitindo possam ser dissipadas dúvidas sobre matéria eleitoral, não gerando, porém, em razão da sua própria forma de produção, qualquer implicação de natureza subjetiva, e por isso mesmo dela não poderá advir situação de sucumbência, nem caracterização de coisa julgada, visto inexistir situação de litigiosidade, com partes distribuídas em antagônicas posições, não podendo, pois, resultar do pronunciamento expendido qualquer resultado passível de execução".[41]

Por fim, ressalte-se que, ainda sobre o tema, no capítulo 5 deste estudo serão analisadas as consultas eleitorais de caráter normativo, ou seja, aquelas com natureza de regulamento autônomo (item 5.2.2), bem como será feito o exame de sua tipologia (item 5.3.4).

2.4 Classes processuais

2.4.1 Generalidades

A classificação das ações e recursos, isto é, dos feitos administrativos e jurisdicionais processados e julgados no âmbito da Justiça Eleitoral são disciplinados pela Res. do TSE 22.676, de 13.12.2007, que fixa as regras de autuação e as respectivas classes processuais, a saber:

---

41. RIBEIRO, Fávila. *Direito eleitoral*... cit., p. 180.

i) Ação Cautelar (AC) – compreende todos os pedidos de medida ou natureza cautelar;

ii) Ação de Investigação Judicial Eleitoral (AIJE) – compreende as ações que incluem o pedido previsto no art. 22 da LC 64/1990;

iii) Ação Rescisória (AR) – nos TREs, somente é cabível em matéria não eleitoral, aplicando-se a essa classe a legislação processual civil (Acórdãos do TSE 19.617/2002 e 19.618/2002);

iv) Apuração de Eleição (AE) – engloba também os respectivos recursos referentes à contagem e apuração do pleito;

v) Conflito de Competência (CC) – abrange todos os conflitos que ao Tribunal cabe julgar;

vi) Correição (Cor) – compreende as hipóteses previstas no art. 71, § 4.º, do Código Eleitoral;

vii) Criação de Zona Eleitoral ou Remanejamento (CZER) – compreende a criação de zona eleitoral e quaisquer outras alterações em sua organização;

viii) Embargos à Execução (EE) – compreende as irresignações do devedor aos executivos fiscais impostos em matéria eleitoral;

ix) Execução Fiscal (EF) – compreende as cobranças de débitos inscritos na dívida ativa da União;

x) Instrução (Inst) – compreende a regulamentação da legislação eleitoral e partidária, inclusive as instruções previstas no art. 8.º da Lei 9.709/1998;

xi) Mandado de Segurança (MS) – engloba o mandado de segurança coletivo;

xii) Prestação de Contas (PC) – abrange as contas de campanha eleitoral e a prestação anual de contas dos partidos políticos;

xiii) Processo Administrativo (PA) – compreende os procedimentos que versam sobre requisições de servidores, pedidos de créditos e outras matérias administrativas encaminhadas por juiz ou tribunal e que devam ser submetidos a julgamento do Tribunal;

xiv) Propaganda Partidária (PP) – refere-se aos pedidos de veiculação de propaganda partidária gratuita em bloco ou em inserção na programação das emissoras de rádio e televisão;

xv) Reclamação (Rcl) – é cabível para preservar a competência do Tribunal ou garantir a autoridade das suas decisões, e nas hipóteses previstas na legislação eleitoral e nas instruções expedidas pelo Tribunal;

xvi) Recurso Especial Eleitoral (REspE) – engloba o recurso de registro de candidatos, quando se tratar de eleições municipais (art. 12, parágrafo único, da LC 64/1990, denominada Lei de Inelegibilidades);

xvii) Recurso em *Habeas Corpus* (RHC), Recurso em *Habeas Data* (RHD), Recurso em Mandado de Segurança (RMS), Recurso em Mandado de Injunção (RMI) – compreendem os recursos ordinários interpostos na forma do disposto no art. 121, § 4.º, V, da CF;

xviii) Recurso Ordinário (RO) – relativo às eleições federais e estaduais, compreende os recursos que versam sobre elegibilidade, expedição de diploma e anulação ou perda de mandato eletivo (art. 121, § 4.º, III e IV, da CF);

xix) Revisão de Eleitorado (RvE) – compreende as hipóteses de fraude em proporção comprometedora no alistamento eleitoral, além dos casos previstos na legislação eleitoral.

2.4.2 Quadro completo

Além das 22 principais classes processuais acima referidas, existem, ainda, oficialmente, mais 24, totalizando 46 classes processuais eleitorais, conforme tabela abaixo:

Denominação da Classe	Sigla	Código
Ação Cautelar	AC	1
Ação de Impugnação de Mandato Eletivo	AIME	2
Ação de Investigação Judicial Eleitoral	AIJE	3
Ação Penal	AP	4
Ação Rescisória	AR	5
Agravo de Instrumento	AI	6
Apuração de Eleição	AE	7
Cancelamento de Registro de Partido Político	CRPP	8
Conflito de Competência	CC	9
Consulta	Cta	10
Correição	Cor	11

Criação de Zona Eleitoral ou Remanejamento	CZER	12
Embargos à Execução	EE	13
Exceção	Exc	14
Execução Fiscal	EF	15
Habeas Corpus	HC	16
Habeas Data	HD	17
Inquérito	Inq	18
Instrução	Inst	19
Lista Tríplice	LT	20
Mandado de Injunção	MI	21
Mandado de Segurança	MS	22
Pedido de Desaforamento	PD	23
Petição	Pet	24
Prestação de Contas	PC	25
Processo Administrativo	PA	26
Propaganda Partidária	PP	27
Reclamação	Rcl	28
Recurso contra Expedição de Diploma	RCED	29
Recurso Eleitoral	RE	30
Recurso Criminal	RC	31
Recurso Especial Eleitoral	REspe	32
Recurso em *Habeas Corpus*	RHC	33
Recurso em *Habeas Data*	RHD	34

Recurso em Mandado de Injunção	RMI	35
Recurso em Mandado de Segurança	RMS	36
Recurso Ordinário	RO	37
Registro de Candidatura	RCand	38
Registro de Comitê Financeiro	RCF	39
Registro de Órgão de Partido Político em Formação	ROPPF	40
Registro de Partido Político	RPP	41
Representação	Rp	42
Revisão Criminal	RvC	43
Revisão de Eleitorado	RvE	44
Suspensão de Segurança/Liminar	SS	45

2.4.3 Especificidades

As classes processuais 6, 8, 20, 32, 37 e 41 são de competência exclusiva do TSE; as de n. 11, 30, 31 e 40 são de competência privativa dos TREs; as de n. 5, 9, 10, 12, 19, 23, 27, 28, 29, 33, 34, 35, 36, 43, 44 e 45 são de competência comum dos tribunais eleitorais; e as demais classes são comuns a todas as instâncias.

Não se altera a classe do processo pela interposição de Agravo Regimental (AgR), de Embargos de Declaração (EDcl), de Embargos Infringentes (EI) opostos em Execução Fiscal e de Embargos Infringentes e de Nulidade (EIN) relativos ao processo penal nos TRE. Os expedientes e petições avulsas que não tenham classificação específica, nem sejam acessórios ou incidentes, serão incluídos na classe Petição (Pet).

Ademais, os recursos de Embargos de Declaração (EDcl) e Agravo Regimental (AgR), assim como a Questão de Ordem (QO), terão as suas siglas acrescidas às siglas das classes processuais em que forem apresentados.

3
TEORIA DAS NULIDADES ELEITORAIS

3.1 Nulidades *versus* anulabilidade

Na teoria geral do Direito, nulidade em sentido amplo consiste no vício que provoca a inexistência, invalidade ou ineficácia do ato jurídico. Nesse sentido, Martinho Garcez definiu a nulidade como "o vício que impede um ato ou uma convenção de ter existência legal e produzir efeito".[1]

No direito romano, a teoria clássica das nulidades assenta o princípio geral de que o ato nulo não produz qualquer efeito: *quod nullum est, nullum producit effectum*,[2] assim, os atos ineficazes denominavam-se *nullun*, e a eles negavam-se os efeitos que deviam ter por sua natureza e finalidade.[3]

Ao examinar o sistema romanístico, Moreira Alves observou que,

"ao invés da dicotomia moderna nulidade-anulabilidade, encontramos a seguinte distinção: (a) nulidade reconhecida pelo *ius civile*, e que opera *ipso iure* (automaticamente, sem necessidade de declaração judicial); (b) e impugnabilidade, admitida pelo *ius honorarium* (por meio, principalmente, da *denegatio actionis*, da *exceptio* ou da *restitutio integrum*), de negócio jurídico que persiste válido em face do *ius civile*".[4]

Com verticalidade, Pontes de Miranda afirmou que "nulo e anulável existem. No plano da existência (= entrada no mundo jurídico), não há distingui-los. Toda distinção só se pode fazer no plano da validade", com base na maior ou menor gravidade do défice.[5]

---

1. GARCEZ, Martinho. *Nulidade dos atos jurídicos*. 2. ed. Rio de Janeiro: Livreiro Editor, 1910. vol. 1. p. 21.
2. GOMES, Orlando. *Introdução ao direito civil*. Rio de Janeiro: Forense, 1971. p. 432.
3. KASER, Max. *Direito privado romano*. Lisboa: Fundação Calouste Gulbenkian, 1992. p. 80.
4. MOREIRA ALVES, José Carlos. *Direito romano*. Rio de Janeiro: Forense, 2003. p. 169.
5. PONTES DE MIRANDA, Francisco Cavalcanti. *Tratado de direito privado. Validade. Nulidade. Anulabilidade*. Campinas: Bookseller, 2000. t. IV. p. 63-64.

3.1.1 Teoria positivada

No direito positivo brasileiro, de forma predominante, adota-se uma divisão bipartida entre atos nulos e atos anuláveis, seja no Direito Público seja no Direito Privado.[6]

A divisão tripartida os escalona em: (i) ato inexistente; (ii) ato nulo; (iii) ato anulável. De modo geral, na divisão bipartida, os atos inexistentes se encontram inseridos entre os atos nulos.[7]

Para Clóvis Bevilaqua, "são atos nulos (de pleno direito) os que, inquinados por algum vício essencial, não podem ter eficácia jurídica". Já os atos anuláveis "(dependentes de rescisão) denominam-se os que se acham inquinados de um vício capaz de lhes determinar a ineficácia, mas que poderá ser eliminado, restabelecendo-se, assim, a normalidade do ato".[8]

Na mesma linha, Orlando Gomes assentou que o ato anulável produz efeitos até ser anulado. Não nasce morto como o ato nulo. Por isso, "a anulabilidade também se chama nulidade dependente de rescisão. Não se opera de pleno direito. Não é concomitante à formação do ato. Não é imediata. A ineficácia do ato anulável é diferida para o momento em que o juiz, à instância da parte prejudicada, o rescinde".[9]

O ato nulo, portanto, é absolutamente nulo, inválido, írrito, cujo vício é congênito e não se convalida jamais, pois *quod ab initio vitiosum est non potest tractu temporis convalescere*,[10] ou, conforme assentou Zachariae, *nullité de plein droit* operando *ipso jure*.[11]

O ato anulável, de outro lado, é relativamente nulo, cuja perda de eficácia depende de rescisão ou decisão.

No âmbito do Direito Administrativo, Maria Sylvia Zanella Di Pietro lembra a peculiaridade de que, mesmo na nulidade relativa (atos anuláveis), o vício pode ser sanável, independentemente de provocação de interessado ou do *Parquet*, em razão do poder de autotutela da Administração Pública. De outro lado, na nulidade absoluta (atos nulos), permanece a regra geral, pois o vício não pode ser sanado de ofício pelo magistrado ou por provocação.[12]

---

6. Arts. 166 e 171 do CC e 173 a 177 e 219 a 222 do Código Eleitoral.
7. Limongi França, Rubens. *Manual de direito civil*. São Paulo: Ed. RT, 1975. p. 269.
8. Bevilaqua, Clóvis. *Teoria geral do direito civil*. Brasília: Ministério da Justiça, 1972. p. 268.
9. Gomes, Orlando. Op. cit., p. 435.
10. Garcez, Martinho. Op. cit., p. 36.
11. Zachariae, K. S. *Le droit civil français*. Trad. G. Masé e Charles Vergé. Paris: SDE, 1854. t. I. p. 35.
12. Di Pietro, Maria Sylvia Zanella. *Direito administrativo*. 19. ed. São Paulo: Atlas, 2006. p. 252.

Ainda sobre a aplicação da teoria das nulidades no Direito Administrativo, escreveu Oswaldo Aranha Bandeira de Mello,[13] Seabra Fagundes,[14] Celso Antônio Bandeira de Mello,[15] Hely Lopes Meirelles,[16] José Cretella Jr.,[17] Odete Medauar,[18] entre outros.

3.1.2 Nulidades normativas

No campo das leis e dos atos normativos, a doutrina brasileira tradicionalmente acatou a teoria da nulidade por influência do Direito norte-americano, de modo que *the inconstitutional statute is not law at all*.[19] Assim, na senda de Ruy Barbosa,[20] Alfredo Buzaid,[21] Francisco Campos,[22] Castro Nunes,[23] entre outros, a decisão judicial possuiria um caráter meramente declaratório de uma situação jurídica preexistente, nula *ipso jure*, com efeitos *ex tunc*.

No sentido contrário, a dinâmica jurídica da teoria pura de Kelsen defendia a tese segundo a qual "uma norma pertencente a uma ordem jurídica não pode ser nula, mas apenas anulável" em diferentes graus. Assim, para a chamada teoria da anulabilidade, uma decisão anulatória do ato normativo reveste-se de caráter constitutivo e, em regra, possui efeitos *ex nunc*.[24]

A própria multiplicidade do fenômeno jurídico encarregou-se de flexibilizar a questão. No célebre caso Linkletter vs. Walker, a Suprema Corte americana reconheceu a possibilidade de atribuir efeitos retroativos ou prospectivos, de acordo com o caso concreto, por imperativo de *judicial policy*.[25] É que a vida, como bem

---

13. BANDEIRA DE MELLO, Oswaldo Aranha. *Princípios gerais do direito administrativo*. 2. ed. Rio de Janeiro: Forense, 1979. vol. 1, p. 650-651.
14. SEABRA FAGUNDES, Miguel. *O controle dos atos administrativos pelo Poder Judiciário*. São Paulo: Saraiva, 1984. p. 42-51.
15. BANDEIRA DE MELLO, Celso Antônio. *Curso de direito administrativo*. São Paulo: Malheiros, 2004. p. 431.
16. MEIRELLES, Hely Lopes. *Direito administrativo brasileiro*. São Paulo: Malheiros, 2003. p. 169-170.
17. CRETELLA JR., José. *Do ato administrativo*. São Paulo: Bushatsky, 1977. p. 138.
18. MEDAUAR, Odete. *Direito administrativo moderno*. 6. ed. São Paulo: Ed. RT, 2002. p. 193.
19. WILLOUGHBY, Westel Woodbury. *The Constitucional Law of the United States*. New York: Baker, Voorhis, 1910. vol. 1. p. 9-10.
20. BARBOSA, Ruy. *Atos inconstitucionais*. Campinas: Russel, 2003.
21. BUZAID, Alfredo. *Da ação direta de declaração de inconstitucionalidade das leis no direito brasileiro*. São Paulo: Saraiva, 1958.
22. CAMPOS, Francisco. *Direito constitucional*. Rio de Janeiro: Forense, 1978.
23. NUNES, José de Castro. *Teoria e prática do Poder Judiciário*. Rio de Janeiro: Forense, 1943.
24. KELSEN, Hans. *Teoria pura do direito*. São Paulo: Martins Fontes, 2000. p. 306-307.
25. Linkletter vs. Walker, 381 U.S. 618 (1965)

observou Clèmerson Merlin Clève ao examinar a questão, "é muito mais rica e complexa que a melhor das teorias".[26]

Não obstante as divergências teóricas sobre a existência, validade e eficácia dos atos jurídicos, o que importa, para nortear esta reflexão, é que o nulo e o anulável em regra não se confundem. Nem na doutrina nem no Direito positivo brasileiro.

Cabe ao Poder Judiciário, no exercício de sua função jurisdicional, examinar a natureza do ato (se nulo ou anulável) para decidir sobre a sua validade e eficácia segundo a legislação aplicável.

3.2 Nulidades no Direito Eleitoral

A aplicação da teoria das nulidades no Direito Eleitoral foi magistralmente examinada por Chales Uzé, no final do século XIX.[27] Assim, ao analisar as causas das nulidades, concluiu que os vícios suscetíveis de contaminar uma eleição podem se ordenar sob quatro formas principais. Às vezes eles derivam da falta de qualidade do eleito ou de capacidade do votante. Outras vezes, eles decorrem da violação das formas prescritas pela lei ou, unicamente, de uma violação ao livre-arbítrio do eleitor.[28]

No Direito Eleitoral brasileiro, a precisa distinção entre o voto nulo, o voto anulável e o voto em branco decorre dos arts. 175 a 178 e 219 a 221, todos do Código Eleitoral.

3.2.1 Voto nulo e voto anulado

Segundo Pinto Ferreira, a nulidade em matéria eleitoral deriva, normalmente, da qualidade ou capacidade do votante e do defeito formal do sufrágio. Aduz, mais, que, em caso de nulidade, o voto é considerado como inexistente "não só por motivo de interesse público, também porque os votos nulos não produzem efeito (...). Já

---

26. CLÈVE, Clèmerson Merlin. *A fiscalização abstrata de constitucionalidade no direito brasileiro.* 2. ed. São Paulo: Ed. RT, 2000. p. 255.
27. UZÉ, Charles. *De la nullité en matière d'elections politiques.* Paris: L. Larose & Forcel, 1896.
28. "Les vices susceptibles d'entacher une élection peuvent se ranger sous quatre chefs principaux. Parfois ils dérivent du défaut de qualité de l'élu ou du défaut de capacite du votant; d'autres fois, ils proviennent de la violation des formes prescrites par la loi ou seulement d'une atteinte portée au libre arbitre de l'électeur. Ne prennent place, évidemment, sous cette dernière rubrique, que les actes qui ne rentrent dans aucune des catégories qui précèdent." UZÉ, Charles. Op. cit., p. 19.

a anulabilidade é nulidade relativa, porque necessita ser arguida para provocar a anulação do ato respectivo".[29]

Walter Costa Porto, ao examinar a questão, conceitua o voto nulo como "o que forma, com o voto em branco (...), o conjunto de votos infecundos ou estéreis (...), isto é, os 'que não produzem frutos', que não trazem qualquer influência na questão que se deseja resolver através dos pleitos".[30]

Conforme o glossário eleitoral brasileiro, constante no sítio eletrônico do TSE: "É considerado voto nulo quando o eleitor manifesta sua vontade de anular, digitando na urna eletrônica um número que não seja correspondente a nenhum candidato ou partido político oficialmente registrados. No caso de uso de cédula de papel, é nulo o voto quando o eleitor faz qualquer marcação que não identifique de maneira clara o nome, ou o número do candidato, ou o número do partido político. São nulos, igualmente, os votos cujas cédulas contenham elementos gráficos estranhos ao ato de votar. O voto nulo é apenas registrado para fins de estatísticas e não é computado como voto válido, ou seja, não vai para nenhum candidato, partido político ou coligação".[31]

Nesse sentido, o Código Eleitoral, em seu art. 175, aduz que serão nulas as cédulas que não corresponderem ao modelo oficial, que não estiverem devidamente autenticadas ou que contiverem expressões, frases ou sinais que possam identificar o voto.

De outro lado, serão nulos os votos, em cada *eleição majoritária*, quando forem assinalados os nomes de dois ou mais candidatos para o mesmo cargo ou quando a assinalação estiver colocada fora do quadrilátero próprio, desde que torne duvidosa a manifestação da vontade do eleitor.

Já na eleição proporcional, os votos serão nulos: (i) quando o candidato não for indicado, por meio do nome ou do número, com clareza suficiente para distingui-lo de outro candidato ao mesmo cargo, mas de outro partido, e o eleitor não indicar a legenda; (ii) se o eleitor escrever o nome de mais de um candidato ao mesmo cargo, pertencentes a partidos diversos, ou, indicando apenas os números, o fizer também de candidatos de partidos diferentes; (iii) se o eleitor, não manifestando preferência por candidato, ou fazendo de modo que não se possa identificar o de sua preferência, escrever duas ou mais legendas diferentes no espaço relativo à mesma eleição (art. 175, §§ 1.º e 2.º, do Código Eleitoral).

---

29. FERREIRA, Luiz Pinto. *Código Eleitoral comentado*. 5. ed. São Paulo: Saraiva, 1998. p. 229-230.
30. PORTO, Walter Costa. *Dicionário do voto*. São Paulo: Imprensa Oficial do Estado, 2000.
31. BRASIL. Tribunal Superior Eleitoral. Disponível em: [www.tse.gov.br/internet/institucional/glossario-eleitoral/index.html]. Acesso em: 31.07.2013.

Ressalte-se que o nos termos do § 3.º do art. 175 do Código Eleitoral, "serão nulos, para todos os efeitos, os votos dados a candidatos inelegíveis ou não registrados". Entretanto, o § 4.º do mesmo artigo adverte que:

"O disposto no parágrafo anterior não se aplica quando a decisão de inelegibilidade ou de cancelamento de registro for proferida após a realização da eleição a que concorreu o candidato alcançado pela sentença, caso em que os votos serão contados para o partido pelo qual tiver sido feito o seu registro".

Portanto, mesmo considerando nulos, para todos os efeitos, os votos dados a candidatos inelegíveis ou não registrados, o Código Eleitoral ressalva a validade relativa do sufrágio, para a legenda, na hipótese de decisão judicial proferida após a realização da eleição, o que confere a esses votos o *status* de anulado.

Com efeito, a jurisprudência do TSE, em casos de cassação de registro após a diplomação, considerava a validade, para a legenda,[32] de votos considerados nulos nos termos do art. 175, §§ 3.º e 4.º, do Código Eleitoral. Nesse sentido, os seguintes julgados:

"Recurso em mandado de segurança. Impetração. Ato Juiz eleitoral. Excepcionalidade. Não configuração. Trânsito em julgado. Decisão. Investigação judicial. Possibilidade. Execução. Condenação.

1. Não tendo os impetrantes interposto recurso especial contra acórdão regional que julgou procedente investigação judicial, fundada nos arts. 22 da LC 64, 41-A e 73 da Lei 9.504/1997, vindo apenas posteriormente a figurar no agravo de instrumento com os demais candidatos cassados, é convir-se como configurado o trânsito em julgado desse acórdão em relação àqueles candidatos.

2. É possível a execução imediata da decisão no que diz respeito às sanções de cassação de registro ou diploma previstas nos arts. 41-A e 73 da Lei 9.504/1997, conforme iterativa jurisprudência desta Corte.

3. A sentença que determina a cassação de registro tem efeito *ex tunc*.

4. Considerando que a decisão de cassação do registro ocorreu após a diplomação e tendo em conta o disposto no art. 175, §§ 3.º e 4.º, do Código Eleitoral, é de ver-se que os votos atribuídos aos candidatos cassados, tidos como não registrados, são nulos para esses representados, mas válidos para a legenda.

5. O mandado de segurança contra ato judicial somente é admitido em hipótese excepcional, em que evidenciada situação teratológica e possibilidade de dano irreparável ou de difícil reparação.

6. Recurso provido" (RMS 436/RS, rel. Min. Caputo Bastos, de 25.05.2006).

---

32. O novo posicionamento do TSE a respeito da errática invalidação dos votos de legenda é examinado no item 7.2.3 desta obra.

"(...) II – Aplica-se o § 3.º do art. 175 do Código Eleitoral, considerando-se nulos os votos, quando o candidato para o pleito proporcional, na data da eleição, não tiver seu registro deferido. Por outro lado, o § 4.º do citado artigo afasta a aplicação do § 3.º, computando os votos para a legenda, se o candidato, na data da eleição, tiver uma decisão, mesmo que *sub judice*, que lhe defira o registro, a qual, posteriormente ao pleito, seja modificada, negando-lhe o pedido" (RCEd 638, rel. Min. Peçanha Martins, de 19.08.2004).

"Questão de ordem. Inteligência do art. 175, e seus §§ 3.º e 4.º, do Código Eleitoral. O cômputo de votos conferidos a candidato que concorreu à eleição por força de liminar concedida em ação de revisão criminal, que, posteriormente às eleições, foi julgada improcedente, deve ser feito de acordo com o disposto no art. 175, § 4.º, do Código Eleitoral" (AC 1.029, rel. Min. Ellen Gracie, de 13.12.2001).

"Registro de candidatos. Denegação. Participação nas eleições em razão de liminar em mandado de segurança, posteriormente cassada. Validade do voto legenda. I – A medida liminar, concedida em mandado de segurança, para que o candidato concorra à eleição, implica deferimento do registro, embora sob condição resolutiva, atraindo a aplicação do § 4.º do art. 175 do Código Eleitoral, isto é, a contagem dos votos para a legenda. (...)" (AC 11.830, rel. Min. Antônio de Pádua Ribeiro, de 01.09.1994).

No entanto, o TSE restringe a aplicação do § 4.º do art. 175 do Código Eleitoral ao âmbito do sistema proporcional por entender que "o cômputo, para a legenda, dos votos dados a candidatos, cujo registro foi cassado, supõe que existam outros, concorrendo às eleições. Isso não se verificando, inexiste razão para que os votos sejam considerados" (AC 988, rel. Min. Eduardo Ribeiro, de 15.12.1998).[33]

Realmente, o cômputo de votos anulados para a legenda é próprio do sistema proporcional para a formação do quociente eleitoral. Tal condição, pois, demonstra a relativa validade da votação anulável no sistema proporcional.

Já o Código Eleitoral, restringe a contagem do voto de legenda às eleições proporcionais nas seguintes hipóteses: (i) se o eleitor escrever apenas a sigla partidária, não indicando o candidato de sua preferência; (ii) se o eleitor escrever o nome de mais de um candidato do mesmo partido; (iii) se o eleitor, escrevendo apenas os números, indicar mais de um candidato do mesmo partido; (iv) se o eleitor não indicar o candidato pelo nome ou número, com clareza suficiente, para distingui-lo de outro candidato do mesmo partido (art. 176, I a IV, do Código Eleitoral), observadas as normas do art. 177 do Código Eleitoral, *in verbis*:

"Art. 177. Na contagem dos votos para as eleições realizadas pelo sistema proporcional observar-se-ão, ainda, as seguintes normas:

---

33. No mesmo sentido: Ac 3.113, rel. Min. Luiz Carlos Madeira, de 06.05.2003, Ac 3.100, rel. Min. Sepúlveda Pertence, de 16.10.2002.

I – a inversão, omissão ou erro de grafia do nome ou prenome não invalidará o voto, desde que seja possível a identificação do candidato;

II – se o eleitor escrever o nome de um candidato e o número correspondente a outro da mesma legenda ou não, contar-se-á o voto para o candidato cujo nome foi escrito, bem como para a legenda a que pertence;

III – se o eleitor escrever o nome ou o número de um candidato e a legenda de outro Partido, contar-se-á o voto para o candidato cujo nome ou número foi escrito;

IV – se o eleitor escrever o nome ou o número de um candidato a Deputado Federal na parte da cédula referente a Deputado Estadual ou vice-versa, o voto será contado para o candidato cujo nome ou número foi escrito;

V – se o eleitor escrever o nome ou o número de candidatos em espaço da cédula que não seja o correspondente ao cargo para o qual o candidato foi registrado, será o voto computado para o candidato e respectiva legenda, conforme o registro".

3.2.2 Votação nula e votação anulável

Ao tratar das nulidades da votação, no capítulo VI, o Código Eleitoral discrimina cuidadosamente a *votação nula* da *votação anulável*, sob o princípio de que, na aplicação da lei eleitoral, o juiz atenderá sempre aos fins e resultados a que ela se dirige, abstendo-se de pronunciar nulidades sem demonstração do prejuízo e adotando o princípio de que "a declaração de nulidade não poderá ser requerida pela parte que lhe deu causa nem a ela aproveitar" (art. 219 do Código Eleitoral).

Portanto, nula é a votação: (i) quando feita perante mesa não nomeada pelo juiz eleitoral, ou constituída com ofensa à letra da lei; (ii) quando efetuada em folhas de votação falsas; (iii) quando realizada em dia, hora ou local diferentes do designado ou encerrada antes das 17 horas; (iv) quando preterida formalidade essencial do sigilo dos sufrágios; (v) quando a seção eleitoral tiver sido localizada com infração do disposto nos §§ 4.º e 5.º do art. 135. Assim, "a nulidade será pronunciada quando o órgão apurador conhecer do ato ou dos seus efeitos e a encontrar provada, não lhe sendo lícito supri-la, ainda que haja consenso das partes" (art. 220 do Código Eleitoral).

De outro lado, é anulável a votação: (i) quando houver extravio de documento reputado essencial; (ii) quando for negado ou sofrer restrição o direito de fiscalizar, e o fato constar da ata ou de protesto interposto, por escrito, no momento; (iii) quando votar, sem as cautelas do art. 147, § 2.º: (a) eleitor excluído por sentença não cumprida por ocasião da remessa das folhas individuais de votação à mesa, desde que haja oportuna reclamação de partido; (b) eleitor de outra seção, salvo a hipótese do art. 145; (c) alguém com falsa identidade em lugar do eleitor chamado (art. 221 do Código Eleitoral); (iv) quando viciada de falsidade, fraude, coação, interferência do poder econômico e o desvio ou abuso do poder de autoridade, ou emprego de processo de propaganda ou captação de sufrágio vedado por lei (arts. 222 e 237, ambos do Código Eleitoral).

Ressalte-se, portanto, que, toda vez que a votação for viciada de falsidade, fraude, coação, ingerência do poder econômico e descaminho ou abuso do poder de autoridade, ou uso de processo de propaganda ou captação de sufrágio vedado por lei, ela é anulável e não nula. E é anulável porque os votos produziram efeitos no tempo e no espaço, como, por exemplo, a diplomação dos eleitos e o exercício do mandato político. Evidente que, ao se anularem esses votos, não há como dizer que os atos jurídicos praticados no exercício do mandato simplesmente não existiram. Fosse assim, a Justiça Eleitoral teria que anular *ab initio* todos os atos praticados pelo mandatário cassado, inclusive nomeações para os cargos de confiança, ordenação de despesas e políticas públicas realizadas – o que seria impraticável sob o ângulo da teoria das nulidades.

Com o advento da urna eletrônica, em 1996, alguns dispositivos que tratam das cédulas de votação são aplicados apenas em caráter subsidiário e complementar, ou seja, na hipótese de problemas técnicos ou impossibilidade de utilização das urnas eletrônicas. Nesse sentido, a Res. do TSE 22.154/2006:

"Art. 56. Na hipótese de falha na urna, em qualquer momento da votação, o presidente da mesa receptora de votos, à vista dos fiscais presentes, deverá desligar e religar a urna, digitando o código de reinício da votação (...)

§ 4.º Não tendo êxito nenhum dos procedimentos de contingência referidos no *caput* e nos §§ 1.º, 2.º e 3.º deste artigo, a votação dar-se-á por cédulas até seu encerramento, adotando-se as seguintes providências (...)".

Com efeito, a diferença entre voto nulo e voto anulável é tão manifesta que não apenas a lei, mas a própria jurisprudência, histórica e atual, do TSE sempre a reconheceu.

Assim, como bem asseverou o Min. Marco Aurélio, "descabe confundir nulidade de votação com votos nulos. No primeiro caso, a manifestação do eleitor faz-se viciada, enquanto, no segundo, exsurge merecedora de consideração legal, muito embora distanciada desta ou daquela candidatura".[34]

Nesse sentido, no julgamento do REspE 25.937/BA, rel. Min. José Augusto Delgado, o Tribunal consignou que "votos nulos não se confundem com votos anuláveis. Estes são reconhecidos *a priori* como válidos, mas dados a candidato que praticou captação ilícita ou abuso do poder político e econômico durante o processo eleitoral".

No julgamento do REspE 25.585/GO, rel. Min. Cezar Peluso, o TSE concluiu que, "para fins de aplicação do art. 224 do Código Eleitoral, não se somam aos votos anulados em decorrência da prática de captação ilícita de sufrágio os votos

---

34. MS 2.624/AM, rel. Min. Eduardo Ribeiro.

nulos por manifestação apolítica de eleitores. Levam-se em consideração somente os votos atribuídos ao candidato eleito e condenado em razão de ofensa ao art. 41-A da Lei 9.504/1997".

Em caso recente, no julgamento da Consulta 1.657/PI, rel. Min. Eliana Calmon, o Min. Ayres Britto respondeu à seguinte pergunta:

"Os votos nulos dados aos candidatos sem registro ou inelegíveis somam-se aos votos nulos derivados de manifestação apolítica?

1.1 Entendo que não, pois não se pode somar grandezas ontologicamente distintas. Coisas heterogêneas. O voto propriamente nulo revela, em geral (excepcionado o erro), uma dada vontade do eleitor em não sufragar nenhum dos candidatos, em vocalizar um protesto contra a política ou, até mesmo, contra o voto obrigatório. Trata-se, portanto, de legítima expressão da vontade soberana do eleitor. Vontade, contudo, que não é direcionada a nenhum dos postulantes a cargo eletivo e que, portanto, assim é de ser recebida e considerada.

1.2. De outro lado, o voto dado a candidato que concorreu, participou de atos de propaganda eleitoral e constou da urna eletrônica, é voto intencionalmente orientado para um específico candidato. Candidato aparentemente apto a receber o sufrágio, mas cujo registro a Justiça Eleitoral jamais deferiu ou confirmou. Situação que não se confunde com aquela em que o eleitor deliberadamente opta por anular o seu voto.

(...)

1.4 Diante de tão substanciais diferenças, entendo que o respeito à vontade soberana do eleitor impõe o óbvio: cada categoria de voto recebe tratamento em apartado, especialmente para fins de incidência, ou não, do art. 224 do Código Eleitoral".

Desse modo, a diferença entre as concepções existentes entre o voto nulo e o voto anulável é tão evidente que a jurisprudência do TSE entende ser impossível a sua soma para fins de incidência do art. 224 do Código Eleitoral. Com efeito, se fossem somados os votos nulos com os anuláveis, em numerosos casos a nulidade atingiria mais da metade dos votos, o que implicaria novas eleições.

3.2.3 Voto em branco

Por fim, quanto aos votos em branco, esses não compõem a base de cálculo do sistema eleitoral majoritário, por expressa disposição nos arts. 28, *caput*, 29, II, e 77, § 2.º, da Constituição da República. No sistema proporcional, registro que a discussão sobre a sua validade, travada no TSE[35] e, também, na Suprema Corte,[36]

---

35. Ac. 11.890, rel. Min. Vilas Boas, Ac. 11.933/RO, rel. Min. Célio Borja, Ac. 11.957/ES, rel. Min. Hugo Gueiros, Cta 14.428/DF, rel. Min. Flaquer Scartezzini.
36. RE 140.386/MT, rel. Min. Carlos Velloso.

foi superada com a revogação, pelo art. 107 da Lei 9.504/2007, do parágrafo único do art. 106 do Código Eleitoral, que determinava o cômputo dos votos em branco para a composição do quociente eleitoral, método que era tradicional no País.

3.3 Vetor da maioria e a validade relativa de votos anulados

No sistema de representação majoritária, o vetor da maioria decorre da essência da própria democracia. Entretanto, para solucionar o problema de eventual governo eleito por uma maioria apenas relativa, isto é, inferior à soma dos votos obtidos por todas as demais agremiações, determinados sistemas passaram a exigir a maioria absoluta, ou seja, considera-se eleito aquele que obtiver mais da metade dos votos válidos.

No Brasil, a exigência da maioria absoluta dos votos para definir o resultado de disputas eleitorais surgiu com a edição do Dec. 842, de 19.09.1855, elaborado pela Assembleia-Geral Legislativa e assinado pelo Imperador D. Pedro II. A denominada "Lei dos Círculos" estabelecia o voto por distrito ou círculos eleitorais. Tal sistema, já utilizado nos Estados Unidos, Inglaterra e França, foi diretamente inspirado na Lei Eleitoral Francesa de 22.12.1789, que exigia *la majorité absolue des votants* no pleito.[37]

Assim, o art. 1.º, § 6.º, da Lei dos Círculos estabelecia que:

"Se ninguém obtiver maioria absoluta de votos, proceder-se-á imediatamente a segundo escrutínio, votando cada eleitor unicamente em um dos quatro cidadãos mais votados no primeiro escrutínio. Se ainda no segundo escrutínio ninguém obtiver maioria absoluta de votos, proceder-se-á imediatamente a terceiro, votando cada Eleitor unicamente em um dos dois cidadãos mais votados no segundo escrutínio, e ficará eleito Deputado o que obtiver maioria absoluta de votos".[38]

Em 09.01.1881, por meio do Dec. 3.029, o Imperador sancionou a Lei Eleitoral conhecida como Lei Saraiva ou Lei do Censo e constituiu as eleições diretas, o voto secreto, o alistamento preparado pela Justiça e o retorno às eleições distritais. O art. 18, § 2.º, do referido ato normativo estabeleceu a eleição em dois turnos para os candidatos à Assembleia-Geral e reafirmou a exigência de maioria dos votos.

Com o advento da Constituição Republicana de 1891, a "maioria absoluta de votos" foi exigida na eleição de Presidente e Vice-Presidente. No entanto, se nenhum dos candidatos a obtivesse, o Congresso elegeria, "por maioria dos votos

---

37. FERREIRA, Manoel Rodrigues. *A evolução do sistema eleitoral brasileiro.* Brasília: Senado Federal, 2001. p. 191.
38. JOBIM, Nelson; PORTO, Walter Costa. *Legislação eleitoral no Brasil: do século XVI a nossos dias.* Brasília: Senado Federal, 1996. vol. 1, p. 115-117.

presentes, um, dentre os que tiverem alcançado as duas votações mais elevadas na eleição direta" (art. 47, § 2.º, da Constituição de 1891).

Entretanto, nas eleições diretas ocorridas nesse período, foi desnecessária a participação do Congresso em segundo turno. Igualmente requerida na Segunda República, a maioria absoluta foi alcançada por Getúlio Vargas.

Enfim, na Constituição Federal de 1988, a maioria absoluta dos votos é exigida para eleição do Presidente e Vice-Presidente da República (art. 77, § 2.º),[39] para eleição do Governador e Vice-Governador (art. 28, *caput*,[40] combinado com o art. 32, § 2.º)[41] e nas eleições para Prefeito e Vice-Prefeito nos municípios com mais de duzentos mil eleitores (art. 29, II).[42]

3.3.1 Maioria de votos válidos

No entanto, se o candidato a Chefe do Executivo que, registrado por partido político, não obtiver a maioria absoluta dos votos válidos no primeiro turno (não computados os em branco e os nulos), far-se-á um segundo turno, concorrendo os dois candidatos mais votados na primeira votação, considerando-se eleito o que obtiver a maioria dos votos válidos.

Importa ressaltar que não há falar em maioria simples no segundo turno, como apontam alguns publicistas.[43] Na verdade, a maioria constitucionalmente exigida no segundo turno também é absoluta, pois as expressões "maioria absoluta de votos, não computados os em branco e os nulos" (art. 77, § 2.º) e "maioria de votos válidos" (art. 77, § 3.º) são equivalentes. Nesse mesmo sentido, como bem observou José Afonso da Silva ao comentar a questão:

"'Dois turnos' constituem nada mais nada menos do que uma técnica de realização do princípio da maioria absoluta, tanto que, conseguida esta no primeiro

---

39. Art. 77, § 2.º, da CF/1988: "Será considerado eleito Presidente o candidato que, registrado por partido político, obtiver a maioria absoluta de votos, não computados os em branco e os nulos".
40. Art. 28, *caput*, da CF/1988: "A eleição do Governador e do Vice-Governador de Estado, para mandato de quatro anos, realizar-se-á no primeiro domingo de outubro, em primeiro turno, e no último domingo de outubro, em segundo turno, se houver, do ano anterior ao do término do mandato de seus antecessores, e a posse ocorrerá em primeiro de janeiro do ano subsequente, observado, quanto ao mais, o disposto no art. 77".
41. Art. 32, § 2.º, da CF/1988: "A eleição do Governador e do Vice-Governador, observadas as regras do art. 77, e dos Deputados Distritais coincidirá com a dos Governadores e Deputados Estaduais, para mandato de igual duração".
42. Art. 29, II, da CF/1988: "eleição do Prefeito e do Vice-Prefeito realizada no primeiro domingo de outubro do ano anterior ao término do mandato dos que devam suceder, aplicadas as regras do art. 77, no caso de Municípios com mais de duzentos mil eleitores".
43. REspE 21.230-ED/RO, rel. Min. Carlos Madeira.

turno, *tollitur quaestio* – a questão está resolvida. Não o conseguindo é que se passará ao segundo turno, com dois candidatos apenas; e aí a maioria dos votos é sempre mais da metade, e isso é maioria absoluta. Poder-se-á argumentar que, mesmo entre dois candidatos, é possível que a maioria absoluta dos eleitores não tenha sufragado o que obteve a maioria dos votos válidos. Isso é verdade, mas também o é em relação à primeira eleição, em que também os votos em branco e os nulos podem superar os do candidato que teoricamente tivera a maioria absoluta dos votos".[44]

Assim, com base em tais premissas, ao considerar como absolutamente nulos os votos anulados após a eleição majoritária realizada em dois turnos, o TSE afronta os princípios constitucionais da soberania popular (art. 1.º, parágrafo único, combinado com o art. 14, *caput*) e da maioria (art. 77, §§ 2.º e 3.º), pois a maioria encontrada na fórmula engendrada não corresponde à verdadeira maioria absoluta que se impõe no pleito majoritário.

Em outras palavras, ao invalidar, em termos absolutos, a efetiva manifestação da soberania popular consubstanciada no sufrágio ulteriormente anulado, o TSE encontra, na verdade, uma *maioria meramente relativa,* decorrente de votos relativamente nulos, jamais a *maioria absoluta exigível* pela Constituição Republicana de 1988 na espécie.

Sobre a compatibilidade do art. 224 do Código Eleitoral com o princípio da maioria, na Sessão de 02.10.1998, no julgamento do RO em MS 23.234/AM, rel. Min. Sepúlveda Pertence, a 1.ª T. do STF entendeu que o art. 224 do Código Eleitoral não contraria o § 2.º, do art. 77, da Constituição, sob o fundamento de que "preceitos que regem matérias diversas não entram em conflito".

À ocasião, a 1.ª T. negou provimento ao recurso e manteve o acórdão do TSE que determinou a realização de nova eleição majoritária no Município de Tabatinga-AM, com base no art. 224 do Código Eleitoral, pois o candidato teve o seu registro indeferido após a realização das eleições de 1996, e a soma dos votos nulos atingiu 52,10% do total.

Ressalte-se, no entanto, que o mencionado precedente não confrontou o art. 224 do Código Eleitoral com a hipótese do § 3.º do art. 77 da Constituição, que disciplina a eleição majoritária em segundo turno, mas, tão somente com o § 2.º do art. 77 da mesma Carta, pois a referida municipalidade, com menos de duzentos mil eleitores, não se sujeita à regra da maioria absoluta, conforme preceitua o art. 29, II, da Constituição.

Estabelecidas essas considerações, e para melhor compreender o sentido e alcance do tema, passo a expor o estado da questão no TSE.

---

44. SILVA, José Afonso da. *Comentário contextual à Constituição*. 4. ed. São Paulo: Malheiros, 2006. p. 476.

3.3.2 Estado da questão no Tribunal Superior Eleitoral

Nos últimos anos, o TSE, no pleno exercício de sua jurisdição e em razão de ilegalidades cometidas por candidatos eleitos, invalidou mais de 2,8 milhões de votos regularmente sufragados em apenas quatro eleições majoritárias para os cargos de Governador e Vice-Governador nos Estados de Roraima, Paraíba, Maranhão e Tocantins.

No primeiro caso, o REspE 21.320-ED/RR, de relatoria do Min. Luiz Carlos Madeira, julgado na Sessão de 09.11.2004, o Tribunal afastou a aplicação do art. 224 do Código Eleitoral, nas eleições disputadas em segundo turno. À ocasião, a Corte cassou o diploma do Governador do Estado de Roraima, Francisco Flamarion Portela (PSL), eleito com 87.036 votos no segundo turno (53,5% dos votos válidos), em razão da prática de ato tipificado como conduta vedada e determinou a diplomação do candidato que obteve o segundo lugar nas eleições de 2002 em acórdão assim ementado:

"Embargos de Declaração no Recurso Especial Eleitoral processado como ordinário.

1. Configurada a conduta vedada (art. 73 da Lei 9.504/1997), incide a sanção de multa prevista no seu § 4.º. Além dela, nos casos que o § 5.º indica, o candidato ficará sujeito à cassação do registro ou do diploma. Não se exige fundamentação autônoma.

2. A Lei das Eleições veda 'fazer ou permitir uso promocional em favor de candidato, partido político ou coligação, de distribuição gratuita de bens e serviços de caráter social custeados ou subvencionados pelo Poder Público' (art. 73, IV). Não se exige a interrupção de programas nem se inibe a sua instituição. O que se interdita é a utilização em favor de candidato, partido político ou coligação.

3. As contradições a serem consideradas em embargos de declaração são as do próprio acórdão – contradição interna ou contradição nos próprios termos ou nas próprias proposições. Não se consideram contradições a ensejar embargos de declaração as divergências que se estabelecem entre as correntes que se formam no julgamento.

4. Fita VHS. Degravação. Se o representante deixa de apresentar, juntamente com a fita, a degravação, não havendo impugnação do representado, pode a fita VHS ser reconhecida como prova válida.

5. Não se confundem validade da prova com o seu valor para o deslinde da causa. Se a prova não é inválida, considera-se o seu valor probante na decisão de mérito. No incidente de falsidade não caberia pronunciamento sobre o conteúdo da prova.

6. Se o STF concluiu o julgamento sobre o incidente de falsidade da prova, não há mais questionamento sobre a sua validade.

7. Nos embargos de declaração é inoportuno o enfrentamento de temas em relação aos quais não se impunha manifestação no julgamento, especialmente quando não estejam diretamente ligados à omissão ou à contradição apontadas.

8. *Os embargos de declaração não se prestam para introduzir novos temas, até então não considerados. As omissões que devem ser consideradas nos embargos de declaração dizem com os fundamentos deduzidos no recurso ou nas contrarrazões ou sobre vícios de procedimento que se verificarem no próprio acórdão.*

9. *A contrariedade dos votos com a prova é tema para novo julgamento.*

10. *É despropositado pretender manifestação do Tribunal sobre preceitos constitucionais, lançados de cambulhada, sem maiores explicitações pertinentes a omissões ou contradições.*

11. *A jurisprudência firme da Corte é no sentido de que o vice-governador está numa relação de subordinação em relação ao governador, sendo atingido pela decisão que cassa o registro ou o diploma pela prática de conduta vedada.*

12. *Compete ao TSE determinar os termos da execução das suas decisões.*

13. *Nas eleições disputadas em segundo turno (CF, art. 77, § 3.º; Lei 9.504/1997, art. 2.º, § 1.º), considera-se eleito aquele que obtiver a maioria dos votos válidos. Não incidência, na situação posta, da norma do art. 224 do Código Eleitoral.*

14. *Cassado o diploma de governador de estado, eleito em segundo turno, pela prática de ato tipificado como conduta vedada, deve ser diplomado o candidato que obteve o segundo lugar.*

Rejeitados os primeiros embargos. Recebidos os segundos" (sem grifos no original).

Para justificar a interpretação, que afastou a aplicação do art. 224 do Código Eleitoral, na hipótese de eleição em segundo turno, o rel. Min. Carlos Madeira consignou o seguinte:

"Tenho, Sr. Presidente, que o art. 224 não opera. Penso que a maioria que se exige é a maioria simples, prevista expressamente no § 1.º, art. 2.º da Lei das Eleições (...) é clara a situação de que, 'se nenhum candidato alcançar a maioria absoluta na primeira votação, far-se-á nova eleição no último domingo de outubro, concorrendo os dois candidatos mais votados, e considerando-se eleito o que obtiver a maioria dos votos válidos'. Então, a maioria é simples, ao contrário da maioria absoluta exigida no caput do art. 2.º da Lei 9.504/1997 – para o primeiro turno" (sem grifos no original).

Como se vê, o julgado que consagrou a fórmula interpretativa que parte da premissa de que a "maioria dos votos válidos" exigida no segundo turno é "maioria simples", diferentemente da "maioria absoluta" que se requer na primeira votação. Tal premissa, entretanto, é absolutamente equivocada, pois conforme já citado neste estudo e, com apoio em José Afonso da Silva,[45] não custa relembrar: tais expressões são equivalentes.

---

45. SILVA, José Afonso da. *Comentário...* cit., p. 476.

Isto é, não há possibilidade em nosso sistema majoritário que a "maioria dos votos válidos" exigível no segundo turno não corresponda exatamente à "maioria absoluta dos votos" que significa 50% + 1 dos votos válidos.

Portanto, para se apurar "a maioria dos votos válidos" excluem-se os votos em branco e nulos do cálculo do quociente eleitoral. Assim, o resultado encontrado será precisamente "50% + 1 dos votos válidos" que é, logicamente, igual a "maioria absoluta" dos votos que, por sua vez é diferente de "maioria simples", nos termos do quadro abaixo:

Equivalência das fórmulas
1.º Turno => "maioria absoluta dos votos" = (50% + 1 dos votos válidos)
2.º Turno => "maioria dos votos válidos" = (50% + 1 dos votos válidos)
Resultado: (50% + 1 dos votos válidos) = "maioria absoluta" ≠ "maioria simples"

No julgamento do Recurso Ordinário 1.497/PB, rel. Min. Eros Grau, na Sessão de 20.11.2008, o Tribunal cassou o diploma do Governador do Estado da Paraíba, Cássio Rodrigues da Cunha Lima (PSDB), e de seu Vice-Governador, José Lacerda Neto (DEM), eleitos com 1.003.102 votos (51,3% dos votos válidos) e determinou a posse dos segundos colocados no pleito de 2006 nos termos do seguinte acórdão:

"*Recurso ordinário. Eleições 2006. Ação de investigação judicial eleitoral. Governador e vice-governador. Conduta vedada a agente público e abuso de poder político com conteúdo econômico. Potencialidade da conduta. Influência no resultado das eleições. Eleições disputadas em segundo turno. Não aplicação do disposto no art. 224 do Código Eleitoral. Mantida a cassação dos diplomas do governador e de seu vice. Preliminares: Recurso cabível, tempestividade, juntada de documentos, vício em laudo pericial, suspeição de procurador regional eleitoral, tempo e ordem de sustentação oral, ilegitimidade de parte. Recursos a que se nega provimento.*

1. Não cabimento do recurso. O recurso cabível é o ordinário, vez que se trata de matéria que enseja a perda do mandato eletivo estadual. Precedentes.

2. Intempestividade do recurso. A devolução tardia dos autos não enseja a decretação da intempestividade de peça contestatória apresentada no prazo legal.

3. Juntada de documentos. As partes devem produzir as provas e requerer as diligências em momento próprio; não se admite o exame de documento novo sem que ocorra motivo de força maior.

4. Vício no laudo técnico pericial. Perita, servidora concursada do Tribunal de Contas da União, possui atribuição legal para auxiliar a Justiça Eleitoral no exame de contas.

5. *Suspeição do Procurador Regional Eleitoral. Procurador Regional Eleitoral que oficiou no feito como custos legis; preliminar rejeitada.*

6. *Sustentação oral. A sustentação oral foi deferida às partes, pelo Tribunal de origem, nos termos de seu Regimento Interno; a concessão de prazo maior para a manifestação do Ministério Público não gera nulidade quando este funciona como fiscal da lei.*

7. *Ilegitimidade de uma das partes. Alegação de ilegitimidade para figurar no polo passivo da relação processual apenas no recurso ordinário; matéria preclusa.*

Quanto ao mérito:

8. *Utilização de programa social para distribuir recursos públicos, mediante a entrega de cheques a determinadas pessoas, visando à obtenção de benefícios eleitorais.*

9. *Ausência de previsão legal e orçamentária para distribuição dos cheques; violação do disposto no art. 73, § 10, da Lei 9.504/1997.*

10. *Inexistência de critérios objetivos para escolha dos beneficiários; concessão de benefícios de valores elevados a diversas pessoas que não comprovaram estado de carência.*

11. *Uso promocional do programa social comprovado; participação do Governador no projeto 'Ciranda de Serviços', associado à distribuição de cheques, no qual atendia pessoalmente eleitores em diversos municípios do Estado; envio de foto do Governador junto com os cheques distribuídos; utilização de imagens do Governador na propaganda eleitoral gratuita do então candidato à reeleição.*

12. *Elevação dos gastos com o 'programa' às vésperas do período eleitoral.*

13. *Potencialidade da conduta; quantidade de cheques nominais e de recursos públicos distribuídos suficiente para contaminar o processo eleitoral, determinando a escolha de voto dos beneficiários e de seus familiares.*

14. *A probabilidade de comprometimento da normalidade e equilíbrio da disputa é suficiente para ensejar a cassação do diploma de quem nessas circunstâncias foi eleito. Precedentes.*

15. *Cassado o diploma de Governador de Estado, eleito em segundo turno, pela prática de ato tipificado como conduta vedada, deve ser diplomado o candidato que obteve o segundo lugar. Precedente.*

Recursos a que se nega provimento" (sem grifos no original).

Noutro caso relevante, julgado na Sessão de 03.03.2009, o TSE deu provimento ao Recurso contra a Expedição de Diploma 671, rel. Min. Eros Grau, para cassar os diplomas do Governador do Maranhão, Jackson Kepler Lago (PDT), e do Vice-Governador, Luiz Carlos Porto (PPS), eleitos no segundo turno, com 1.393.754 de votos (51,8% dos votos válidos) e determinou a posse dos segundos colocados no pleito de 2006.

O julgado recebeu a seguinte ementa:

"*Governador. Conduta vedada a agente público e abuso do poder político e econômico. Potencialidade da conduta. Influência no resultado das eleições. Captação ilícita de sufrágio. É desnecessário que tenha influência no resultado do pleito. Não aplicação do disposto no art. 224 do Código Eleitoral. Eleições disputadas em segundo turno. Cassação dos diplomas do governador e de seu vice. Preliminares: necessidade de prova pré-constituída, inexistência de causa de pedir, ausência de tipicidade das condutas, produção de provas após alegações finais, pedido de oitiva de testemunha, perícia e degravação de mídia DVD, desentranhamento de documentos. Recurso provido.*

Preliminares:

1. Admite-se a produção de prova em Recurso Contra Expedição de Diploma, desde que indicadas na petição inicial. Precedentes.

2. Não é necessário o enquadramento típico das condutas na inicial. Os recorridos devem defender-se dos fatos imputados.

3. Após o encerramento da instrução processual não se admite produção de prova. Indeferimento de oitiva de testemunha. Princípio do livre convencimento do juiz.

4. Anexado o documento na inicial, cabe à parte arguir sua não autenticidade e requerer perícia no momento da contestação. Precedentes.

5. Permitido o acesso à mídia de áudio e vídeo, torna-se não necessária sua transcrição. Precedentes.

6. Desentranhamento de documentos. Utilização pelos recorridos, em sua própria defesa, das informações enviadas pelo Tribunal de Contas. Ausência de cerceamento de defesa.

Mérito:

7. Divulgação e assinatura de convênios celebrados entre o Governo do Estado e Prefeitura Municipal durante comício para favorecer candidato. Configuração do abuso do poder político e econômico. Prática de conduta vedada aos agentes públicos.

8. Participação de candidato a governador em reunião de projeto a ser implementado pelo Governo do Estado. Uso de material institucional do Governo. Conduta vedada.

9. O abuso do poder político e econômico e a prática de condutas vedadas são dotados de potencialidade para interferir no resultado do pleito. Transferências, realizadas durante o período vedado, suficientes para contaminar o processo eleitoral. Não é necessária a demonstração aritmética dos efeitos do abuso. Precedentes.

10. Captação ilícita de sufrágio. Prisões em flagrante por compra de votos no dia da eleição. Apreensão de dinheiro e santinhos. Não é necessária a participação direta do candidato. Precedentes.

11. Cooptação de apoio de liderança política. Oferecimento de cargo no governo e entrega de dinheiro para compra de votos. Caracterização de captação de sufrágio.

12. *Celebração de convênio entre Associação e Secretaria de Estado. Período Eleitoral. Utilização dos recursos do convênio para compra de votos.*

13. *Captação de sufrágio. Não é necessária a aferição da potencialidade da conduta para influir nas eleições.*

14. *A probabilidade de comprometimento da normalidade e equilíbrio da disputa é suficiente para ensejar a cassação do diploma de quem nessas circunstâncias foi eleito. Precedentes.*

15. *Eleição decidida em segundo turno. Cassado o diploma pela prática de atos tipificados como abuso de poder, conduta vedada e captação ilícita de sufrágio, deve ser diplomado o candidato que obteve o segundo lugar. Precedente.*

16. *Recurso provido"* (sem grifos no original).

No Recurso contra a Expedição de Diploma 698/TO, rel. Min. Felix Fischer, julgado na Sessão de 25.06.2009, O TSE cassou o mandato do Governador do Estado de Tocantins, Marcelo Carvalho Miranda (PMDB) e de seu Vice-Governador, Paulo Sidnei (PPS), eleitos no primeiro turno com 340.824 votos (51,5% dos votos válidos) nas eleições de 2006 e determinou a realização de nova eleição.

À ocasião, o Min. Ricardo Lewandowski divergiu nos debates e defendeu aplicação do art. 81 da Constituição Republicana, consoante os seguintes fundamentos:

"Ordinariamente, o chefe do Executivo, em nosso sistema político, tem o controle do Legislativo, lamentavelmente.

E, realmente, quando cassamos o governador e o vice-governador ou o prefeito e o vice-prefeito, se entregarmos a eleição para a Assembleia Legislativa ou para as câmaras municipais, de certa maneira o mesmo grupo político acaba permanecendo no cargo – esse é um aspecto.

Ocorre, porém que, estudando o art. 81 da CF, a princípio não vejo como interpretar esse termo 'vacância', ou essa expressão 'vagando', no sentido que Vossa Excelência dá à palavra, porque há um adágio jurídico muito conhecido segundo o qual 'onde o legislador não distingue, não é dado ao intérprete distinguir'.

Aqui, o constituinte falou em vacância; vagando os cargos de presidente ou vice-presidente, ou vagando o cargo de governador, ou de vice-governador, de prefeito ou vice-prefeito, não se está colocando nenhum discrímen. É vacância, vagou o cargo. O dispositivo explicita se o cargo vagou por motivo de saúde, falecimento ou cassação de mandato.

A rigor, em primeira análise deste artigo e de seus parágrafos, eu diria que teríamos de convocar, apesar desses óbices, eleição indireta, porque se trata da segunda metade do mandato.

(...)

Com relação ao argumento de Vossa Excelência, no sentido de que a democracia pressupõe necessariamente a eleição direta pelo povo, gostaria de argumentar que em países democráticos, que adotam o parlamentarismo, os chefes de Estado são eleitos indiretamente pelos respectivos parlamentos.

Eu quero dizer que a eleição indireta também pode ser democrática, e aqui, na verdade, quando o constituinte previu a eleição indireta, apenas se devolve aos representantes do povo, eleitos legitimamente, a escolha do substituto, em conformidade com a Constituição, ou seja, quando a vacância se dá na segunda metade do mandato.

Portanto, Senhor Presidente, eu tenho certa reserva no sentido de interpretar esse termo vacância com a restrição que Vossa Excelência está emprestando. Claro, tenho predileção pelo voto direto e aceito a ponderação de Vossa Excelência com relação à possível manutenção do grupo dominante do poder, mas em uma leitura, digamos, sistemática e, até mesmo, literal do art. 81 e parágrafos, da CF, eu não posso fazer essa distinção".

Em razão desses fundamentos o TSE, por maioria, aplicou o art. 81, § 1.º, da Constituição e assentou que as novas eleições fossem realizadas indiretamente, nos termos da divergência iniciada pelo Min. Ricardo Lewandowski que foi acompanhada pelos Ministros Joaquim Barbosa, Marcelo Ribeiro, Eliana Calmon e Arnaldo Versiani.

3.3.3 Dupla vacância no Executivo por cassação eleitoral

O estado de dupla vacância na chefia do Executivo, provocado pela cassação de mandatos e a consequente anulação de votos pela Justiça Eleitoral, pode produzir efeitos desastrosos para a soberania popular, quando se empossa os segundos colocados no pleito, em razão da inobservância da regra que determina nova eleição, contida no art. 81 da Constituição.

Em linhas gerais, a dupla vacância dos cargos de Chefe do Poder Executivo, em razão de seu potencial lesivo ao Estado e ao equilíbrio de suas instituições democráticas, foi abordada de maneira cuidadosa pelo Constituinte Originário, que estabeleceu dois possíveis procedimentos a serem adotados nas hipóteses de sua ocorrência, de modo a preservar a soberania popular e a legitimidade democrática.

Eis o teor do dispositivo constitucional:

"Art. 81. Vagando os cargos de Presidente e Vice-Presidente da República, far-se-á eleição 90 (noventa) dias depois de aberta a última vaga.

§ 1.º Ocorrendo a vacância nos últimos 2 (dois) anos do período presidencial, a eleição para ambos os cargos será feita 30 (trinta) dias depois da última vaga, pelo Congresso Nacional, na forma da lei.

§ 2.º Em qualquer dos casos, os eleitos deverão completar o período de seus antecessores".

Por vacância, aliás, compartilha-se da definição de José Afonso da Silva, segundo o qual: "'Vacância' é estado do cargo (...). A vacância dá-se por uma das formas de perda do cargo que se verifica por uma das formas de perda do mandato, quais sejam: cassação, extinção, declaração de vacância do cargo e ausência do País na forma do art. 83".[46]

Com efeito, a vacância pressupõe, apenas, que determinado cargo não se encontre ocupado, sem qualquer ressalva. Nesse sentido, como bem observou José Cretella Júnior, "vago é o cargo sem titular, não importando a causa que ocasionou a vacância. Se o titular morre, ou renuncia, abre-se a vaga. A perda da nacionalidade, a incapacidade absoluta, física ou mental, a condenação, em crime de responsabilidade, por sentença irrecorrível do STF são outras tantas causas de vacância".[47]

Validamente, o estado de vacância independe da identificação de sua causa. Portanto, não verifico fundamento na teoria de inaplicabilidade do art. 81, *caput*, § 1.º, da Constituição às hipóteses de cassação de mandato por decisões emanadas da Justiça Eleitoral. Tal interpretação, absolutamente restritiva, não encontra guarida no Texto Constitucional.

É que o Constituinte originário não estabeleceu qualquer distinção entre as hipóteses de vacância. Logo, não pode a Justiça Eleitoral restringir a aplicação de norma Constitucional sob o fundamento de que decisões judiciais eleitorais estão imunes ao art. 81, *caput*, § 1.º, da Constituição.

Não custa relembrar as lições de Maximiliano, no sentido de que, onde o legislador não distingue, não é dado ao interprete distinguir "ubi lex non distinguit nec nos distinguere debemus".[48] O § 1.º do art. 81 determina que ocorrendo a vacância no último biênio do mandato, a eleição para os cargos de Presidente e Vice-Presidente da República deverá ser indireta pelo Congresso Nacional.

Entretanto, sobre a observância compulsória do § 1.º do art. 81 da Constituição esta Suprema Corte já firmou entendimento de que o Estado-membro dispõe de competência para disciplinar o processo de escolha, por sua Assembleia Legislativa, do Governador e do Vice-Governador do Estado, nas hipóteses em que se verificar a dupla vacância desses cargos no último biênio do mandato.

---

46. SILVA, José Afonso da. *Comentário...* cit., p. 479.
47. CRETELLA JR., José. *Comentários à Constituição de 1988*. Rio de Janeiro: Forense Universitária, 1991. vol. 5, p. 2866.
48. MAXIMILIANO, Carlos. *Hermenêutica e aplicação do direito*. 19. ed. Rio de Janeiro: Forense, 2002. p. 201.

Sobre a questão, colho do voto proferido pelo Min. Celso de Mello, relator da ADI 1.057/BA, os seguintes fundamentos:

"A questão primeira que se coloca nesta ação direta consiste, precisamente, em saber se a dupla vacância dos cargos executivos, decorrente da inexistência simultânea de Governador e de Vice-Governador, impõe ao Estado-membro, ou não, o dever de sujeição compulsória ao modelo normativo inscrito no art. 81 – especialmente em seu § 1.º – da CF, pois, em caso positivo, sustenta-se que, envolvendo a disciplinação do tema matéria eminentemente eleitoral, incumbiria à União, mediante lei nacional, dispor sobre o processo de escolha, pelas Assembleias Legislativas, dos novos Governador e Vice-Governador para o desempenho do mandato residual.

(...)

Devo destacar, neste ponto, que José Afonso da Silva (...), ao admitir a possibilidade jurídica de o Estado-membro estabelecer autonomamente, em sua própria Constituição, a disciplina normativa da escolha do novo Governador e do novo Vice-Governador na hipótese excepcional de dupla vacância desses cargos executivos, salienta o caráter de não compulsoriedade do modelo federal definido pela Carta da República em seu art. 81.

(...)

A escolha do Governador e do Vice-Governador de Estado, quando ocorrida a dupla vacância na segunda metade do período governamental traduz uma iniludível prerrogativa da Assembleia Legislativa outorgada pela Carta Estadual com fundamento na capacidade de autogoverno de que dispõe, com apoio na autonomia política que lhe é conatural, essa unidade regional da federação.

Essa prerrogativa jurídico-constitucional da Assembleia Legislativa, refletindo projeção da autonomia assegurada aos Estados-membros pelo ordenamento constitucional brasileiro, não se reduz, em seu alcance e conteúdo, à dimensão conceitual de matéria eleitoral, circunstância esta que, por revestir-se de relevo jurídico, pré-exclui, a meu juízo, qualquer possibilidade de intervenção normativa da União Federal na definição da disciplina ritual desse processo de escolha eminentemente política dos sucessores, por um período meramente residual, do Governador e do Vice-Governador.

Na realidade, a escolha parlamentar dos novos mandatários do Poder Executivo estadual acha-se desvestida de caráter eleitoral porque, constituindo ato essencialmente político, contém, veicula e exterioriza uma típica decisão de poder, projeta-se na dimensão mais ampla do exercício, pelo Estado-membro, da irrecusável autonomia política de que dispõe em matéria de organização dos Poderes locais".

Contudo, não pode a Assembleia Legislativa local abandonar o parâmetro constitucional que determina o critério de eleição para o mandato residual. Nesse sentido, na Sessão Plenária de 01.08.2006, no julgamento da ADI 2.709/SE, rel. Min. Gilmar Mendes, o Tribunal declarou a inconstitucionalidade da EC 28/2002, que alterou o § 2.º do art. 79 da Constituição do Estado de Sergipe, estabelecendo que, no caso de vacância dos cargos de Governador e Vice-Governador do Estado, no último ano do período governamental, serão sucessivamente chamados o Presidente da Assembleia Legislativa e o Presidente do Tribunal de Justiça, para exercer o cargo de Governador.

À ocasião, como bem observou o relator, Min. Gilmar Mendes:

"Abandonou-se, portanto, o critério de eleição, para estabelecer que o mandato residual deve ser cumprido diretamente pelo Presidente da Assembleia Legislativa ou pelo Presidente do Tribunal de Justiça, os quais estariam, de certa forma, pré--eleitos para o cargo.

O art. 25 da Constituição dispõe que 'os Estados organizam-se e regem-se pelas Constituições e leis que adotarem, observados os princípios desta Constituição'.

Há patente afronta aos parâmetros constitucionais que determinam o preenchimento desses cargos mediante eleição.

Portanto, não há dúvida quanto à flagrante inconstitucionalidade da norma".

Assim, conforme orientação jurisprudencial firmada na Suprema Corte, a competência do Estado-membro para disciplinar o processo de escolha, por sua Assembleia Legislativa, do Governador e do Vice-Governador do Estado, nas hipóteses em que se verificar a dupla vacância desses cargos no último biênio do mandato, deve observar o parâmetro constitucional que estabelece o critério de eleição para exercício do mandato residual.

No âmbito municipal, também em homenagem ao nosso modelo federativo,[49] a jurisprudência deste Tribunal, assentou que:

"Não cabe ao Estado-membro, sob pena de frontal transgressão à autonomia constitucional do Município, disciplinar, ainda que no âmbito da própria Carta Política estadual, a ordem de vocação das autoridades municipais, quando configuradas situações de vacância ou de impedimento cuja ocorrência justifique a sucessão ou a substituição nos cargos de Prefeito e/ou de Vice-Prefeito do Município" (ADI 687/PA, rel. Min. Celso de Mello).

Nesse contexto, como bem constatou a Min. Cármen Lúcia no julgamento da ADI 3.549/GO de sua relatoria:

"Observando os interesses diretamente envolvidos com a vocação sucessória dos cargos de prefeito e vice-prefeito, em caso de dupla vacância, é de se concluir

---

49. LEWANDOWSKI, Enrique Ricardo. *Pressupostos materiais e formais da intervenção federal no Brasil*. São Paulo: Ed. RT, 1994.

que a matéria põe-se no âmbito da autonomia política local. Claro fica, então, que o conteúdo da norma em questão indica que o seu cuidado põe-se, constitucionalmente, no domínio normativo dos municípios, guardados os princípios fundamentais estabelecidos na Constituição da República".

Portanto, defende-se que na hipótese de *dupla vacância* nos cargos de Chefe do Executivo, *independentemente da identificação de sua causa, não pode* a Justiça Eleitoral afastar a aplicação do *parâmetro Constitucional da eleição* – direta ou indireta – consagrado no art. 81 da Constituição Republicana ou conforme estabelecer a respectiva Constituição Estadual ou Lei Orgânica Municipal, sob pena de transgressão ao princípio constitucional da soberania popular.

Desse modo, os votos anulados por decisão judicial após a eleição majoritária em dois turnos não são absolutamente nulos e, por consequência, não podem ser excluídos da base de cálculo do quociente eleitoral.

O voto anulado não é absolutamente nulo, mas relativamente nulo. O Código Eleitoral é claro ao distinguir como *anulável* a votação com vício de falsidade, fraude, coação, interferência do poder econômico e desvio ou abuso do poder de autoridade, ou emprego de processo de propaganda ou captação de sufrágio vedado por lei (art. 222, combinado com o art. 237, ambos do Código Eleitoral).[50]

Importante relembrar que, mesmo na hipótese de *cassação de registro* ou de *decisão de inelegibilidade* após a eleição, em que o art. 175, § 3.º, do Código Eleitoral considera como votos nulos para todos os efeitos, o § 4.º do mesmo dispositivo ressalva a validade do sufrágio para a legenda.[51] O legislador ordinário não poderia simplesmente desconsiderar os efeitos e a validade – ainda que relativa – dos votos anulados por decisão de inelegibilidade ou de cancelamento de registro após a realização do pleito.

Ora, se o Código Eleitoral distingue como anulável a votação e ressalva a validade para a legenda dos mencionados votos nulos, então não há falar em nulidade absoluta desses votos. Não pode, pois, a Justiça Eleitoral desconhecer que os votos anulados tenham produzido efeitos e ignorar – em termos absolutos – a efetiva manifestação da soberania popular.

A questão posta depara com a seguinte conjuntura: o eleitor, no pleno exercício de seus direitos, comparece regularmente às urnas, vota consciente no candidato então habilitado pela Justiça Eleitoral e cumpre o seu dever legal, que decorre da própria

---

50. CERQUEIRA, Thales Tácito; CERQUEIRA, Camila Medeiros. *Tratado de direito eleitoral*. São Paulo: Premier, 2008. t. I, p. 471-515.
51. Cf. item 7.2.3, que examina a errática invalidação dos votos de legenda pelo TSE.

função social do sufrágio – conforme sustentaram Esmein,[52] Duguit,[53] Hauriou[52] e Carré de Malberg.[53]

Em seguida, o candidato é eleito em dois turnos, é diplomado e pratica atos jurídicos no comando do Executivo. Entretanto, em razão de ilícitos praticados, a Justiça Eleitoral cassa o seu mandato, anula a votação conferida ao candidato no primeiro turno, considera os votos como absolutamente nulos e os exclui do universo dos votos válidos para recálculo da maioria. Na prática, é como se esses votos jamais tivessem existido.

Salta aos olhos que a concepção de voto anulado, que constituiu a manifestação da vontade política do eleitor, não se reduz à noção de voto nulo. O voto anulável é relativamente nulo e relativamente válido. Logo, o voto anulado, cujo efeito foi inequivocamente produzido, não pode ser absolutamente excluído do plano da validade para novo cálculo no primeiro turno, no escopo de se apurar a maioria absoluta de votos que exige a Constituição. Assim, somente o voto nulo e o voto em branco não compõem o universo dos votos válidos.

Sobre a base de cálculo do quociente eleitoral na matriz francesa, Esmein assentou que são apenas contabilizados os sufrágios real e validamente expressos; os votos em branco e os votos nulos não entram na conta.[56]

De outro lado, ainda que a Justiça Eleitoral presuma que 100% dos votos depositados nas urnas estavam viciados na origem, por influência, por exemplo, do abuso do poder econômico e, por consequência, considere que os votos anulados são absolutamente nulos, tal presunção é inconciliável com o princípio da soberania popular.

Ademais, os denominados "vícios de consentimento" provocam apenas *nulidades relativas*.[57] Portanto, ainda que se aceite a tese da "presunção de nulidade dos votos por vício de consentimento", não há falar em *nulidade absoluta* dos votos legitimamente depositados nas urnas, que, por razões alheias à vontade real do eleitor, foram anulados pela Justiça Eleitoral.

Esse é um dos temas mais sensíveis que a Justiça Eleitoral precisa rever, com a maior urgência possível, ante o estado de inconstitucionalidade supraexposto.

---

52. Esmein, Adhémar. *Éléments de droit constitutionnel et comparé*. 7. ed. Paris: Recueil Sirey, 1921. p. 677.
53. Duguit, Léon. *Traité de droit constitutionnel*. 3. ed. Paris: Ancienne Libraire Fontemoing, 1928. t. II, p. 589.
54. Hauriou, M. *Principes de droit public*. Paris: Sirey, 1910. p. 463.
55. Malberg, R. Carré. *Contribution à la theorie générale de l'État*. Paris: Recueil Sirey, 1920. t. I.
56. "Sont seuls comptés pour le calcul les suffrages réellement et valablement exprimés: les bulletins blancs, le bulletins nuls (...) n'entrent pas em ligne de compte." Esmein, Adhémar. Op. cit., p. 678.
57. Garcez, Martinho. Op. cit.

4
DOUTRINA DO PODER REGULAMENTAR

4.1 Lei e regulamento

Sob o aspecto formal, os regulamentos são atos administrativos, conforme reconhece a clássica doutrina do Direito Público, consubstanciada, entre outros, em Hauriou,[1] Carré de Malberg[2] e Esmein.[3] A principal marca dos regulamentos é que não são baixados pelo Legislativo, mas, por autoridades administrativas do Poder Público. Para Malberg, em linhas gerais, o regulamento não apresenta diferenças materiais com a lei, concluindo que as suas nuanças estão na forma e no autor.

Com efeito, a diferença entre lei e regulamento somente se tornou importante com o advento do Estado constitucional moderno, uma vez que, nas monarquias absolutistas, não havia nenhum interesse prático nessa questão, pois o monarca acumulava os Poderes Executivo, Legislativo e Judiciário de forma plena e ilimitada. Portanto, pouco importava se o ato normativo baixado era uma lei ou um regulamento. Sobre o ponto, Duguit observou que a existência de ordens regulamentares é absolutamente contrária a toda teoria jurídica da monarquia limitada.[4]

Esmein já observava que o poder regulamentar é totalmente distinto do poder legislativo, pois regulamento não é lei. O regulamento na execução da lei é completamente subordinado a esta. Assim, para o autor, o regulamento só pode desenvolver e completar os detalhes das normas postas. Ele não pode revogar, nem contrariar, deve, sim, respeitar a sua letra e seu espírito.[5]

---

1. HAURIOU, Maurice. *Précis de droit administratif et de droit public général*. 4. ed. Paris: Recueil Sirey, 1900. p. 40 e ss.
2. MALBERG, R. Carré. *Contribution à la theorie générale de l'État*. Paris: Recueil Sirey, 1920. t. I, p. 548.
3. ESMEIN, Adhémar. *Éléments de droit constitutionnel et comparé*. 5. ed. Paris: Recueil Sirey, 1909. p. 475 e 610.
4. "Il semble donc que l'exixtence en fait d'ordonnances réglamentaires soit absolument contraire à toute théorie juridique de la monarchie limitée." DUGUIT, Léon. *L'État les gouvernants et les agents*. Paris: Ancienne Librairie Thorin et Fils, 1903. vol. 2, p. 289.
5. "Le pouvoir réglementaire est pleinement distinct du pouvoir législatif, et le règlement n'est pas la loi. Le règlement fait en exécution de la loi lui est complètement subordonné.

Segundo Theóphile Ducrocq, *ancien battonier* francês, assegurar a execução das leis é o único objeto dos regulamentos, pois a autoridade regulamentar do Chefe do Executivo é exercida "em virtude do direito inerente ao Poder Executivo, que compreende o estabelecimento de regras para a execução das leis".[6]

Assim, para a doutrina tradicional francesa, conforme explica Carré de Malberg, o poder regulamentar é dependente do Poder Executivo e decorre da missão que tem o líder do Executivo de assegurar a fiel execução das leis. Desse modo, o seu fundamento deve recair unicamente no conceito de Poder Executivo, em seu sentido literal.[7]

Na França, entretanto, foi Maurice Hauriou quem primeiro distinguiu a lei do regulamento com maior propriedade, ao assentar que a distinção se faz pelo conteúdo, ou seja, existe ou matéria própria para a lei e outra para o regulamento. Ao teorizar sobre a natureza formal dos regulamentos, Hauriou afirmou que as autoridades administrativas possuem um poder regulamentar diretamente da Constituição, pois, sem tal função, seria impossível governar e administrar. Esse raciocínio permitiu que o grande autor francês chegasse à seguinte conclusão: "on peut dire qu'en principe chacun des grands pouvoirs publics a le pouvoir de régler",[8] ou seja, em princípio, cada um dos grandes Poderes Públicos possui o poder de regulamentar. Todos os Poderes, inclusive o Judiciário, claro.

Sobre essa doutrina, Carré de Malberg registrava que "só existe na França um autor que exponha claramente a ideia de que existe um domínio próprio da lei e do regulamento: este é Maurice Hauriou, que adota, a respeito desse ponto, um princípio análogo aos conceitos alemães".[9]

A propósito, no direito alemão, naquilo que toca ao fundamento do poder regulamentar, a corrente majoritária, cujo expoente maior foi Paul Laband, estabelece que, no sentido formal e material, a diferença entre a lei e o regulamento é exatamente a mesma existente entre uma disposição jurídica criadora de novos

---

Il ne peut que développer et compléter dans le détail les règles qu'elle a posées; il ne peut ni l'abroger, ni la contrarier; il doit la respecter dans sa lettre et dans son esprit" ESMEIN, Adhémar. Op. cit., 5. ed., 1909, p. 610-611.

6. "En vertu du droit inhérent à la puissance exécutive, comprenant l'établissement des règlements pour l'execution des lois." DUCROCQ, Théophile Gabriel Auguste. *Cours de droit administratif*. 6. ed. Paris: Ernest Thorin, 1881. t. I, p. 57.
7. MALBERG, R. Carré. Op. cit., p. 554.
8. HAURIOU, Maurice. *Précis de droit...* cit., p. 42.
9. "A l'heure présente, il n'y a en France qu'un seul auteur qui dégage nettement l'idée qu'il existe un domaine propre de la loi et du règlement: c'est M. Hauriou, qui adopte sur ce point un principe analogue aux conceptions allemands." MALBERG, R. Carré. Op. cit., p. 561.

direitos e uma disposição administrativa cuja eficácia permanece no âmbito interno, sem inovar em matéria legislativa.[10]

De volta à doutrina de Hauriou, verifica-se que ela não passou incólume à crítica do decano (*doyen*) da Faculdade de Direito de Bordeaux, Léon Duguit, o qual anotou que o regulamento é lei em sentido material, desde que este contenha as características da lei, uma vez que, "sob o ponto de vista material, é lei todo ato que possui em sua caraterística intrínseca de lei, independentemente do indivíduo ou órgão que emane o ato".[11]

Sob o ângulo formal, no entanto, diferencia que o regulamento é ato administrativo subordinado à lei – toda decisão emanada de um órgão ao qual a Constituição do país confiou a atribuição de ser um órgão legislativo.[12]

Assentadas suas premissas teóricas, Duguit desfere severas críticas ao colega de Toulouse: "Hauriou diz que a lei deve ser definida do ponto de vista de sua matéria em comparação ao regulamento. Acredito que nesse ponto Hauriou erra e espero mostrar que não há diferença material entre a lei e o regulamento". Na sequência, desqualifica o conceito de lei de Hauriou ao registrar que "não passa sem alguma obscuridade".[13]

Victor Nunes Leal, ao examinar a posição de Hauriou, compreendeu que:

"A distinção entre o critério formal e o critério material é fértil para o jurista, porque a hierarquia existente entre lei e regulamento, assim como entre Constituição e lei, é só de natureza formal. Para que o regulamento seja invalidado é preciso que contrarie disposições de uma lei formal; para que as leis deixem de ser aplicadas é necessário que ofendam disposições do texto constitucional".[14]

Trilhando linha parecida, a doutrina italiana de Guido Landi e Giuseppe Potenza registra que o poder Executivo possui, como atribuição própria e ordinária,

---

10. LABAND, Paul. *Le droit public de l'empire allemand*. Paris: V. Giard & E. Brière, 1901. t. II, p. 308.
11. "Au point de vue matériel, est loi tout acte que possède en soi le caractère intrinsèque de loi, et cela indépendamment de l'individu ou du corps qui fait l'acte." DUGUIT, Léon. *Traité de droit constitutionnel*. 3. ed. Paris: Ancienne Libraire Fontemoing, 1928. t. II, p. 161.
12. "Au point de vue formel, est loi toute décision émanée de l'organe quim d'après la constitution du pays considéra, a le caractère d'organe législatif." Idem, p. 160.
13. "Hauriou dit que la loi doit être définie au point de vue de sa matière en opposition avec le règlement. Je crois que sur ce point Hauriou se trompe, et j'espère montrer qu'il n'y a point de différence matérielle entre la loi et le règlement. (...) qui ne sont pas sans quelque obscurité." Idem, ibidem.
14. LEAL, Victor Nunes. Lei e regulamento. *Revista de Direito Administrativo*. vol. 1. p. 371. Rio de Janeiro, São Paulo: DASP, jan.1945. ———. *Problemas de direito público*. Rio de Janeiro: Forense, 1960. p. 57.

a potestade de editar normas jurídicas por meio de regulamentos, que, consubstanciam lei apenas em sentido material.[15]

A convivência entre as leis e os regulamentos revela uma tensão permanente, pois, é atípico que um Chefe de Estado possa, em paralelo ao parlamento, baixar atos normativos, como decretos, resoluções e medidas provisórias, que mais parecem leis. Quando essas normas regulamentares emanam do Judiciário, a situação se torna ainda mais atípica. Por isso é preciso investigar qual o fundamento, o sentido e o alcance do poder regulamentar, que é ato administrativo sob o ponto de vista formal, mas, sob o ângulo material, pode apresentar a natureza de uma lei abstrata.

4.2 Alicerce constitucional

Ao examinar o fundamento constitucional do poder regulamentar, J. J. Gomes Canotilho parte da premissa de que os regulamentos são normas emanadas da administração no exercício de uma atividade administrativa, e, em geral, com caráter executivo ou complementar à lei. Para o autor, o ato normativo difere do ato administrativo singular e, mesmo sendo normativo, não possui um valor legislativo, uma vez que os regulamentos não constituem uma manifestação da função legislativa, mas revelam expressões normativas da atividade administrativa.

Canotilho considera que o regulamento está submetido ao princípio da legalidade da Administração pelo fato de se tratar de uma norma jurídica secundária, isto é, condicionada por lei. De outro lado, "o poder regulamentar, ou seja, o poder de a administração criar normas jurídicas, deve ter um fundamento jurídico-constitucional". É que, para o constitucionalista português, "o poder regulamentar configura-se, pois, como um poder constitucionalmente fundado e não como poder criado por lei".[16]

Entretanto, quando examina o problema dos regulamentos autônomos, ou seja, aqueles editados à margem de qualquer autorização legislativa, desvinculados de lei prévia para exercer atividade complementar de regulamentação, Canotilho afirma que, se o Governo tiver a necessidade de criar uma disciplina normativa autônoma e originária, dispõe do instrumento do decreto-lei. Por isso, conclui que, no Direito luso, "não existe, pois, um poder regulamentar originário e autônomo, constitucionalmente fundado, como existe na Constituição francesa".[17]

---

15. "Il potere esecutivo ha, come attribuzione propria e ordinaria, la potestà d'emanare norme giuridiche, dette regolamenti. Il regolamento è legge in senso materiale soltanto." LANDI, Guido; POTENZA, Giuseppe. *Manuale de diritto amministrativo*. 6. ed. Milano: Giuffrè, 1978. p. 38.
16. CANOTILHO, J. J. Gomes. *Direito constitucional e teoria da Constituição*. 7. ed. Coimbra: Almedina, 2003. p. 833-834.
17. Idem, p. 839.

Sob uma retrospectiva histórica, as constituições brasileiras sempre cuidaram do poder regulamentar. Na Carta do Império, de 1824, previam regulamentos "adequados à boa execução das leis" (art. 102), embora o fato não mereça maior destaque, em razão do poder ilimitado do Imperador.

Na primeira Constituição Republicana de 1891 e na Constituição de 1934, os regulamentos destinavam-se à "fiel execução das leis" (arts. 48 e 56). Já na Carta de 1937, o Presidente da República estava autorizado a "sancionar, promulgar e fazer publicar as leis e expedir decretos e regulamentos para a sua execução" (art. 74), mas não de forma "fiel", uma vez que a palavra foi suprimida do Texto Magno, somente retornando com a redemocratização, no art. 87, I, da Constituição de 1946. Essa fórmula foi mantida nas Cartas de 1967 (art. 83, III) e 1969 (art. 81, III) e, finalmente, na Constituição Republicana de 1988, assenta a competência privativa ao Presidente para "sancionar, promulgar e fazer publicar as leis, bem como expedir decretos e regulamentos para a sua fiel execução" (art. 84, IV).

Ruy Barbosa, sempre atento aos problemas aparentemente insolúveis do Direito Público, produziu incomparável reflexão, que, não obstante o tempo, permanece atual:

"A Constituição nitidamente separa da função de legislar e de regular, cometendo cada uma, como primitiva, a um só poder. Mas, as duas, verdade seja, não se podem considerar substancialmente distintas e rigorosamente delimitáveis. Do regular ao legislar, do legislar ao regulamentar, nem sempre são claras as raias. Entre as duas competências medeia uma zona de fronteira, indecisa, mista, porventura comum, em que ora as leis regulamentam, ora os regulamentos legislam".[18]

A Constituição Federal de 1988, quando fixou competências para editar atos normativos primários, delegou algumas funções ao Executivo, como o poder extraordinário para baixar medida provisória (art. 62) ou editar leis delegadas (art. 68, *caput*). Além dessa função normativa primária, o Constituinte confiou atribuições normativas secundárias ao Executivo, como, por exemplo, baixar decreto autônomo que disponha sobre a organização e o funcionamento da Administração federal, quando não implicar aumento de despesa nem criação ou extinção de órgãos públicos (art. 84, VI, a).

Sobre o ponto, aliás, Marcelo Caetano observa que "os regulamentos do Poder Executivo não dimanam sempre do Presidente da República sob a forma de decreto. Os ministros de Estado, por força do item II do art. 85 da Constituição, também podem expedir instruções para execução das leis, decretos e regulamentos, que em

---

18. BARBOSA, Ruy. *Comentários à Constituição Federal brasileira*. São Paulo: Saraiva, 1934. vol. 1, p. 409-410.

geral tomam a forma de portaria e, em relação às leis e decretos, são muitas vezes, verdadeiros regulamentos".[19]

De outro lado, a Lei Maior estabelece competência normativa ao Judiciário para editar os regimentos internos dos tribunais (art. 96, I, *a*) e expedir atos regulamentares, por meio do Conselho Nacional de Justiça (art. 103-B, § 4.º, I), com a finalidade específica de zelar pela autonomia do Poder Judiciário e pelo cumprimento do Estatuto da Magistratura.

Portanto, não se tem dúvida do assento constitucional do poder regulamentar, pois, conforme observou Merlin Clève, "em nosso País, a [sua] justificação formal não pode ser outra senão a previsão constitucional".[20] Resta perquirir, todavia, para o objetivo deste estudo, não apenas os fundamentos, mas, sobretudo, qual o alcance dessa atividade no âmbito da Justiça Eleitoral.

4.3 Atos normativos primários e secundários

No Direito brasileiro, segundo Carlos Mário da Silva Velloso, são atos normativos primários gerais a lei ordinária, a lei complementar, o decreto-lei e a lei delegada; os atos normativos primários particulares: o decreto-legislativo e a resolução legislativa. Em um segundo plano hierárquico, estão os atos normativos secundários, subordinados aos primários, que também podem ser gerais, como os regulamentos, ou particulares, como os atos administrativos e jurisdicionais, *stricto sensu*. Para o jurista:

"Por ato normativo, pois, pode-se conceber o ato legislativo, formalmente e/ou materialmente considerado, ou o ato administrativo com o sentido de lei material, isto é, que enuncia uma norma jurídica (regra jurídica), ou um preceito de direito, ou que explica o sentido do seu conteúdo, marcado de imperatividade e generalidade, assim estabelecendo forma de conduta a pessoas indiscriminadas ou discriminadas".[21]

Segundo Pimenta Bueno, no sistema jurídico brasileiro, via de regra, o regulamento é um ato normativo secundário e, por essa razão, não pode o Executivo, ao exercer a atividade regulamentar, criar novos direitos ou obrigações que inovem na ordem jurídica.[22] Na prática, contudo, da atividade regulamentar tanto do

---

19. CAETANO, Marcelo. *Direito constitucional*. Rio de Janeiro: Forense, 1978. vol. 2. p. 340 341.
20. CLÈVE, Clèmerson Merlin. *Atividade legislativa do Poder Executivo*. 2. ed. São Paulo: Ed. RT, 2000. 275-276.
21. VELLOSO, Carlos Mário da Silva. Do poder regulamentar. *Revista Jurídica LEMI*. ano 15. n. 174. p. 5. maio 1982.
22. PIMENTA BUENO, José Antônio. *Direito público brasileiro e análise da Constituição do Império*. Brasília: Senado Federal, 1978. p. 236.

Executivo quanto do Poder Judiciário, por seus regimentos internos e resoluções, pode dimanar atos normativos primários ou secundários, a partir das características que portem.

Desse modo, se as normas estiverem impregnadas de abstratividade, generalidade e impessoalidade, são atos normativos primários, independentemente da roupagem formal com as quais estejam vestidas. De outro lado, se o ato normativo não possuir essas características, será um ato normativo secundário, imune ao controle abstrato de constitucionalidade das leis.

4.4 Classificação dos regulamentos

A doutrina do poder regulamentar confere inúmeras classificações aos regulamentos, de modo que, neste tópico, cuidar-se-á das mais importantes classificações, para fins de melhor compreender o cerne da questão das espécies normativas e regulamentares.

Para Recaséns Siches, os regulamentos são disposições gerais baixadas por órgãos do Poder Executivo, por meio do chefe de Estado, com apoio de um ministro ou de um secretário, ministros ou secretários, por si mesmos, diretores e demais autoridades da administração local. E, apesar das diferenças hierárquicas de que possam emanar os regulamentos, estes se dividem em algumas classes.

Segundo o autor, em primeiro lugar, deve-se registrar que os regulamentos, embora ditados pelo Poder Executivo, possuem o mesmo valor de uma lei em sentido estrito. Há aqueles que são emitidos em virtude de uma delegação expressa recebida pelo Poder Legislativo para regular determinada matéria com força de lei, e há também os chamados *regulamentos de necessidade*, que podem baixar do Executivo, em circunstâncias especialmente graves, com força de lei, mas que em seu momento, devem ser submetidos ao crivo do Legislativo.

Em segundo lugar, existem os *regulamentos propriamente ditos*, que se encontram em uma classificação inferior à das leis na hierarquia normativa. Estes podem ser: (i) uma especificação detalhada das matérias tratadas em lei; e (ii) normas supletivas das leis, em pontos não regulamentados por estas e que não se oponham a respectiva lei.

Por fim, há os que poderiam ser chamados de *regulamentos de regulamentos*, ou seja, disposições esclarecedoras e concretizadoras de outros regulamentos superiores, baixados por autoridades de menor categoria, como, por exemplo, ordens gerais de subsecretários, de diretores-gerais etc.[23]

---

23. SICHES, Luis Recaséns. *Tratado general de filosofia del derecho*. 6. ed. México: Porrua, 1978. p. 311.

Na Alemanha, Laband classificou o poder regulamentar em duas ordens ou regulamentos. A primeira, as *ordens jurídicas* (*Rechtsverordnungem* ou *ordonnonces juridiques*), com o objeto de criar novos direitos individuais ou modificar os existentes. Já as *ordens administrativas* (*Verwaltungsverordnungen* ou *ordonnonces administratives*) se movem dentro dos limites do Direito vigente, ou seja, não podem modificar a situação jurídica dos particulares, pois a sua eficácia permanece estritamente dentro dos limites do órgão administrativo, somente se dirigindo aos funcionários, com o objetivo de lhes disciplinar regras. Assim, as ordens administrativas podem criar um regulamento novo para a autoridade administrativa, mas não constituem uma ordem jurídica para os administrados.[24]

Por fim, o autor lembra que essa distinção foi reconhecida quase que por unanimidade pelos escritores contemporâneos alemães e cita, entre outros, Gneist, Gerber, Pröbst, Meyer, Schule, Ulrich, Löning, Gareis, Gaupp, Stengel, Seydel, Hänel, Rosin, Seligmann e Jellinek.[25]

No Brasil, Oswaldo Aranha Bandeira de Mello divide os regulamentos da seguinte forma: (i) executivos, ou de execução; (ii) autorizados ou delegados; (iii) independentes ou autônomos.[26]

Os regulamentos de execução são aqueles que desenvolvem os textos legais, constituindo os preceitos para a sua melhor eficácia possível, ou seja, são "regras técnicas de boa execução da lei, para a sua melhor aplicação".[27]

Já os regulamentos autorizados ou delegados são aqueles que o Executivo edita "em razão de habilitação legislativa, que lhe é conferida pelo Legislativo, porém nos termos dessa determinação de competência, para desenvolver os preceitos constantes da lei de habilitação, que delimita o seu âmbito a respeito".[28] Desse modo, os regulamentos delegados apresentam caráter complementar, sem nenhuma inovação na ordem jurídica, uma vez que apenas completam o texto primário. Nesse sentido, o autor recomenda muita cautela com os regulamentos autorizados e exemplifica a espécie:

"Assim, o Legislativo, ao instituir o tabelamento dos preços de mercadorias, e ao definir as infrações em que incorrem os contraventores, pode incumbir ao Executivo fixar a tabela dos preços máximos das utilidades. Aliás, falta ao legislador elementos para dispor a respeito, pois os preços há de sofrer as flutuações do mer-

---

24. LABAND, Paul. Op. cit., p. 381.
25. Idem, p. 382.
26. BANDEIRA DE MELLO, Osvaldo Aranha. *Princípios gerais do direito administrativo*. 2. ed. Rio de Janeiro: Forense, 1969. vol. 1, p. 342 e ss.
27. Idem, p. 352.
28. Idem, p. 346.

cado e de outros fatores. Demais, o ato de fixar as tabelas nada tem de legislativo. Ao contrário, constitui ato concreto, específico.

(...)

Igual consideração cabe com referência à lei de zoneamento urbano. Ela distingue as zonas em residências, de uma só residência, e de prédios de apartamentos, industriais e comerciais, e mistas. Contudo, ao Executivo cabe declarar tal rua como residencial ou industrial, tendo em vista o conceito legal desses tipos de vias públicas".[29]

Por fim, os regulamentos independentes ou autônomos, que têm força de lei, e constituem a "faculdade regulamentar *praeter legem* e mesmo *contra legem* para regular qualquer matéria que constitucionalmente não tenha sido reservada aos órgãos legislativos, pertinentes às relações do Estado-poder com terceiros",[30] e subdividem-se em orgânicos e regimentais (como regulamentos internos), além dos policiais (como externos).

Essas singelas linhas introdutórias sobre a doutrina do poder regulamentar são fundamentais para se desvendar os limites e pressupostos da desafiadora atividade normativa da Justiça Eleitoral, a qual será examinada, com verticalidade, no próximo capítulo do presente estudo.

---

29. Idem, p. 347-348.
30. Idem, p. 343.

5
O PODER NORMATIVO DA JUSTIÇA ELEITORAL

5.1 Generalidades

5.1.1 Origem e conceito

A histórica função normativa da Justiça Eleitoral se insere no âmbito de atividade legislativa regulamentar, prevista na legislação de regência, desde o Dec. 21.076, de 24.02.1932, o primeiro Código Eleitoral do Brasil, que, no art. 14, I e IV, fixava competência ao Tribunal Superior para elaborar o seu regimento interno e o dos Tribunais Regionais, bem como "fixar normas uniformes para a aplicação das leis e regulamentos eleitorais, expedindo instruções que entenda necessárias".

Essa atribuição normativa foi mantida no art. 13, *a* e *p*, da Lei 48, de 04.05.1935, que promoveu ampla reforma no Código Eleitoral, no art. 9.º, *a* e *g*, do Código Eleitoral de 1945 (Dec.-lei 7.586, de 28.05.1945), que ficou conhecido como Lei Agamemnon e, por fim, no art. 23, I e IX, do Código Eleitoral vigente (Lei 4.737, de 15.07.1965).

Ante essa tradição, ao longo do tempo, a mais abalizada doutrina tem registrado o exercício da atividade não apenas regulamentar, mas, sobretudo, normativa pela Justiça Eleitoral.

Em um dos trabalhos precursores sobre a matéria, Victor Nunes Leal observava, nos idos de 1940, que "em nosso ordenamento jurídico, além dos tribunais trabalhistas, exerce a Justiça Eleitoral importantes funções normativas, não por outorga direta da Constituição, mas mediante lei autorizada pelo texto constitucional".[1]

Tito Costa, na mesma senda, constatou que, além das atribuições judicantes, a Justiça Eleitoral, por meio do TSE, possui "uma competência normativa ou regulamentar", de certa maneira legislativa, ante a atribuição do Tribunal para expedir instruções que julgar convenientes à execução da legislação eleitoral e estabelecer a divisão eleitoral do País.[2]

---

1. LEAL, Victor Nunes. Funções normativas de órgãos judiciários. *Revista Forense*. vol. 117. n. 539-540. p. 24-39. Rio de Janeiro: Forense, maio-jun. 1948.
2. COSTA, Tito. *Recursos em matéria eleitoral*. São Paulo: Ed. RT, 2004. p. 35.

Após a restauração da Justiça Eleitoral, com a redemocratização, o primeiro ato normativo expedido pelo TSE foi a Res. 1, de 07.06.1945, de relatoria do Min. Waldemar Falcão, que fixou o início do alistamento eleitoral, em todo o País, para 2 de julho do mesmo ano e determinou a instalação dos Tribunais Regionais Eleitorais, com a atribuição de dividir as zonas eleitorais do respectivo Estado e do Distrito Federal.

Referida resolução foi baixada sob a presidência do Min. José Linhares, com base no art. 9.º, g e l, do Dec.-lei 7.586, de 28.05.1945, denominado Lei Agamenon – em homenagem ao Ministro da Justiça Agamenon Magalhães, principal responsável por sua criação. Esse Decreto restabeleceu a Justiça Eleitoral uma vez que revogou o Dec.-lei 37, de 02.12.1937, que extinguiu os partidos políticos (art. 142), e regulou em todo o País o alistamento eleitoral e as eleições.

Com efeito, a Lei Agamenon atribuiu competência normativa ao TSE para "expedir as instruções que julgar convenientes à execução desta lei" (art. 9.º, g), bem como para baixar instruções "regulando os casos omissos" (art. 144).

Sob a égide do Código Eleitoral de 1950, na sessão de 13.09.1959, o então Presidente do TSE, Min. Nélson Hungria, assentou que a função normativa da Justiça Eleitoral tem em mira "garantir o exercício dos direitos políticos e a vitalidade do regime democrático" (Consulta 1.745/AM, rel. Min. Idelfonso Mascarenhas da Silva, de 13.11.1959).

Com o advento da Lei 7.664, de 29.06.1988, estabelecendo normas para a realização das eleições municipais de 15 de novembro do mesmo ano, ou seja, uma norma infraconstitucional regulando eleições que se travariam após a promulgação da Constituição de 15.10.1988, manteve-se a competência normativa do TSE em regras de transição para a nova ordem constitucional, assim fixadas:

"Art. 38. O Tribunal Superior Eleitoral – TSE expedirá instruções para o fiel cumprimento desta lei, inclusive adaptando, naquilo em que ela for omissa, aos dispositivos constitucionais, as regras para as eleições deste ano.

Art. 39. O Tribunal Superior Eleitoral – TSE poderá complementar o disposto nesta lei, através de Instrução Normativa, sobretudo para cumprimento do que for estabelecido na nova Constituição Federal a ser promulgada pela Assembleia Nacional Constituinte".

Do mesmo modo, as normas que disciplinaram as eleições seguintes, Leis 8.214/1999, 8.713/1993 e 9.100/1995, denominadas "Leis do Ano", também mantiveram a mesma competência regulamentar da Justiça Eleitoral.

Portanto, a função normativa da Justiça Eleitoral é aquela exercida pelo TSE, no uso de seu poder regulamentar, por meio de regulamentos autônomos e independentes impregnados de abstratividade, impessoalidade e generalidade, com força de lei ordinária federal. Por essas características, esses regulamentos são aptos a instaurar o controle abstrato de constitucionalidade, concentrado no STF.

5.1.2 Fundamento legal

Atualmente, a atividade normativa do TSE está positivada na legislação eleitoral brasileira, que atribui a esse órgão competência para expedir instruções de caráter normativo com o objetivo precípuo de regulamentar, organizar e executar as eleições, com toda dinâmica que requer o processo eleitoral.

O art. 1.º, parágrafo único, combinado com o art. 23, IX, ambos do Código Eleitoral (Lei 4.737/1965), o art. 105 da Lei das Eleições (Lei 9.504/1997) e o art. 61 da Lei dos Partidos Políticos (Lei 9.096/1995) estabelecem competência privativa ao TSE para expedir as instruções que julgar convenientes à fiel execução dos referidos diplomas normativos.

Afirmam, ainda, o poder regulamentar da Justiça Eleitoral o art. 27 da Lei 6.091/1974, que dispõe sobre o fornecimento de transporte, em dias de eleição, a eleitores residentes nas zonas rurais, e o art. 18 da Lei 6.996/1982, que dispõe sobre a utilização de processamento eletrônico de dados.

De outro lado, os TREs possuem competência para "cumprir e fazer cumprir as decisões e instruções do Tribunal Superior", nos termos do art. 30, XVI, do Código Eleitoral. Com base no referido dispositivo, as Corte Regionais têm expedido resoluções para viabilizar eleições suplementares, ordenadas pelo Tribunal Superior, geralmente em processos de execução de julgado que tramitam na presidência da Corte.

Como se observa, a competência regulamentar dos Tribunais Regionais é limitada ao cumprimento de decisões da Corte Superior, que, por seu turno, possui um poder normativo com raízes mais sólidas na legislação especial. Desse modo, falece competência aos TREs para expedir resoluções de caráter normativo, conforme será examinado no capítulo 7.

5.1.3 Base constitucional

Inicialmente, cumpre relembrar que as leis e os atos normativos anteriores, pré-constitucionais, ou seja, que tiveram a sua vigência antes do advento de determinada ordem constitucional, não podem sofrer a pecha de inconstitucionalidade em face da Constituição futura. Uma Constituição superveniente, quando não compatível com normas anteriores, não torna essas normas inconstitucionais mas, sim, revoga-as.

Essa é a orientação dominante no Direito brasileiro que dimana do STF, a partir do julgamento da ADI 2/DF, rel. Min. Paulo Brossard, assim ementada:

"A lei ou é constitucional ou não é lei. Lei inconstitucional é uma contradição em si. A lei é constitucional quando fiel à Constituição; inconstitucional na medida em que a desrespeita, dispondo sobre o que lhe era vedado. O vício da inconstitucionalidade é congênito à lei e há de ser apurado em face da Constituição vigente ao tempo de sua elaboração. Lei anterior não pode ser inconstitucional em relação à Constituição superveniente; nem o legislador poderia infringir Constituição futura. A Constituição sobrevinda não torna inconstitucionais leis anteriores com ela conflitantes: revoga-as. Pelo fato de ser superior, a Constituição não deixa de produzir efeitos revogatórios. Seria ilógico que a lei fundamental, por ser suprema, não revogasse, ao ser promulgada, leis ordinárias. A lei maior valeria menos que a lei ordinária. Reafirmação da antiga jurisprudência do STF, mais que cinquentenária. Ação direta de que se não conhece por impossibilidade jurídica do pedido".

O Código Eleitoral vigente, de 1965, na parte que disciplina a organização e a competência da Justiça Eleitoral foi recepcionado pela Constituição de 1988 como lei complementar em sentido material. Isso significa que o art. 23, IX, que fixa a competência regulamentar do TSE, integra a parte recebida pela Lei Maior.

Em caso paradigmático julgado no STF, na Sessão Plenária de 04.10.2007, a Min. Cármen Lúcia assentou que, embora uma resposta do TSE à consulta eleitoral não tenha natureza jurisdicional nem efeito vinculante, "o Código Eleitoral (Lei 4.737, de 15.07.1965), no ponto em que disciplina a organização e a competência da Justiça Eleitoral, foi recepcionado pela Constituição de 1988 como lei material complementar, nesta parte incluído o seu art. 23 (...)", que estabelece as competências privativas do TSE (MS 26.604/DF, rel. Min. Cármen Lúcia).

Naquela assentada, o Min. Marco Aurélio, ao examinar a questão preliminar, ressaltou que "cabe distinguir, na competência privativa do TSE, a regulamentação, que aí, sim, é exclusiva, específica, do Código Eleitoral e legislação comum. O preceito cogita realmente da expedição de instruções que julgar conveniente e execução do Código, das respostas sobre matéria eleitoral/gênero – pouco importando a origem da disciplina, se constitucional e legal –, da resposta a consultas".

O Min. Sepúlveda Pertence, ao analisar a recepção do Código Eleitoral, no ponto que disciplina a organização e competência dos tribunais eleitorais, assentou, em julgado do TSE:

"Não importa que, hoje, dado o art. 121 da Constituição de 1988, o mesmo tema – organização e competência dos tribunais, dos juízes de direito e das juntas eleitorais – se tenha alçado a matéria da lei complementar: é axiomático que não há inconstitucionalidade formal superveniente, de modo que sempre se tem entendido que a norma ordinária e anterior à Constituição, que tenha reservado a matéria à legislação complementar, com a força desta pode ser recebida pela ordem nova, se, substancialmente, com ela não for incompatível. Por isso, até que sobrevenha a lei complementar prevista no art. 121 da CF, continuamos observando, como parâmetro de competência deste Tribunal e dos demais órgãos da Justiça Eleitoral, a disciplina do Código Eleitoral a respeito" (MS 1.501/RS, rel. Min. Sepúlveda Pertence, de 02.02.1992).

Outro importante precedente é o REspE 12.641/TO, de relatoria do Min. Costa Leite, julgado na Sessão de 29.02.1996. Naquela assentada, o TSE reafirmou que "a matéria relativa à organização dos tribunais eleitorais disciplinada no Código Eleitoral, foi recepcionada, com força de lei complementar, pela vigente Constituição, firmando-se a jurisprudência do TSE".

Não custa relembrar, por oportuno, que a Lei 7.664, de 29.06.1988, a qual estabeleceu normas para a realização das eleições municipais de novembro do mesmo ano, regulou o pleito ocorrido após a promulgação da Constituição de outubro de 1988 e manteve atribuição normativa do TSE para expedir "instruções para o fiel cumprimento desta lei, inclusive adaptando, naquilo em que ela for omissa, aos dispositivos constitucionais, as regras para as eleições deste ano", bem como para "complementar o disposto nesta lei, através de Instrução Normativa, sobretudo para cumprimento do que for estabelecido na nova Constituição Federal a ser promulgada pela Assembleia Nacional Constituinte" (arts. 38 e 39).

Esse dado histórico demonstra que não foi intenção do Congresso Nacional de 1988 suprimir o poder normativo da Justiça Eleitoral. Ao contrário, essa atividade legiferante do TSE estava expressamente fixada nos arts. 38 e 39 da Lei 7.664/1988, com força extraordinária, e, nessa linha interpretativa, forçoso concluir que o art. 23, IX, do Código Eleitoral de 1965 foi recebido pela Constituição Federal de 1988 como lei material complementar, até que seja atendido o comando do art. 121, *caput*, da mesma Carta.

Por fim, um ponto que merece absoluto destaque é o fato de que o STF jamais questionou, sob o ângulo formal, a competência do TSE para expedir resoluções autônomas, o que corrobora a constitucionalidade desse poder normativo, dentro de certos limites legais.

Na maioria das vezes, quando a Suprema Corte revolve processar e julgar uma representação de inconstitucionalidade contra resolução eleitoral, sempre decide sob o ângulo material, ou seja, se o ato impugnado colide ou não com a Constituição material. No entanto, nunca – repise-se – o STF declarou vício de inconstitucionalidade formal por ausência da atribuição do TSE para expedir atos regulamentares normativos, impregnados de abstratividade, generalidade e impessoalidade.[3]

5.1.4 Direito estrangeiro

Além do Brasil, alguns poucos países possuem em seu sistema eleitoral órgãos de administração eleitoral com poderes para editar regulamentos que complementem a legislação primária existente.

---

3. As resoluções normativas são objeto de melhor aprofundamento no item 5.3.1, que cuida da tipologia das resoluções eleitorais.

Na maioria das vezes, não há distinção clara na lei eleitoral ou na prática entre os poderes e funções de um órgão eleitoral. Em algumas leis eleitorais, todas as competências são chamadas de poderes. Em outras tantas, os poderes e funções são referidos em conjunto e, em outros, como na Bósnia e Herzegovina, a lei se limita a enumerar as atividades que o seu órgão eleitoral deve executar.

Nos Estados Unidos da América, onde não há uma Justiça Eleitoral, o processo eleitoral é disciplinado por normas estaduais e federais. No âmbito federal, a *Federal Election Commission*[4] encarrega-se de cuidar do financiamento eleitoral, enquanto, nos Estados-membros, a multiplicidade dos sistemas de controle é fruto de sólida autonomia historicamente conquistada no pacto federalista.[5] Assim, no Estado da Califórnia, por exemplo, a administração das eleições cabe ao Executivo, por meio da *Secretary of State's Elections Division* e às repartições eleitorais dos condados, as *County Elections Office*, são incumbidas do contato direto com os eleitores e de "receber os formulários preenchidos para o alistamento dos eleitores do condado".[6]

Na França, embora não se tenha uma Justiça Eleitoral especializada, nas Eleições Gerais, o *Conseil Constitutionnel* assume verdadeiro papel de TSE na administração do pleito, inclusive com um procedimento específico em matéria eleitoral, conforme examinou Biroste.[7] Assim, nos termos do art. 58 da Constituição francesa, "o Conselho Constitucional cuida da regularidade da eleição do Presidente da República, examina as reclamações e proclama o resultado da votação", entre outras atribuições eleitorais.

Em obra especializada sobre tema, intitulada *O conselho constitucional, juiz eleitoral*,[8] Jean-Pierre Camby, professor da Universidade de Paris I (*Panthéon-Sorbonne*), registrou que, em 1997, o Conselho Constitucional modificou o seu regimento interno, para regulamentar um procedimento para a conclusão de instrução em matéria eleitoral. No entanto, este procedimento, embora útil para as partes, apresentou desvantagens significativas, como incentivar a apresentação de memoriais, na undécima hora, com objeções formais de toda sorte. Mas quan-

---

4. WALKER, David B. *The rebirth of federalism*. 2. ed. New York: Seven Bridges Press, 1995, p. 304.
5. "Federalism refers to the multifaceted political power relationships beteween governments within the same geographical setting." GERSTON, Larry N. *American Federalism*. New York: M. E. Sharpe, 2007, p. 5.
6. TELLES, Olívia Raposo da Silva. *Direito eleitoral comparado: Brasil, Estados Unidos e França*. São Paulo: Saraiva, 2009. p. 274.
7. BIROSTE, D. Le respect des garanties du procès équitable par le Conseil constitutionnel en matière électorale. *Tribune du Droit Public*. Tours: Université de Tours Press, 2000. p. 209.
8. CAMBY, Jean-Pierre. *Le conseil constitutionnel, juge électoral*. 5. ed. Paris: Dalloz, 2009.

do o requerente não apresentar nenhuma evidência, com valor probatório, a sua contestação permanecerá pendente no Conselho Constitucional.[9]

Sobre o poder regulamentar, o autor explica que as seções, compostas por três membros do Conselho, ou o próprio Conselho Constitucional, são competentes para ordenar aos relatores adjuntos, instruções adicionais (*suppléments d'instruction*) sobre um ou mais pontos especificamente mencionados no suplemento.

Estes suplementos podem ser determinados a pedido de um partido, ou porque ele aparece na seção, não raro por sugestão do relator adjunto, e, muitas vezes eles são obrigados a rever o caso, por uma queixa ou argumento da defesa. Em seguida, a seção pode definir, com precisão, o escopo da instrução adicional expedida, como, por exemplo, para determinar a data e hora exata da proclamação dos resultados da eleição, em uma determinada circunscrição, para estabelecer a existência ou não de uma dupla candidatura, provocando a remoção de uma lista eleitoral.[10]

Por fim, é importante esclarecer que as regras e procedimentos que regem as sessões plenárias do *Conseil Constitutionnel*, em matéria eleitoral, não se distinguem daquelas aplicadas em outras sessões, senão pela presença e figura do relator adjunto.[11] Assim, como bem observou Bruno Daugeron em sua tese *La notion*

---

9. "En 1997, le Conseil Constitutionnel avait envisagé la modification de son règlement intérieur, de manière à mettre en place une procédure de clôture d'instruction. Toutefois, cette procédure, si elle peut fournir une information supplémentaire utile aux parties, présente des inconvénients non négligeables: elle incite à la fourniture de mémoires au dernier moment, elle peut susciter des contestations, elle est difficilement compatible avec l'absence d'instruction de certaines requêtes. (...) Toutefois, ce cas de figure, explicable par le fait que le requérant ne fournit aucun commencement de preuve étayant sa contestation du compte, demeure exceptionnel au Conseil constitutionnel: dès lors que le compte de campagne este contesté, le requèrant est, dans la plupart des cas, habilité à le consulter." Idem, p. 17.

10. "Les sections comme le Conseil lui-même sont compétents pour ordonner aux rapporteurs adjoints des suppléments d'instruction sur un ou plusieurs points alor précisément mentionnés dans le supplément. Ces suppléments peuvent être décidés soit à la suite d'une demande d'une des parties, soit parce qu'il apparaît à la section, parfois sur la suggestion du rapporteur adjoint, qu'ils sont nécessaires à l'examen du dossier, qu'il s'agisse d'un grief ou d'un argument en défense (Décis. n. 58-36 du 23 déc, 1958, AN, Seine, 1. circ., CCP, Rec. Cons. const., p. 90; n. 58-71/104 du 12 janv. 1959, AN, Aube, 3. circ., CCP, ibid., p. 134; n. 88-1081 du 21 oct. 1988, AN, Isère, 9.º circ., ibid., p. 181; n. 97-2113 du 20 févr. 1998, AN, Paris, 2. circ.). La section définit alors précisément le champ du supplément d'instruction qu'elle ordonne, par exemple pour déterminer la date et l'heure exactes de la proclamation des résultats de l'élection dans une circonscription (Décis. n. 73-712 du 1.º oct. 1973, AN, Paris, 27 circ., Rec. Cons. const., p. 155), pour établir l'existence ou non d'une double candidature, à l'origine de l'élimination d'une liste". CAMBY, Jean-Pierre. Op. cit., p. 17-18.

11. "Les règles régissant les séances plénières du Conseil en matière électorale ne se distinguent donc pas de celles qui s'appliquent aux autres séances, sinon par le seule présence du rapporteur adjoint." Idem, p. 23.

d'élection en droit constitutionnel, na frança, a função legislativa pode ser exercida por um ou vários órgãos totalmente ou parcialmente não eleito.[12]

No Japão, por exemplo, as eleições são supervisionadas por comitês eleitorais, em cada nível administrativo, sob controle e direção geral do Conselho Central de Administração das Eleições, departamento especial do Ministério dos Assuntos Internos e das Comunicações (MAIC/SOMUSHO),[13] com certos poderes regulamentares. Em fevereiro de 2012, tivemos a oportunidade de integrar a delegação do Brasil, liderada pelo então Presidente do TSE, Min. Ricardo Lewandowski, que, à convite da Suprema Corte japonesa, realizou missão oficial para troca de experiências em matéria eleitoral.

A multiplicidade de modelos de orgãos eleitorais existentes no mundo revela a dificuldade em se traçar uma linha precisa entre as diversas atividades desempenhadas, como a legislativa ao editar normas, orientações ou determinações que afetam os direitos e as atividades dos indivíduos, baixando regulamentos para as disputas eleitorais.

Com efeito, diversos organismos de gestão eleitoral têm poderes para fazer normas, regulamentos e determinações que são obrigatórias para todos os atores do processo eleitoral: eleitores, partidos políticos e candidatos, a mídia e os observadores, desde que essas regras, regulamentos e determinações estejam consentâneas com a legislação de regência e a Constituição do respectivo País.

Desse modo, alguns órgãos de gestão eleitoral exercem Poderes Executivo, Legislativo e Judicial. Isso é fundamental para se reduzir a influência e dominância do Executivo na condução do processo eleitoral. Daí por que em países como a Costa Rica e Uruguai, os respectivos órgãos eleitorais – de tão independentes – ficaram conhecidos como um quarto poder, ou função do poder do Estado.

Nesse sentido, Carlos Alberto Urruty, ex-presidente da Corte Eleitoral do Uruguai, explica o *status* de quarto poder atribuído àquele órgão eleitoral. Durante o Seminário Internacional sobre Reforma Política, na Universidade de Buenos Aires, afirmou que, no Uruguai, existe, desde 1924, um órgão autônomo, fundado pela Constituição, como um quarto ramo do poder governamental e que esse órgão, portanto, tem a sua certidão de nascimento cravada na Constituição da República.

Na oportunidade, sustentou que não se pode chamar de poder: (i) um órgão cuja existência dependa de legislação ordinária; (ii) que a sua competência não esteja atribuída pela Constituição; (iii) que as suas decisões possam ser revogadas

---

12. *La fonctions législative peut être exercée par un ou plusieurs organes totalement ou partiellement non elús.* DAUGERON, Bruno. *La notion dtédtion d en droit constitutionnel: contribution à une thne th juridique de lde liquei de liqueidu droit public françran*. Paris: Dalloz, 2011. p. 151.
13. JAPÃO. Ministério de Assuntos Internos e das Comunicações. Disponível em: [http://soumu.go.jp/english/soumu/io.html]. Acesso em: 23.06.2013.

ou alteradas por qualquer órgão integrante de outro poder; e (iv) que tem sido atribuída a prática predominante das funções jurídicas do Estado.

Argumentou que o Tribunal Eleitoral foi criado em uma seção da Constituição intitulada "Da Justiça Eleitoral" e que a sua principal responsabilidade é decidir, em última instância, todos os recursos e reclamações a ocorrer e ser juiz da eleição de todos os cargos eletivos, atos de plebiscito e referendo. Observou que o constituinte uruguaio confiou a matéria eleitoral a uma Justiça independente e especializada pela matéria, independentemente da existência do STF, dos tribunais que compõem o Judiciário, a justiça contenciosa administrativa confiada ao Tribunal Administrativo.

No final, Urruty concluiu que o princípio da separação de Poderes se mantém em pleno vigor, mas não se limita aos três Poderes clássicos reconhecidos expressamente na Constituição uruguaia, mas se estende, também, a outros sistema orgânico dotado, pelo mesmo constituinte, de todos os atributos necessários para configurar um quarto Poder de Governo, que, no caso, é a *Corte Electoral de la República Oriental del Uruguay*.[14]

---

14. "En Uruguay existe desde 1924 un órgano autónomo, creado al margen de la Constitución, como un cuarto poder de gobierno (...). La doctrina exige el cumplimiento de los siguientes requisitos para reconocer que nos encontramos en presencia de un Poder de Gobierno: (a) que el órgano o sistema orgánico tenga su título de nacimiento en la Constitución de la República. Como le enseñó mi recordado profesor Justino Jiménez de Aréchaga, no se puede llamar poder (a) un órgano cuya existencia está dependiendo de la ley ordinaria; (b) que su competencia se encuentre asignada en la propia Constitución; (c) que sus decisiones no puedan ser revocadas o reformadas por ningún órgano integrante de otro Poder; (d) que se le haya atribuído el ejercicio predominante de una de las funciones jurídicas del Estado. En mi opinión se configuran todos estos requisitos respecto a la Corte Electoral. Se ha sostenido que no posee el ejercicio predominante de ninguna de las funciones estatales. Quienes lo afirman no reparan, a mi juicio, en que la Corte Electoral es creada en una Sección de la Constitución cuyo título es 'De la Justicia Electoral' y que su principal atribución es la de decidir en última instancia sobre todas las apelaciones y reclamos que se produzcan y ser juez de las elecciones de todos los cargos electivos, de los actos de plebiscito y referendum. Resulta claro que el órgano creado por el Constituyente es un órgano destinado a juzgar y que su función primaria, que ejerce en forma predominante, es la jurisdiccional. ¿Qué es lo que determina su especialidad orgánica?. La materia sobre la cual está llamada a expedirse. Lo relevante a efectos de saber si el conocimiento de un acto jurídico cae bajo la competencia privativa y excluyente de la Corte Electoral es determinar si ese acto está relacionado con la elección, el plebiscito o el referendum. Vale la pena señalar, al pasar, que el constituyente uruguayo reconoció expresamente la categoría de los 'actos electorales' cuya existencia ha motivado extensa discusión en la doctrina del derecho constitucional y administrativo. Es indudable que el constituyente optó por atribuir la facultad de juzgar la materia electoral a un órgano de justicia independiente y especializado. Por consiguiente, en el Uruguay la función jurisdiccional aparece encomendada a tres sistemas orgánicos independientes cuya competencia se delimita en razón de materia. Existe una justicia

No caso da Costa Rica, o Tribunal Supremo de Elecciones (TSE) foi estabelecido como um órgão independente, em 1946. Antes disso, a administração eleitoral estava sob o crivo do Executivo, por meio da Secretaria de Assuntos Internos. Após, a Corte foi incorporada à nova Constituição de 1949 como um órgão constitucional com plenos poderes para administrar as eleições e, desde então, tornou-se uma das instituições de maior prestígio naquele país.

Regulado pelo art. 99 e ss. da Constituição, pela Lei Orgânica 3.504 e pela Lei Eleitoral 1.536, o TSE costarriquenho é composto regularmente de três juízes e seis substitutos, os quais devem possuir mais de 35 anos, ter pelo menos dez anos de prática profissional. A nomeação desses juízes é feita por dois terços dos membros do Supremo Tribunal de Justiça e estão sujeitos às mesmas imunidades e responsabilidades como os juízes do STF. Com mandato de seis anos, renováveis por mais seis, um juiz do TSE/CR só pode ser destituído do cargo por decisão de dois terços dos membros do Supremo Tribunal de Justiça, em razão de conduta incompatível com o exercício do cargo.

Competente para organizar e supervisionar todos os pleitos, incluindo as eleições presidenciais, legislativas e autárquicas a Corte Eleitoral costarriquenha possui poderes e suas principais funções são: (i) organizar e supervisionar todas as eleições; (ii) registrar os partidos políticos de acordo com as disposições da Constituição e da Lei Eleitoral; (iii) monitorar a organização e funcionamento dos partidos políticos. Inclusive o seu financiamento; (iv) realizar, organizar e manter o cadastro eleitoral; (v) monitorar as campanhas políticas e estabelecer normas e regulamentos que regem a política eleições e os partidos políticos; e (vi) determinar os limites dos distritos eleitorais.

Na parte que interessa ao presente estudo, a Constituição estabelece que o TSE/CR é responsável pela interpretação autêntica de todas normas constitucionais e infraconstitucionais sobre as eleições. Isso significa que a Lei Maior confere ao TSE/CR, competência constitucional para legislar sobre eleições.

A propósito, a semelhança entre os TSEs brasileiro e costarriquenho não passou despercebida pelo STF do Brasil. No julgamento da ADI 2.628/DF, o Min. Sepúlveda Pertence lembrou julgado do TSE e registrou o seguinte:

> ordinaria a cargo de la Suprema Corte de Justicia, Tribunales y Juzgados que integran el Poder Judicial; una justicia contenciosa-administrativa encomendada al Tribunal de lo Contencioso Administrativo y los órganos que le están subordinados y una justicia electoral reservada a la Corte Electoral. El principio de separación de Poderes conserva plena vigencia, pero no se encuentra limitado a los tres Poderes clásicos reconocidos a texto expreso como tales en la Constitución de la República, sino que alcanza, también, a sistemas orgánicos dotados por el propio constituyente de todos los atributos exigibles para configurar un Poder de Gobierno." URRUTY, Carlos Alberto. La organización electoral en el Uruguay. Observatorio Electoral Latinoamericano, 2002. Disponível em: [http://observatorioelectoral.org/biblioteca/?bookID=12&page=2]. Acesso em: 29.05/2003.

"O juízo de conveniência, confiado ao TSE, tem por objeto a expedição ou não de instrução, não o seu conteúdo.

Este, destinado à execução do Código – e, obviamente, a todo o bloco da ordem jurídica eleitoral –, está subordinado à Constituição e à lei.

É verdade – além de explicitar o que repute implícito na legislação eleitoral, viabilizando a sua aplicação uniforme – pode o Tribunal colmatar-lhe lacunas técnicas, na medida das necessidades de operacionalização do sistema gizado pela Constituição e pela lei.

Óbvio, entretanto, que não as pode corrigir, substituindo pela de seus juízes a opção do legislador, por isso, não cabe ao TSE suprir lacunas aparentes da Constituição ou da lei, vale dizer o 'silêncio eloquente' de uma ou de outra.

A Constituição da Costa Rica de 1949, ao que suponho, o primeiro país – depois do Brasil, em 1932 –, a entregar a um Tribunal o comando do processo eleitoral, foi mais longe que nós: não criou para o mister um tribunal superior – sujeito, portanto à jurisdição da Suprema Corte – mas, sim, o Tribunal Supremo de Elecciones (art. 99 e ss), cujas decisões, por conseguinte, 'no tienen recurso, salvo la acción por prevaricato' (art. 103).

Ao seu TSE, supremo, a Constituição da Costa Rica outorgou também poder normativo, competindo-lhe 'interpretar en forma exclusiva y obligatoria las disposiciones constitucionales y legales referentes a la materia electoral' (art. 102,3): porque adstrito, porém, à interpretação da Constituição e das leis, esse poder normativo – embora supremo na órbita judicial – não obstante, também não é primário, mas secundário, posto que subordinado às normas superiores que interpreta, mas não pode alterar.

Certo, quando se confere a determinado órgão estatal o poder de interpretar as normas superiores e, consequentemente de criar a norma inferior com força obrigatória e incontrastável, é inelidível a conclusão de Kelsen de que 'nunca pode existir qualquer garantia absoluta de que a norma inferior corresponde à norma superior', e que, portanto, 'a decisão de um tribunal de última instância não pode ser considerada como sendo antijurídica na medida em que se tem de ser considerada como uma decisão de tribunal. É fato que decidir se existe uma norma geral que tem de ser aplicada pelo tribunal e qual é o conteúdo dessa norma são questões que só podem ser respondidas juridicamente por esse tribunal (se for um tribunal de última instância)'; mas – adverte em seguida o mestre da escola de Viena – 'não justifica a suposição de que existem normas gerais determinando as decisões dos Tribunais, de que o Direito consiste apenas em decisões de Tribunais.

É dizer que, da incontrastabilidade de sua interpretação – da qual dispõe o TSE costa riquenho e de que, em grau inferior, dispomos nós, sujeitos unicamente à censura constitucional da Suprema Corte –, não se extraia dispensa do dever de fidelidade à norma superior à qual estamos vinculados.

Fidelidade, é certo, que não exonera os juízes da 'triste responsabilidade de errar por último' a que aludiu Ruy, porque podem errar sem sanção: o que, entretanto, não escusa o 'erro consciente'" (Consulta 715/DF, de 26.02.2002).[15]

Ademais, importa destacar que não cabe recurso contra as decisões e resoluções do TSE/CR. Durante os três meses de período de campanha eleitoral, o Tribunal assume o controle da guarda civil (parte das forças de segurança interna). Desta forma, as eleições livres são garantidas, sem nenhuma interferência de autoridades políticas.

Sobre o princípio da anterioridade, o Congresso não pode aprovar nenhuma lei sobre matéria eleitoral seis meses antes do dia da votação, ou mais de seis meses após o dia da votação. Entretanto, o TSE/CR deve ser previamente consultado sobre cada proposta de legislação sobre matéria eleitoral, sob pena de nulidade absoluta da lei. Contudo, dentro de uma visão de freio e contrapesos, caso o Tribunal seja contrário a certo projeto de lei encaminhado, a Assembleia Legislativa pode aprová--lo por maioria de dois terços dos seus membros.

Assim, a independência é um requisito básico para que um órgão eleitoral tenha poderes regulamentares de revisão normativa ou de preenchimento das lacunas existentes na lei. Para organismos governamentais, essa função pode ser realizada pelo ministério no qual o órgão eleitoral está vinculado. Tais regulamentações, na maioria dos países, estão sujeitas a uma revisão, geralmente por um Tribunal ou Corte Constitucional, para aferir se os regulamentos estão dentro dos poderes do órgão eleitoral que o editou.

Validamente, esses organismos eleitorais podem editar regulamentos, orientações e revisões de normas que vinculam os processos eleitorais e as suas decisões jurisdicionais não podem ser revistas por qualquer outro ramo do Executivo ou Legislativo. Eles também possuem poderes executivos para chamar e conduzir as eleições, para certificar ou anular os resultados das eleições e para resolver disputas eleitorais.

Na Itália, a Corte Constitucional possui uma função regulamentar quando aprovado pela maioria de seus membros. Ao examinar a questão, Giuseppe Giuliani assentou que esses regulamentos se incluem na grande categoria de lei, em sentido material.[16]

Em precioso estudo publicado pelo Instituto Internacional para Democracia e Assistência Eleitoral (IDEA),[17] colhe-se que os regulamentos baixados pelos

---

15. ADI 2.628/DF, rel. Min. Sydney Sanches, de 18.04.2002, p. 659-661.
16. "Non ci lembre dubbio trattarsi di norme giuridiche, in quanto esse traggono lo loro forza de una delega legislativa espressa. Esse rientrano, secondo noi, nella grande categoria delle leggi in senso materiale." GIULIANI, Giuseppe. *La Corte Costituzionale: attribuzioni, il processo costituzionale, rassegna sistematica di giurisprudenza*. Milano: Giuffrè, 1962, p. 32.
17. AYOUB, Ayman; DUNDAS, Carl; ELLIS, Andrew; RUKAMBE, Joram; STAINO, Sara; WALL, Alan. *Electoral Management Design: The International IDEA Handbook*. Stockholm, Sweden: International Institute for Democracy and Electoral Assistance, 2006. 391 p.

órgãos eleitorais estão sujeitos à revisão judicial por eventual conflito com as leis ou com a Constituição. Segundo a publicação, em países como Fiji, Gâmbia e Iêmen, os órgãos eleitorais têm poderes regulamentares incluindo a realização de eleições. No Iêmen, por exemplo, pode-se iniciar legislação secundária, enquanto em muitos países, organismos de gestão eleitoral podem fazer regulamentos ou emitir proclamações.

Na Namíbia, o órgão eleitoral tem o poder de emitir proclamações que, por lei, devem ser oficialmente publicadas e que abrangem questões como o código de conduta, algumas questões processuais sobre o recenseamento eleitoral, e os partidos políticos e divulgação de doações estrangeiras. Na Indonésia, o órgão eleitoral tem poderes regulamentares específicos em algumas áreas críticas, incluindo a delimitação de fronteira, o recenseamento eleitoral, registro de candidato, a conduta das campanhas eleitorais, financiamento de campanha, e os processos de votação.[18]

Assim, muitos organismos de gestão eleitoral têm poderes para formular políticas e diretrizes administrativas, por meio de regulamentos, sobre questões operacionais internas, tais como suas relações com os seus próprios funcionários (em questões como igualdade de gênero, a ação afirmativa, gerenciamento de desempenho e desenvolvimento pessoal) e com as partes interessadas externas. Estes agentes externos incluem órgãos do Executivo, Legislativo e organismos como as organizações da sociedade civil, setores da mídia e os partidos políticos.

Por outro lado, observa-se que alguns organismos de gestão eleitoral têm Poderes que combinam funções executivas e judicantes. Assim, em países como Camarões, Camboja, Romênia, Papua Nova Guiné, Filipinas os orgãos eleitorais têm poderes para investigar e, se for o caso, processar as violações das leis eleitorais.[19]

Desse modo, conforme singelamente demonstrado, o poder regulamentar da Justiça Eleitoral brasileira encontra paralelo em outros países, sempre com o mesmo objetivo de organizar, executar e regulamentar as eleições livres e justas, de forma independente e com a menor interferência possível do Executivo e Legislativo na condução do processo eleitoral.

5.2 Manifestação do poder normativo

O poder normativo e regulamentar da Justiça Eleitoral manifesta-se por meio dos processos autuados na classe "instrução", nos feitos administrativos, nas demandas jurisdicionais, nas consultas, sob o título "resolução", nos regimentos, nos provimentos e nas portarias internas baixadas pelos Tribunais, com o objetivo de nortear o funcionamento da máquina eleitoral.

---

18. Idem, p. 50.
19. Idem, p. 62.

5.2.1 Instruções eleitorais

Ao descrever a primeira lei eleitoral brasileira, de 19.06.1822, Manoel Rodrigues Ferreira explica que "devemos observar, entretanto, que os sistemas eleitorais adotados naqueles tempos eram denominados Instruções, para a realização de eleições. Tudo se resume numa simples questão de nomes: o que naquela época se denominava Instruções, hoje chama-se lei eleitoral".[20]

Na história política brasileira, essas instruções eleitorais sempre foram reconhecidas pelo Legislativo como leis em sentido material. Durante os debates no Congresso Nacional de 1935, os deputados discutiam se um determinado modelo da folha de apuração das eleições poderia ser aprovado ou não, independentemente das instruções do TSE.

Na ocasião, o deputado Moraes Andrade lembrou: "São das Instruções do TSE que fazem lei", e o deputado Barreto Campelo emendou:

"É certo que, pelo regime no Código Eleitoral, com ou sem instruções, essa complicação não devia existir, porque, afinal, que são instruções de apuração? São mandamentos no sentido de uma melhor execução da lei eleitoral; e, positivamente, esses complicados modelos de folhas de apuração não são para melhorar e sim para dificultar a execução da lei. Vamos, pois, corrigir o erro se erro houve".[21]

Assim, com raízes históricas bem assentadas, a cada dois anos o TSE expede instruções para a realização das eleições gerais e municipais, com base, agora, no art. 23, IX, do Código Eleitoral e no art. 105 da Lei das Eleições. Tradicionalmente, essas instruções são baixadas por meio de resoluções, que, na jurisprudência histórica do TSE, possuem caráter regulamentar ou natureza normativa, com força de lei.

Na sessão de 24.04.1952, no julgamento do Recurso 1.943/RS, de relatoria do Min. Pedro Paulo Penna e Costa, o TSE assentou que suas resoluções têm força de lei geral e que a ofensa à sua letra expressa autoriza recurso especial. No voto condutor, restaram consignados os seguintes fundamentos:

"Se aquele deu competência ao Tribunal Superior para expedir as instruções que julgar convenientes ao seu cumprimento, bem como lhe facultou adotar, ou sugerir ao Governo, providências para a execução do serviço eleitoral, notadamente para que se realizem as eleições nas datas fixadas em lei (...).

Tais normas, até por complementares, devem ser, necessariamente, obrigatórias, ou consagrariam a desmoralização da Justiça Eleitoral.

---

20. FERREIRA, Manoel Rodrigues. *A evolução do sistema eleitoral brasileiro*. 2. ed. Brasília: TSE, 2005. p. 81.
21. *Diário do Poder Legislativo*, Estados Unidos do Brasil, Ano II, n. 42. p. 1202. Rio de Janeiro, 20.02.1939.

Inadmissível, por isso, conceber-se, mesmo tacitamente, que o legislador, cuja sabedoria se presume, tivesse podido ter em mente destinar à ineficácia instruções cuja expedição ele próprio recomendava, ou não tivesse previsto que, à míngua de compulsório, ou recurso, ficariam desatendidas, toda vez que contrariassem a uma insuperável dificuldade partidária" (Recurso 1.943/RS, rel. Min. Pedro Paulo Penna e Costa).

Sepúlveda Pertece, ao examinar o art. 23, IX, do Código Eleitoral, sentenciou:

"Competência normativa, sim. A meu ver, contrariamente ao que acaba de afirmar, com o brilho de sempre, o Min. Celso de Mello, trata-se de 'norma de decisão' e não de 'decisão sobre normas'.

Por isso mesmo, é mais que cinquentenária no TSE a interpretação do cabimento do Recurso Especial Eleitoral por violação de suas instruções" (ADI 2.626/DF, rel. Min. Sydney Sanches, de 18.04.2002).

Do mesmo modo, no âmbito doutrinário, Roberto Rosas concluiu que o ato de expedir instruções, pelo TSE, está impregnado de caráter normativo, uma vez que essas "resoluções têm força de lei e, quando violadas por decisão dos tribunais regionais, permitem o recurso especial. Essa é uma das fases da competência normativa ou regulamentar do TSE, às vezes até competência legislativa (Constituição, art. 137: divisão eleitoral do País etc.)".[22]

Segundo o regimento interno do TSE, antes de expedir as instruções, a Secretaria do Tribunal deve proceder à entrega de uma cópia da minuta proposta aos ministros, antes da discussão do assunto no Plenário (art. 56). Esse procedimento é fundamental para se garantir uma maior reflexão dos juízes sobre temas tão complexos e, nessa senda, quanto maior a antecedência, melhor será o nível dos debates e contribuição para que as instruções para as eleições sejam regularmente aprovadas em plenário e baixadas sob o *status* de "resolução".

O título de "resolução", nessas hipóteses, é utilizado em sentido normativo e regulamentar próprio, isto é, como um instrumento apto a viabilizar a fiel execução das leis eleitorais, tornando exatos seus termos, ou, em alguns casos, complementando-os, sem, contudo, desbordar os limites fixados nas leis e na Constituição Republicana de 1988.

Nesse sentido, cito o Recurso 5.064/PA, rel. Min. Cordeiro Guerra, de 28.09.1978, em que consta a seguinte ementa: "As resoluções do TSE têm caráter normativo, e, consequentemente não podem ser revistas ou desobedecidas pelos TREs". No voto condutor desse acórdão, observou-se que essas resoluções possuem "natureza administrativa".

---

22. ROSAS, Roberto. Função normativa da justiça eleitoral. *Boletim Eleitoral*. n. 244. Brasília: TSE, 1971. p. 254.

Os citados precedentes não destoam da jurisprudência do STF, que reconhece a determinadas resoluções editadas pelo TSE a natureza de lei em sentido material e, por tal característica, admite que podem ser impugnadas por meio de representação de inconstitucionalidade.

Na Lei 9.504, de 30.09.1997, denominada Lei das Eleições, a atividade normativa do TSE está fixada no art. 105, o qual, em sua redação original estabelecia que "até o dia 5 de março do ano da eleição, o Tribunal Superior Eleitoral, expedirá todas as instruções necessárias à execução desta Lei, ouvidos, previamente, em audiência pública, os delegados dos partidos participantes do pleito". Entretanto, com a minirreforma eleitoral de 2009, por meio da Lei 12.034, o *caput do* referido dispositivo recebeu as seguintes alterações, *in verbis*:

"Art. 105. Até o dia 5 de março do ano da eleição, o Tribunal Superior Eleitoral, atendendo ao caráter regulamentar e sem restringir direitos ou estabelecer sanções distintas das previstas nesta Lei, poderá expedir todas as instruções necessárias para sua fiel execução, ouvidos, previamente, em audiência pública, os delegados ou representantes dos partidos políticos. [Redação dada pela Lei 12.034, de 2009.]

§ 1.º O Tribunal Superior Eleitoral publicará o código orçamentário para o recolhimento das multas eleitorais ao Fundo Partidário, mediante documento de arrecadação correspondente.

§ 2.º Havendo substituição da UFIR por outro índice oficial, o Tribunal Superior Eleitoral procederá à alteração dos valores estabelecidos nesta Lei pelo novo índice.

§ 3º Serão aplicáveis ao pleito eleitoral imediatamente seguinte apenas as resoluções publicadas até a data referida no *caput* [Incluído pela Lei 12.034, de 2009.]".

Desse modo, ante a tensão existente entre o titular da função legislativa e o TSE, o Congresso Nacional decidiu impor certos limites[23] e lembrar ao TSE que o exercício dessa atividade normativa deve sempre atender "ao caráter regulamentar e sem restringir direitos ou estabelecer sanções distintas das previstas nesta Lei" e, de outro lado, fixou que as instruções, se expedidas, devem ter o escopo de resguardar a "fiel execução" da Lei das Eleições.

Em 2010, nas últimas Eleições Gerais, o TSE baixou 22 instruções, sob o título de resolução:

---

23. A questão dos limites do poder normativo da Justiça Eleitoral será examinada em capítulo próprio deste estudo.

O PODER NORMATIVO DA JUSTIÇA ELEITORAL | 127

INSTRUÇÃO	RESOLUÇÃO	EMENTA	Normas Complementares (1)	HISTÓRICO DE ALTERAÇÕES	
				Norma original (2)	Normas alteradoras
	23.331	Dispõe sobre a utilização do horário gratuito de propaganda eleitoral reservado aos candidatos no segundo turno da eleição presidencial de 2010 e aprova o plano de mídia das inserções.			
	23.320	Dispõe sobre a utilização do horário gratuito de propaganda eleitoral reservado aos candidatos à eleição presidencial de 2010 e aprova o plano de mídias das inserções.			
	23.254	Dispõe sobre os modelos de lacres e seu uso nas urnas, etiquetas de segurança e envelopes com lacres de segurança a serem utilizados nas eleições 2010.			
	23.243	Proposta. Alterações. Leiaute. Folha de votação. Eleições 2010. Aprovação.			
452-55.2010.6.00.0000	23.222	Dispõe sobre a apuração de crimes eleitorais.			
11-74.2010.6.00.0000	23.221	Dispõe sobre a escolha e o registro de candidatos nas eleições de 2010.		23.221	23.224

338-19.2010.6.00.0000	23.220	Dispõe sobre o número de membros da Câmara dos Deputados e das Assembleias e Câmara Legislativa para as eleições de 2010.	
296-67.2010.6.00.0000	23.219	Dispõe sobre a instalação de seções eleitorais especiais em estabelecimentos penais e em unidades de internação de adolescentes e dá outras providências.	Protocolo de Cooperação Técnica 3/2010 (7)
39732-67.2009.6.00.0000	23.218	Dispõe sobre os atos preparatórios das eleições de 2010, a recepção de votos, as garantias eleitorais, a justificativa eleitoral, a totalização e a proclamação dos resultados, e a diplomação.	
23-88.2010.6.00.0000	23.217	Dispõe sobre a arrecadação e os gastos de recursos por partidos políticos, candidatos e comitês financeiros e, ainda, sobre a prestação de contas nas eleições de 2010.	Instrução Normativa Conjunta 1.019 (4) Carta-Circular do Banco Central do Brasil 3.436 (5)
22-06.2010.6.00.0000	23.216	Dispõe sobre a arrecadação de recursos financeiros de campanha eleitoral por cartões de crédito.	23.216 — 23.248 23.285 23.309
363-32.2010.6.00.0000	23.215	Dispõe sobre o voto em trânsito na eleição presidencial de 2010.	23.215 — 23.322
12-59.2010.6.00.0000	23.208	Dispõe sobre os procedimentos especiais de votação nas seções eleitorais dos Municípios que utilizarão a biometria como forma de identificação do eleitor.	

O PODER NORMATIVO DA JUSTIÇA ELEITORAL | 129

13-44.2010.6.00.0000	23.207	Dispõe sobre o voto do eleitor residente no exterior, na eleição presidencial de 2010.			23.306 / 23.307
	23.205	Dispõe sobre a cerimônia de assinatura digital e fiscalização do sistema eletrônico de votação, do registro digital do voto, da votação paralela e dos procedimentos de segurança dos dados dos sistemas eleitorais.			
129	23.203	Dispõe sobre os formulários a serem utilizados nas eleições de 2010.	-	-	-
132	23.202	Dispõe sobre as cédulas oficiais de uso contingente para as eleições de 2010.	-	-	-
130	23.193	Dispõe sobre representações, reclamações e pedidos de resposta previstos na Lei 9.504/1997.	-	23.193	23.267 / 23.267 (Republicada por erro material)
128	23.191	Dispõe sobre a propaganda eleitoral e as condutas vedadas em campanha eleitoral (Eleições de 2010).	Portaria Conjunta SRF/TSE 74/2006 (6) / Portaria RFB 94/2010 (3)	23.191	23.246 / 23.329
131	23.190	Dispõe sobre pesquisas eleitorais	-	-	-
127	23.089	CALENDÁRIO ELEITORAL (Eleições de 2010)	-	23.089	23.223 / 23.247
126	22.995	Dispõe sobre os modelos das telas de votação da urna eletrônica nas Eleições de 2010	-	22.995	23.195

Em 2012, nas Eleições Municipais, o Tribunal expediu 14 resoluções para regular o pleito, a saber:

INSTRUÇÃO	RESOLUÇÃO	EMENTA	HISTÓRICO DE ALTERAÇÕES	
			Norma original	Normas alteradoras
89-97.2012.6.00.0000	23.378	Dispõe sobre a utilização e geração do horário gratuito de propaganda eleitoral reservado aos partidos políticos e coligações nas eleições de 2012.		Modelo de formulário, conforme art. 6.º da Res. TSE 23.378 Modelo de formulário, conforme art. 6.º, § 2.º, da Res. TSE 23.378
	1.019	Dispõe sobre atos, perante o Cadastro Nacional da Pessoa Jurídica (CNPJ), dos comitês financeiros de partidos políticos e de candidatos a cargos eletivos, inclusive vices e suplentes.		
1542-64.2011.6.00.0000	23.376 (consolidada)	Dispõe sobre a arrecadação e os gastos de recursos por partidos políticos, candidatos e comitês financeiros e, ainda, sobre a prestação de contas nas eleições de 2012.		23.382
1450-86.2011.6.00.0000	23.373	Dispõe sobre a escolha e o registro de candidatos nas eleições de 2012.		
1452-56.2011.6.00.0000	23.372	Dispõe sobre os atos preparatórios, a recepção de votos, as garantias eleitorais, a justificativa eleitoral, a totalização, a divulgação, a proclamação dos resultados e a diplomação para as eleições de 2012.		

O PODER NORMATIVO DA JUSTIÇA ELEITORAL

1162-41.2011.6.00.0000	23.370 (consolidada)	Dispõe sobre a propaganda eleitoral e as condutas ilícitas em campanha eleitoral nas eleições de 2012.	23.370
1451-71.2011.6.00.0000	23.367	Dispõe sobre representações, reclamações e pedidos de resposta previstos na Lei 9.504/1997.	
1205-75.2011.6.00.0000	23.365	Dispõe sobre a cerimônia de assinatura digital e fiscalização do sistema eletrônico de votação, do registro digital do voto, da votação paralela e dos procedimentos de segurança dos dados dos sistemas eleitorais.	
1161-56.2011.6.00.0000	23.364	Dispõe sobre pesquisas eleitorais para as eleições de 2012.	
1160-71.2011.6.00.0000	23.363	Dispõe sobre a apuração de crimes eleitorais.	
935-51.2011.6.00.0000	23.362	Dispõe sobre os modelos de lacres para as urnas, etiquetas de segurança e envelopes com lacres de segurança e seu uso nas eleições de 2012.	23.377
936-36.2011.6.00.0000	23.359	Dispõe sobre os formulários a serem utilizados nas eleições de 2012.	
934-66.2011.6.00.0000	23.358	Dispõe sobre as cédulas oficiais de uso contingente para as eleições de 2012.	
933-81.2011.6.00.0000	23.341	CALENDÁRIO ELEITORAL (Eleições de 2012)	

Para as Eleições Gerais de 2014, o TSE aprovou as seguintes resoluções:

INSTRUÇÃO	RESOLUÇÃO	EMENTA	HISTÓRICO DE ALTERAÇÕES	
			Norma original	Normas alteradoras
269-79	23.390	Calendário Eleitoral (Eleições de 2014).		
953-04	23.395	Dispõe sobre os modelos de lacres para as urnas, etiquetas de segurança e envelopes com lacres de segurança e seu uso nas eleições de 2014.		
958-26	23.396	Dispõe sobre a apuração de crimes eleitorais.		
959-11	23.397	Dispõe sobre a cerimônia de assinatura digital e fiscalização do sistema eletrônico de votação, do registro digital do voto, da votação paralela e dos procedimentos de segurança dos dados dos sistemas eleitorais.		
960-93	23.398	Dispõe sobre representações, reclamações e pedidos de direito de resposta previstos na Lei 9.504/1997.		
962-63	23.399	Dispõe sobre os atos preparatórios para as Eleições de 2014.		
952-19	23.400	Dispõe sobre pesquisas eleitorais para as Eleições de 2014.		
127-41	23.404	Dispõe sobre propaganda eleitoral e condutas ilícitas em campanha eleitoral nas Eleições de 2014.		
126-56	23.405	Dispõe sobre a escolha e o registro de candidatos nas Eleições 2014.		
957-41	23.406	Dispõe sobre a arrecadação e os gastos de recursos por partidos políticos, candidatos e comitês financeiros e, ainda, sobre a prestação de contas nas Eleições de 2014.		

A quase totalidade dos dispositivos veiculados nas resoluções é mera reprodução da legislação eleitoral, isto é, normas de repetição do Código Eleitoral (Lei 4.337/1965), da Lei das Eleições (Lei 9.504/1997), da Lei dos Partidos Políticos (Lei 9.096/1995), da Lei de Inelegibilidades (LC 64/1990), entre outras leis eleitorais esparsas.

Entretanto, a controvérsia sobre as resoluções eleitorais surge daqueles dispositivos nos quais o TSE, embora na seara administrativa, exerce um poder normativo, com normas que não raro inovam em matéria legislativa, restringindo direitos e fixando sanções diversas ou não previstas em lei. Nessas hipóteses, a toda evidência, a Justiça Eleitoral desborda de sua competência regulamentar e normativa para interferir, de forma inconstitucional, em matérias reservadas ao Congresso Nacional.

5.2.2 Consultas normativas

Após examinar a origem histórica e os alicerces da função consultiva da Justiça Eleitoral, no item 2.3.4 deste estudo, cumpre analisar de que forma as consultas eleitorais podem veicular normas de conteúdo abstrato, genérico e impessoal.

Historicamente, uma das mais importantes consultas respondidas pelo TSE viabilizou a instalação da Assembleia Nacional Constituinte de 1946. Para se entender o contexto dessa consulta, em 28.02.1945, a LC 9, assinada por Getúlio Vargas, fixou data para a realização das eleições e, em 28.05.1945, a Lei Agamemnon restaurou o TSE e fixou o pleito para 2 de dezembro do mesmo ano.

Em consequência, os grupos políticos formaram partidos, com realce para o Partido Trabalhista Brasileiro (PTB), o Partido Social Democrático (PSD) e a União Democrática Nacional (UDN), e surgiram dúvidas quanto à natureza constituinte dos poderes confiados aos futuros congressistas.

Ante o cenário de incertezas, a combativa Ordem dos Advogados do Brasil apresentou representação ao TSE, e o Partido Social Democrático (PSD) formulou uma consulta sobre a extensão dos poderes que seriam destinados aos parlamentares.

O TSE, então presidido pelo Min. José Linhares e sediado no Rio de Janeiro, respondeu a consulta baixando a Res. 215, de 02.10.1945, de relatoria do Min. Antônio Sampaio Dória, no qual declarou que "o Parlamento Nacional, a ser eleito em 02.12.1945, além de suas funções ordinárias, terá poderes constituintes, apenas, sujeito aos limites que ele mesmo prescrever".

Ao comentar esse episódio histórico, Carlos Mário da Silva Velloso qualificou a postura do TSE como corajosa e concluiu que "a assembleia que votou a Constituição de 1946 investiu-se de poderes constituintes originários, por força de decisão do TSE".[24]

---

24. VELLOSO, Carlos Mário da Silva. A reforma eleitoral e os rumos da democracia no Brasil. In: ROCHA, Cármen Lúcia Antunes; VELLOSO, Carlos Mário da Silva (org.). *Direito eleitoral*. Belo Horizonte: Del Rey, 1996. p. 14.

Com as circunstâncias politicamente desfavoráveis, Vargas renunciou em outubro de 1945 e, como não existia o cargo de vice-presidente da República, quem assumiu a presidência foi o Min. José Linhares, então presidente do STF e do TSE que, durante a sua interinidade na chefia do Executivo, editou a Lei Constitucional 13, de 12 11.1945, "considerando que o Tribunal Superior Eleitoral interpretou como sendo constituintes os poderes que, nos termos da Lei Constitucional 9, de 28 de fevereiro de 1945, a Nação vai outorgar ao Parlamento nas eleições convocadas para 2 de dezembro de 1945". Também em decorrência da "conveniência de pôr termo às controvérsias, então suscitadas a respeito do julgado, em torno da legitimidade e da extensão dos poderes que a Nação delegará ao Parlamento", decretou: (i) que os representantes eleitos para a Câmara dos Deputados e para o Senado Federal teriam poderes ilimitados para votar a Constituição do Brasil; (ii) que o Conselho Federal passaria a denominar-se Senado Federal; e (iii) que, promulgada a Constituição, a Câmara dos Deputados e o Senado Federal passariam a funcionar como Poder Legislativo ordinário.[25]

Via de regra, as consultas não possuem natureza normativa. Esse é um dos maiores problemas da Justiça Eleitoral, pois, na prática, essas consultas recebiam o *status* de resolução, seja por mera formalidade, em face de dispositivo regimental do TSE já revogado, seja porque os próprios Tribunais resolvem lhe atribuir um caráter normativo, como no caso da consulta sobre fidelidade partidária. A questão é tão séria, do ponto de vista técnico, que podemos dizer, sem dúvida nenhuma, que existem consultas sem nenhum efeito vinculante e outras que fogem a regra e ingressam no mundo jurídico com força de lei em sentido material.

E expondo a regra, na Sessão Plenária de 26.03.1998, no julgamento da ADIn 1.805-MC/DF, o STF decidiu que as respostas do TSE às consultas feitas, em tese, por autoridade com jurisdição federal ou por órgão nacional de partido político, não se revestem de caráter vinculativo ou obrigatório. Daí a impossibilidade de se instaurar a jurisdição constitucional abstrata na Suprema Corte. Na ocasião, o relator, Min. Néri da Silveira, chegou à seguinte conclusão: "Porque a resposta a consulta não obriga quer o consulente, quer terceiros, nem dela coisa julgada resulta, força é entender não caracterizar-se dita Resolução como ato normativo".

Norteador dessa orientação jurisprudencial, o Min. Célio Borja, nos autos do MS 1.263, julgado no TSE em 27.09.1990, cravou que: "Resposta a consulta não gera efeitos concretos, uma vez que não pode servir de título a ato de execução. Fonte de conhecimento, não de produção de Direito, ato de interpretação em tese,

---

25. Cf. *Coleção de Leis do Brasil – 1945*. Rio de Janeiro: Imprensa Nacional, 1946. vol. 7.p. 3.

serve de orientação para o exercício do ato jurisdicional ou administrativo, que não pode ser substituído pela resposta à consulta".

No mesmo sentido, na Sessão de 18.11.1976, o Min. Firmino Paz assentou que "é verdade que respostas a consultas não constituem deliberação, pois não pesa pró ou contra algo a favor de ninguém. Simplesmente, declara-se opinião, ponto de vista, sem nada decidir, é dizer, sem cortar, separar algo de algo, que o indica o étimo" (Recurso 4.528/AC).

Em 1979, determinado juiz eleitoral do Espírito Santo consultou o Tribunal Regional sobre a legitimidade da instalação do Comitê Interpartidário de Inspeção. Contra a resposta, o Diretório Regional da Arena e a Procuradoria Regional Eleitoral resolveram impugnar a resolução originada da consulta. O acórdão desse caso – não conhecido – merece destaque pela substância do voto condutor, proferido pelo Min. Pedro Gordilho que ilustra, com precisão, a orientação jurisprudencial reinante:

"O recurso especial, segundo os parâmetros do art. 276 do Código Eleitoral, tem cabimento – atendidos os pressupostos das alíneas *a* e *b* – contra as decisões dos Tribunais Regionais. Não me parece legítimo incluir-se entre os atos decisórios emitidos pelos Tribunais Regionais, impugnáveis mediante recurso especial, as resoluções tomadas em processo de consulta. A expressão decisão está gravada no Código Eleitoral em seu sentido técnico, como sinônimo de ato decisório, capaz de produzir o efeito de coisa julgada, pondo termo a litígio preexistente que envolva matéria eleitoral.

Tal não ocorre com as resoluções dos Tribunais Regionais proferidas nos processos de consulta. Além de estranhas ao requisito do contraditório, as resoluções não encerram um julgamento, no sentido do Código, nem fazem coisa julgada. É marcante sua finalidade nitidamente pedagógica, permitindo a fixação em tese do entendimento das Cortes eleitorais sobre a matéria objeto de dúvida.

O alargamento do campo do recurso especial, facultando-se sua interposição contra resoluções dos Tribunais em processo de consulta, por outro lado, vai implicar numa ampliação indevida da área restrita reservada pelo Código Eleitoral às consultas. No inc. VIII do art. 30 confere-se competência aos Tribunais Regionais para responder, sobre matéria eleitoral, às consultas que lhe forem feitas, em tese, por autoridade pública ou Partido Político. Impugnada a resolução regional, mediante recurso especial, converte-se a resposta dada em tese num caso concreto, o que envolve subversão da sistemática que o Código adotou. Acresce que as pessoas a que o legislador deu legitimidade para pedir a consulta em nível de Tribunal Regional não são as mesmas que têm legitimação para fazê-lo perante o TSE, circunstância que se acrescenta em apoio à tese de inadmissibilidade do presente recurso especial. Enquanto se confere legitimação a qualquer autoridade pública ou Partido Político para fazer consulta perante o TRE, somente autoridade com jurisdição federal – que a jurisprudência exige tenha jurisdição nacional (proc. 5.692, ac. publicado 16.10.1978) – ou órgão nacional do Partido Político, tem legitimidade para consultar o TSE.

A jurisprudência indiscrepante neste Eg. Tribunal apoia a tese capital deste voto. Além do acórdão 140 (*Bol. Eleitoral* n. 6, p. 6), citada no parecer da Procuradoria-Geral, no acórdão 1.112, de 18.05.1954, publicado n p. 567 do *Bol. Eleitoral* n. 36, de julho de 1954, decidiu este Tribunal, por unanimidade, que '(...) de decisão que responde a consulta não cabe recurso porque a resposta não envolve julgamento de litígio eleitoral, mas esclarecimento de dúvida suscitada pelo consulente, autoridade pública ou Partido Político registrado'.

Em data mais recente, o entendimento foi reafirmado no acórdão 4.014, assim ementado (*Bol. Eleitoral* n. 206/1941): 'Recurso. Não merece ser conhecido, quando interposto de decisão dada em consulta em tese'. Em seu voto, o Sr. Min. Henrique Braune, conquanto admitindo, em princípio, o conhecimento do recurso, por força da especialidade do caso, reafirma a jurisprudência do Tribunal declarando: 'Senhor Presidente, como preliminarmente, salienta o Dr. Procurador-Geral em seu lúcido parecer, inexiste na legislação eleitoral, nem tem abrigo na jurisprudência, recurso contra manifestação do TRE em consulta que lhe haja sido submetida. A resposta do Tribunal não obriga nem o próprio órgão consultado, não fazendo coisa julgada. E por isso mesmo, não raro os Tribunais assumem posição diversa daquela, anteriormente tomada em consulta, quando se enseja oportunidade de apreciar o caso concreto" (Recurso 5.141/ES, rel. Min. Pedro Gordilho, de 03.04.1979).

Forte nessa jurisprudência do STF e do TSE, a competência da Justiça Eleitoral para responder a consultas eleitorais hipotéticas emanadas de autoridades públicas ou partidos políticos possui um alcance meramente pedagógico, de modo a dissipar dúvidas sobre a matéria eleitoral, sem nenhuma implicação de natureza subjetiva. Por essa razão, Fávila Ribeiro observou que da consulta "não poderá advir situação de sucumbência, nem caracterização de coisa julgada, visto inexistir situação de litigiosidade, com partes distribuídas em antagônicas posições, não podendo, pois, resultar do pronunciamento expedido qualquer resultado passível de execução".[26]

No mesmo sentido, Torquato Jardim assentou que:

"As respostas às consultas refletem recomendação, um entendimento prévio posto em situação abstrata, porquanto não se respondem a casos concretos. É palavras dadas em sessão administrativa, ausente qualquer defesa ou contradi-

---

26. RIBEIRO, Fávila. *Direito eleitoral*. 5. ed. Rio de Janeiro: Forense, 2000. p. 180.

tório ou publicidade,[27] requisitos essenciais ao *due process* da sentença judicial (Const., arts. 5.° LIII, LIV, LV, LVII, e 93, IX), ainda que a palavra motivada (Const., art. 93, X)".[28]

Não obstante as orientações acima expostas, a doutrina também tem registrado a natureza normativa de algumas resoluções originadas de respostas dadas a consultas eleitorais. Roberto Rosas, em estudo sobre o tema, defendeu o caráter normativo e vinculante das consultas, como se lê a seguir:

"É da mais alta importância essa competência. Suas consequências são notáveis: têm tais respostas a consultas caráter normativo na justiça eleitoral. Dela não cabe recurso algum. É certo que, tratando-se de matéria constitucional, a questão pode ser levada ao STF, em caso concreto. Mas a Justiça Eleitoral deve obediência à decisão normativa, isto é, à resposta dada pela Corte à Consulta. Pode, também, quando se tratar de matéria constitucional, com v.g. sobre inelegibilidade, o Procurador-Geral da República levar o fato à decisão do STF, por representação. Ao proclamar o resultado do julgamento em Consulta decidida pelo TSE, assim acentuou o Presidente da mais alta Corte Eleitoral, Min. Gonçalves de Oliveira (Sessão de 07.08.1968).

(...)

Quando o TSE fixa determinada diretriz ao responder às consultas, essa decisão ganha, na justiça eleitoral, força de coisa julgada. Argumentar-se-á com a falta de caso concreto. O TSE decide em tese. Mas decide diante das partes – o consulente e, de qualquer forma, o Ministério Público, como parte integrante do TSE, opinando sobre todas as questões atinentes ao julgamento da Corte Eleitoral. O pronunciamento do Ministério Público formará o contraditório (Código Eleitoral, art. 24, II, III, IV). Portanto, fazendo coisa julgada material, quer pela preclusão, quer pela própria decisão. Os prazos são preclusivos, exceto quando houver discussão sobre matéria constitucional (Código Eleitoral, art. 259). A decisão na consulta faz lei em relação à parte interessada.

Não poderia ser de outra maneira. A letra do Código Eleitoral não é uma *vana verba* sem expressão. Hoje, um pronunciamento da Corte, amanhã, diferente. Não teria sentido a resposta afirmativa à Consulta posteriormente alterada pelo próprio Tribunal, quando se apresentam questões de forma idêntica. As decisões da Justiça Eleitoral, mormente as consubstanciadas nas Consultas, têm força normativa. Outro

---

27. Sustenta-se neste estudo, que o requisito formal da publicidade é atendido nas consultas, uma vez que são publicadas na imprensa oficial e, ademais, as sessões administrativas e jurisdicionais do TSE são transmitidas ao vivo pela TV Justiça (cf. item 6.3.4).
28. JARDIM, Torquato. *Introdução ao direito eleitoral positivo*. Brasília: Brasília Jurídica, 1994. p. 93.

não foi o sentido da decisão proferida pelo TSE, no dia 07.11.1968, ao interpretar o art. 147, quanto à inelegibilidade de parente de governador.

Esse caráter normativo está para a Justiça Eleitoral como a Súmula do STF está para as decisões deste. É inconcebível que o STF, num caso concreto, venha a decidir de modo contrário ao disposto na Súmula. O Direito não vive de abstrações, no dizer de Holmes".[29]

Tito Costa, na mesma linha, registrou que, além da competência normativa ou regulamentar ao expedir de instruções, "também, ao responder às consultas que lhe sejam dirigidas sobre matéria eleitoral, em tese, a Justiça Eleitoral está exercendo atividade normativa e regulamentar, completada pela competência, que lhe advém da lei, para elaborar seu próprio regimento interno".[30]

Desse modo, conforme observado pela doutrina, em casos excepcionais, algumas respostas às consultas podem servir de base para a edição de resolução com efeitos de ato normativo abstrato, por deliberação do plenário do TSE ou do STF.

Foi o caso, por exemplo, da Consulta 1.398/DF, rel. Min. Asfor Rocha, formulada pelo Partido da Frente Liberal para saber se os partidos e as coligações teriam o direito de preservar a vaga obtida pelo sistema eleitoral proporcional "quando houver pedido de cancelamento de filiação ou de transferência do candidato eleito por um partido para outra legenda".

O TSE, na sessão de 27.03.2007, respondeu afirmativamente à consulta, em acórdão que recebeu a seguinte ementa: "Consulta. Eleições proporcionais. Candidato eleito. Cancelamento de filiação. Transferência de Partido. Vaga. Agremiação. Resposta afirmativa". Ocorre que, em razão da antiga redação do art. 25, § 3.º, do Regimento Interno do TSE, a resposta recebeu o título de resolução, sob o número 22.526/2010, sem, contudo, veicular nenhum caráter normativo.

Assim, com base em tal resolução, o Partido Popular Socialista, o Partido da Social Democracia Brasileira e o Democratas – antigo PFL, o consulente – impetraram mandados de segurança no STF contra ato do então Presidente da Câmara dos Deputados, Arlindo Chinaglia, que indeferiu requerimentos administrativos formulados pelas referidas agremiações nos quais se postulava fosse declarada a vacância dos mandatos dos parlamentares que haviam mudado de legenda por infidelidade partidária.

Os Mandados de Segurança receberam os números 26.602, rel. Min. Eros Grau, 26.603, rel. Min. Celso de Mello, 26.604, rel. Min. Cármen Lúcia, e 26.890,

---

29. ROSAS, Roberto. Op. cit., p. 252-255.
30. COSTA, Tito. Op. cit., p. 35.

rel. Min. Celso de Mello. Colho da ementa do acórdão, na parte que interessa, o seguinte trecho:

"A instauração, perante a justiça eleitoral, de procedimento de justificação. O TSE, no exercício da competência normativa que lhe é atribuída pelo ordenamento positivo, pode, validamente, editar resolução destinada a disciplinar o procedimento de justificação, instaurável perante órgão competente da Justiça Eleitoral, em ordem a estruturar, de modo formal, as fases rituais desse mesmo procedimento, valendo-se, para tanto, se assim o entender pertinente, e para colmatar a lacuna normativa existente, da *analogia legis*, mediante aplicação, no que couber, das normas inscritas nos arts. 3.º a 7.º da LC 64/1990. Com esse procedimento de justificação, assegura-se, ao partido político e ao parlamentar que dele se desliga voluntariamente, a possibilidade de demonstrar, com ampla dilação probatória, perante a própria Justiça Eleitoral – e com pleno respeito ao direito de defesa (CF, art. 5.º, LV) –, a ocorrência, ou não, de situações excepcionais legitimadoras do desligamento partidário do parlamentar eleito (Consulta TSE 1.398/DF), para que se possa, se e quando for o caso, submeter, ao Presidente da Casa legislativa, o requerimento de preservação da vaga obtida nas eleições proporcionais.

(...)

Revisão jurisprudencial e segurança jurídica: a indicação de marco temporal definidor do momento inicial de eficácia da nova orientação pretoriana. Os precedentes firmados pelo STF desempenham múltiplas e relevantes funções no sistema jurídico, pois lhes cabe conferir previsibilidade às futuras decisões judiciais nas matérias por eles abrangidas, atribuir estabilidade às relações jurídicas constituídas sob a sua égide e em decorrência deles, gerar certeza quanto à validade dos efeitos decorrentes de atos praticados de acordo com esses mesmos precedentes e preservar, assim, em respeito à ética do Direito, a confiança dos cidadãos nas ações do Estado. Os postulados da segurança jurídica e da proteção da confiança, enquanto expressões do Estado Democrático de Direito, mostram-se impregnados de elevado conteúdo ético, social e jurídico, projetando-se sobre as relações jurídicas, inclusive as de direito público, sempre que se registre alteração substancial de diretrizes hermenêuticas, impondo-se à observância de qualquer dos Poderes do Estado e, desse modo, permitindo preservar situações já consolidadas no passado e anteriores aos marcos temporais definidos pelo próprio Tribunal. Doutrina. Precedentes. A ruptura de paradigma resultante de substancial revisão de padrões jurisprudenciais, com o reconhecimento do caráter partidário do mandato eletivo proporcional, impõe, em respeito à exigência de segurança jurídica e ao princípio da proteção da confiança dos cidadãos, que se defina o momento a partir do qual terá aplicabilidade a nova diretriz hermenêutica. Marco temporal que o STF definiu na matéria ora em julgamento: data em que o TSE apreciou a Consulta 1.398/DF

(27.03.2007) e, nela, respondeu, em tese, à indagação que lhe foi submetida" (MS 26.603, rel. Min. Celso de Mello, de 04.10.2007).

Assim, o plenário da Suprema Corte confirmou, em sede de mandado de segurança, o quanto decidido pelo TSE em resposta à consulta desprovida de efeito vinculante ou obrigatório. Na prática, a Consulta 1.398/DF foi publicada com o título de Res. 22.526/DF, sem caráter normativo abstrato; entretanto, o STF estabeleceu o dia 27.03.2007 (data da resposta à consulta) como marco temporal para observância da nova regra de fidelidade partidária.

Com todas as devidas vênias, considerando que o plenário do STF posicionava-se no sentido de que a infidelidade partidária não causava perda de mandato, por ausência de previsão no art. 55 da Constituição, na linha dos precedentes firmados dos Mandados de Segurança 20.927/DF, rel. Min. Moreira Alves, de 11.10.1989, e 23.405/GO, rel. Min. Gilmar Mendes, de 22.03.2004, o ponto de partida para a observância da nova orientação jurisprudencial deveria coincidir com a data da sua mudança, ou seja, o dia 04.10.2007, e não a data do julgamento da Consulta-TSE 1.398/DF, 27.03.2007, como determinado pela Suprema Corte.

É que o STF, ao fixar esses precedentes, assentou, na linha do voto condutor proferido pelo Min. Moreira Alves, o seguinte:

"Em que pese o princípio da representação proporcional e a representação parlamentar federal por intermédio dos partidos políticos, não perde a condição de suplente o candidato diplomado pela Justiça Eleitoral que, posteriormente, se desvincula do partido ou aliança partidária pelo qual se elegeu. A inaplicabilidade do princípio da fidelidade partidária aos parlamentares empossados se estende, no silêncio da Constituição e da lei, aos respectivos suplentes" (MS 20.927/DF).

Em seguida, o Min. Gilmar Mendes, no segundo precedente citado, assentou que:

"Embora a troca de partidos por parlamentares eleitos sob regime da proporcionalidade revele-se extremamente negativa para o desenvolvimento e continuidade do sistema eleitoral e do próprio sistema democrático, é certo que a Constituição não fornece elementos para que se provoque o resultado pretendido pelo requerente" (MS 23.405/GO).

Ora, ao estabelecer o dia 27.03.2007 como data de início para a nova regra de fidelidade partidária, o STF conferiu à consulta administrativa do TSE, de 27.03.2007, uma força maior do que o pronunciamento do STF na sessão de 04.10.2007, que mudou a jurisprudência da Suprema Corte. A toda evidência, o marco temporal desta decisão somente poderia valer a partir da nova jurisprudência do STF, quando vigorar as novas regras de fidelidade partidária, e não, como decidiu o STF, valer a partir de uma resposta administrativa, sem nenhum efeito vinculante ou obrigatório, por questão de segurança jurídico-constitucional.

Com a decisão do STF reconhecendo a infidelidade partidária como causa geradora de perda de mandato, o plenário do TSE baixou a Res. 22.610/2007, com caráter normativo abstrato, na observância do que decidiu o STF nos citados *writs*, para disciplinar o processo de perda de cargo eletivo, bem como de jurisdição de desfiliação partidária.

A disciplina desse regulamento eleitoral autônomo que teve força de emenda constitucional e as suas consequências jurídicas serão examinadas a seguir, no capítulo 7, sobre os limites do poder normativo da Justiça Eleitoral.

Desse modo, apesar de ultrapassar as fronteiras regulamentares, para efeito de identificação acadêmica, as consultas normativas são realidades inafastáveis, com certo reconhecimento doutrinário e validação jurisprudencial episódica no âmbito da Suprema Corte.

5.2.3 Resoluções permanentes

Desde a sua instalação, o TSE tem exercido sua atividade normativa e regulamentar por meio de resoluções permanentes e gerais, na nascem de processos administrativos ou jurisdicionais e disciplinam os mais variados setores da Justiça Eleitoral e da legislação especial, omissa em inúmeros pontos e necessitada de regulamentação em outros.

Não raro se encontram, nessas resoluções, normas de repetição da legislação especial, as quais são inseridas no texto apenas para se ter uma sequência lógica de abordagem e disciplina da matéria objeto de resolução.

Ao examinar os efeitos da atividade normativa do TSE na legislação eleitoral, Ramayana identifica as resoluções temporárias e as resoluções permanentes. As temporárias se referem a uma determinada eleição e "têm curta e específica aplicabilidade, mas podem servir como futuras normas de interpretação e integração (...) podem ser atualizadas por resoluções complementares após o dia 5 de março do ano da eleição, porque o TSE, por força do art. 23, IX, Código Eleitoral, tem o poder de aprimorar a regulamentação das eleições". De outro lado, as resoluções permanentes, neste tópico chamadas de resoluções gerais, são aquelas "com feição de maior durabilidade temporal, pois não são alteradas em função de um calendário eleitoral das eleições; portanto não se lhes aplica o art. 105 da Lei 9.504, de 30.09.1997".[31]

A grande diferença entre as resoluções inerentes aos processos autuados sob a classe "Instrução" e as "resoluções permanentes" é que as últimas são aplicáveis a qualquer processo eleitoral, enquanto as primeiras, como a capa do processo

---

31. RAMAYANA, Marcos. *Direito eleitoral*. 10. ed. Niterói: Impetus, 2010. p. 119.

indica, são apenas as clássicas instruções para eleições específicas. Assim, as conhecidas resoluções para as eleições de 2008, 2010 e 2012 não são aplicáveis em nenhuma hipótese aos pleitos subsequentes, salvo se as normas forem repetidas em regulamentos seguintes.

Entre as principais resoluções permanentes baixadas pelo TSE, destacam-se: a Res. 4.510, de 29.09.1952, que expediu o Regimento Interno da Corte; a Res. 7.651, de 24.08.1965, que fixou as atribuições dos corregedores eleitorais; e a Res. 7.966, de 11.10.1966, que regulamentou o poder de polícia a que se refere o art. 242, parágrafo único, do Código Eleitoral, assentando que este "deve ser exercido exclusivamente por magistrados designados pelo Tribunal Regional Eleitoral da respectiva circunscrição, sem prejuízo do direito de representação do Ministério Público e dos interessados no pleito".

Outra importante Resolução é a 9.641, de 29.08.1974, sobre o fornecimento gratuito de transporte e alimentação, em dias de eleição, a eleitores residentes em zonas rurais, regulamentando, assim, a Lei 6.091/1974, cujo objetivo é impedir a indevida captação de sufrágio no campo. Assim, a norma veda expressamente aos candidatos ou órgãos partidários, ou a qualquer pessoa, o fornecimento de transporte ou refeições aos eleitores das zonas urbanas e, quanto à zona rural, o transporte somente pode ser realizado pela Justiça Eleitoral, com os instrumentos de que dispõe, podendo, assim, requisitar veículos de órgãos públicos e até de particulares, exceto os de uso militar e os indispensáveis ao funcionamento de serviços insuscetíveis de interrupção, isto é, os serviços públicos essenciais.

As seguintes matérias também são tratadas em resoluções permanentes, o Estatuto da Igualdade (Res. 9.195/1972); o prazo de eficácia do comprovante de pedido de alistamento, fixado em 90 dias (Res. 13.511.1986); as instruções para fundação, organização, funcionamento e extinção dos partidos políticos, disciplinando o registro do estatuto e do órgão de direção nacional perante o TSE, o funcionamento parlamentar, a filiação, a prestação de contas, o acesso gratuito ao rádio, televisão e ao fundo partidário (Res. 19.406/1995); as normas para criação e desmembramento de zonas eleitorais (Res. 19.994/1997); as instruções para o acesso ao rádio e à televisão pelos partidos políticos (Res. 20.034/1997); o sistema de rodízio na jurisdição eleitoral de primeiro grau, regulamentando o art. 32, parágrafo único, do Código Eleitoral (Res. 20.505/1999); a gratificação de presença dos membros dos tribunais (Res. 20.593/2000); o reembolso, aos oficiais de justiça, de despesas no cumprimento de mandados da Justiça Eleitoral (Res. 20.843/2001); e a investidura e o exercício dos membros dos tribunais eleitorais e o término dos respectivos mandatos (Res. 20.958/2001).

Destacam-se, ainda, os seguintes atos normativos e regulamentares do TSE, com caráter geral e permanente:

Res. 21.008, de 05.03.2002, que dispõe sobre o voto dos eleitores portadores de deficiência;

Res. 21.009, de 05.03.2002, que estabelece normas relativas ao exercício da jurisdição eleitoral em primeiro grau;

Res. 21.372, de 25.03.2003, estabelece rotina para realização de correições nas zonas eleitorais do País;

Res. 21.377, de 08.04.2003, que revoga o § 10 do art. 47 da Res. 19.406/1995 – instruções para fundação, organização, funcionamento e extinção dos partidos políticos. Disciplina os novos procedimentos a serem adotados, pela Secretaria de Informática do TSE, nos casos de fusão ou incorporação dos partidos políticos;

Res. 21.461, de 19.08.2003, que dispõe sobre o encaminhamento de lista tríplice organizada pelo Tribunal de Justiça ao Tribunal Superior Eleitoral e altera o formulário Modelo 2 (Res. 9.407/1972);

Res. 21.477, de 28.08.2003, que dispõe sobre a formação do agravo de instrumento contra decisão que não admitir o processamento do recurso especial;

Res. 21.538, de 14.10.2003, que dispõe sobre o alistamento e serviços eleitorais mediante processamento eletrônico de dados, a regularização de situação de eleitor, a administração e a manutenção do cadastro eleitoral, o sistema de alistamento eleitoral, a revisão do eleitorado e a fiscalização dos partidos políticos, entre outros;

Res. 21.667, de 18.03.2004, que dispõe sobre a utilização do serviço de emissão de certidão de quitação eleitoral por meio da internet e dá outras providências;

Res. 21.711, de 06.04.2004, que dispõe sobre a utilização de sistema de transmissão eletrônica de dados e imagens por fac-símile ou pela internet, para a prática de atos processuais no âmbito do Tribunal Superior Eleitoral;

Res. 21.830, de 17.06.2004, que dispõe sobre a publicação eletrônica dos despachos e das decisões do Tribunal Superior Eleitoral na internet e sobre o gerenciamento do Sistema de Acompanhamento de Documentos e Processos;

Res. 21.841, de 22.06.2004, que disciplina a prestação de contas dos partidos políticos e a tomada de contas especial;

Res. 21.842, de 22.06.2004, que dispõe sobre o afastamento de magistrados na Justiça Eleitoral do exercício dos cargos efetivos;

Res. 21.843, de 22.06.2004, que dispõe sobre a requisição de força federal, de que trata o art. 23, XIV, do Código Eleitoral, e sobre a aplicação do art. 2.º do Dec.-lei 1.064, de 24.10.1969;

Res. 21.875, de 05.08.2004, que regulamenta o recolhimento do percentual de participação de institutos ou fundações de pesquisa e de doutrinação e educação política nas verbas do Fundo Partidário;

Res. 21.920, de 19.09.2004, que dispõe sobre o alistamento eleitoral e o voto dos cidadãos portadores de deficiência, cuja natureza e situação impossibilitem ou tornem extremamente oneroso o exercício de suas obrigações eleitorais;

Res. 21.975, de 16.12.2004, que disciplina o recolhimento e a cobrança das multas previstas no Código Eleitoral e leis conexas e a distribuição do Fundo Especial de Assistência Financeira aos Partidos Políticos (Fundo Partidário);

Res. 22.121, de 01.12.2005, que dispõe sobre as regras de adequação de institutos ou fundações de pesquisa e de doutrinação e educação política de partidos políticos às normas estabelecidas no Código Civil de 2002;

Res. 22.166, de 09.03.2006, que estabelece providências a serem adotadas em relação a inscrições identificadas como de pessoas falecidas, mediante cruzamento entre dados do cadastro eleitoral e registros de óbitos fornecidos pelo Instituto Nacional de Seguridade Social (INSS);

Res. 22.503, de 19.12.2006, que altera os arts. 2.º, 3.º, 4.º e 5.º da Res. 20.034, de 27.11.1997 – Instruções para o acesso gratuito ao rádio e à televisão pelos partidos políticos;

Res. 22.607, de 18.10.2007, que dispõe sobre a residência do juiz eleitoral, nos termos dos arts. 93, VII, e 118, da CF, do inc. V do art. 35, da Lei Orgânica da Magistratura Nacional, art. 32, do Código Eleitoral, e da Res. 37/2007, do Conselho Nacional de Justiça;

Res. 22.610, de 25.10.2007, em observância ao decidido pelo STF nos mandados de segurança n. 26.602, 26.603 e 26.604, disciplinando o processo de perda de cargo eletivo, bem como de justificação de desfiliação partidária;

Res. 22.655, de 08.11.2007, que altera o art. 8.º da Res. 21.841, de 22.06.2004, que disciplina a prestação de contas dos partidos políticos e a tomada de contas especial;

Res. 22.676, de 13.12.2007, que dispõe sobre as classes processuais e as siglas dos registros processuais no âmbito da Justiça Eleitoral;

Res. 22.685, de 13.12.2007, que estabelece normas para cessão de urnas e sistema de votação específico, por empréstimo, em eleições parametrizadas;

Res. 22.747, de 27.03.2008, que aprova instruções para aplicação do art. 98 da Lei 9.504/1997, que dispõe sobre dispensa do serviço pelo dobro dos dias prestados à Justiça Eleitoral nos eventos relacionados à realização das eleições;

Res. 22.770, de 17.04.2008, que estabelece normas e procedimentos para a distribuição do arquivo de Registro Digital do Voto para fins de fiscalização, conferência, auditoria, estudo e estatística;

Res. 23.061, de 26.05.2009, que disciplina os procedimentos para a atualização do cadastro eleitoral, decorrente da implantação, em municípios previamente selecionados pelos tribunais regionais eleitorais, de nova sistemática de identificação do eleitor, mediante incorporação de dados biométricos e fotografia, e dá outras providências;

Res. 23.088, de 30.06.2009, que autoriza a expansão do projeto de modernização dos serviços eleitorais voltados ao pré-atendimento do cidadão, via internet, para requerimento de operações de alistamento, transferência e revisão;

Res. 23.117, de 20.08.2009, que dispõe sobre a filiação partidária, aprova nova sistemática destinada ao encaminhamento de dados pelos partidos à Justiça Eleitoral e dá outras providências;

Res. 23.172, de 27.10.2009, que dispõe sobre o Sistema de Composição de Acórdãos e Resoluções no âmbito do Tribunal Superior Eleitoral e dá outras providências;

Res. 23.184, de 10.12.2009, que dispõe sobre os procedimentos cartorários de registro e autuação dos feitos, no âmbito da Justiça Eleitoral, e dá outras providências;

Res. 23.185, de 10.12.2009, que dispõe sobre a utilização do Sistema de Acompanhamento de Documentos e Processos e sobre a numeração única de processos no âmbito da Justiça Eleitoral e dá outras providências;

Res. 23.255, de 29.04.2010, que dispõe sobre a requisição de servidores públicos pela Justiça Eleitoral, de que trata a Lei 6.999, de 07.06.1982;

Res. 23.268, de 20.05.2010, que dispõe sobre a Central do Eleitor no âmbito da Justiça Eleitoral;

Res. 23.272, de 01.06.2010, que disciplina a relação de devedores de multa, a sistemática de entrega aos partidos políticos e a utilização do sistema *filiaweb*;

Res. 23.280, de 22.06.2010, que estabelece instruções para a marcação de eleições suplementares;

Res. 23.282, de 22.06.2010, que disciplina a criação, organização, fusão, incorporação e extinção de partidos políticos;

Res. 23.308, de 02.08.2010, que altera o § 3.º do art. 25 do Regimento Interno do TSE, que dispõe sobre a lavratura de acórdãos e resoluções do Tribunal;

Res. 23.325, de 19.08.2010, que dispõe sobre comunicação eletrônica no âmbito das secretarias judiciárias dos tribunais eleitorais e entre estas e os juízos eleitorais de primeiro grau de jurisdição e dá outras providências;

Res. 23.326, de 19.08.2010, que dispõe sobre as diretrizes para a tramitação de documentos e processos sigilosos no âmbito da Justiça Eleitoral;

Res. 23.328, de 02.08.2010, que dispõe sobre os procedimentos de intimação dos partidos políticos e respectivos representantes no âmbito da Justiça Eleitoral;

Res. 23.332, de 28.09.2010, que dispõe sobre a realização de eleições suplementares em anos eleitorais;

Res. 23.333, de 20.10.2010, que altera o termo final do prazo para implantação do Sistema de Acompanhamento de Documentos e Processos (SADP) nos tribunais regionais e respectivos cartórios eleitorais.

Todas essas resoluções baixadas pelo Tribunal possuem caráter eminentemente regulamentar e, em alguns casos, normativo, como a controversa Res. 22.610/2007, que inova em matéria legislativa, ao disciplinar o processo de perda de mandato de cargo eletivo, invadindo, pois, seara de competência exclusiva da União, conforme se examinará no capítulo 6 deste trabalho.

Em todo o caso, essas normas gerais não estão vinculadas a determinado processo eleitoral, como, por exemplo, no caso das instruções para a realização das eleições, e devem ser observadas, por conseguinte, durante todo o período que estão em vigor.

5.2.4 Regulamentos internos

Por meio de seus regimentos internos, provimentos, instruções e portarias, a Justiça Eleitoral regulamenta administrativamente a legislação eleitoral e as suas próprias resoluções. Quando o documento não é expedido pelo próprio presidente do Tribunal, ou seu órgão colegiado, essa atividade se insere no que Recaséns Siches classificou como *regulamentos de regulamentos*, ou seja, em disposições esclarecedoras e concretizadoras de outros regulamentos superiores, baixados por autoridades hierarquicamente inferiores, como, por exemplo, subsecretários e diretores-gerais.[32]

O TSE e os TREs possuem competência privativa para elaborar os seus regimentos internos, por força dos arts. 23, I, e 30, I, do Código Eleitoral (Lei 4.737, de 1965).

Tal função insere-se no campo da atividade regulamentar da Justiça Eleitoral que, desde o primeiro Código Eleitoral (Dec. 21.076, de 24.02.1932), art. 14, I,

---

32. SICHES, Luis Recaséns. *Tratado general de filosofia del derecho*. 6. ed. México: Porrua, 1978. p. 311.

fixava competência do Tribunal Superior para elaborar seu regimento interno e o dos Tribunais Regionais.

Essa competência normativa foi mantida nos arts. 13, *b*, e 27, *c*, da Lei 48, de 04.05.1935, que promoveu ampla reforma no Código Eleitoral, no art. 9.º, *a*, do Código Eleitoral de 1945 (Dec.-lei 7.586, de 28.05.1945), que ficou conhecido como Lei Agamemnon. Sob a égide desse diploma normativo, o TSE expediu a Res. 4.510, de 29.09.1952, que publicou o atual regimento interno da Corte.

A Constituição de 1988 conferiu competência legiferante aos Tribunais para elaborarem seus regimentos,[33] *in verbis*:

"Art. 96. Compete privativamente:

I – aos tribunais:

a) eleger seus órgãos diretivos e elaborar seus regimentos internos, com observância das normas de processo e das garantias processuais das partes, dispondo sobre a competência e o funcionamento dos respectivos órgãos jurisdicionais e administrativos".

Além dos regimentos internos, o Presidente do TSE baixa portarias, no uso da atribuição que lhe confere o art. 25 do regimento interno, em caráter regulamentar, no objetivo de organizar e uniformizar os trabalhos na secretaria, como as Portarias 331, de 04.11.2003, e 459, de 12.11.2004, que cuidam das intimações e notificações judiciais.

Os atos destinam-se também a resolver dúvidas procedimentais, como, por exemplo, a Portaria 129, de 30.04.1996, que trata da sistemática de processamento dos agravos de instrumento e a Portaria 288, de 09.06.2005, que estabelece normas e procedimentos visando à arrecadação e cobrança das multas previstas no Código Eleitoral e leis conexas, e à utilização da Guia de Recolhimento da União (GRU), ou a Portaria 98, de 20.02.2008, que confere poder à secretaria para proceder, de ofício, ao desapensamento dos feitos de competência originária do TSE, após o trânsito em julgado, ressalvados os casos de contraordem do relator ou do presidente do Tribunal.

A tranquilidade do processo eleitoral também pode ser objeto de portarias, como a Portaria 534, de 21.09.2006, que permite o fornecimento aos partidos políticos e às coligações, a pedido dos interessados, de cópia dos boletins de urnas, em meio magnético, imediatamente após a totalização final das seções eleitorais de cada unidade da Federação, bastando, nesse caso, que os requerentes indiquem a

---

33. TEMER, Michel. *Elementos de direito constitucional*. 18. ed. São Paulo: Malheiros, 2002. p. 117-124 e 155-167.

pessoa autorizada a receber a cópia no TSE, bem como forneçam as mídias digitais necessárias para a gravação.

Outra importante portaria é a que instituiu o *Diário da Justiça Eletrônico* do TSE (*DJe*/TSE), como instrumento oficial de publicação de atos judiciais, administrativos e de comunicações em geral (Portaria 218, de 16.04.2008). Além desse, há a portaria que disciplina o procedimento para recolhimento das multas a que se referem os arts. 557, § 2.º, e 538, parágrafo único, ambos do CPC, combinado com o art. 275, § 4.º, do Código Eleitoral, bem como o levantamento da quantia depositada.

Por fim, registre-se que o Presidente do Tribunal tem o poder de assinar portarias em conjunto com outros órgãos, como a Portaria-Conjunta 74, de 10.01.2006, que dispõe sobre o intercâmbio de informações entre o TSE e a Secretaria da Receita Federal.

Existem, ainda, as instruções formalmente denominadas "normativas", que, ao contrário das poderosas instruções eleitorais para as eleições, são apenas atos regulamentares internos baixados pelo diretor da secretaria para aprimorar a tramitação administrativa dos feitos, como a IN 6, de 17.10.2001, ou a IN 3, de 21.02.2008, que instituiu o uso obrigatório, no TSE, e facultativo, nos TREs, do Sistema de Gerenciamento de Informações Partidárias (SGIP).

Registre-se, do mesmo modo, a IN Conjunta 1.019, de 10.03.2010, baixada pelo Secretário da Receita Federal e pelo Diretor da Secretaria do TSE, que dispõe sobre atos, perante o Cadastro Nacional da Pessoa Jurídica (CNPJ), dos comitês financeiros de partidos políticos e de candidatos a cargos eletivos, inclusive vices e suplentes.

Finalmente, a Corregedoria-Geral Eleitoral possui atribuição para expedir provimentos, com base no art. 2.º da Res. do TSE 7.651, de 24.08.1965, e no art. 86 da Res. do TSE 20.132, de 19.03.1998. Esses provimentos da Corregedoria geralmente dizem respeito ao Cadastro Nacional de Eleitores (Provimentos CGE 12, de 30.10.2001, 14/2001, 5/2003, 1/2005, 4/2007), ou ainda, sobre orientações gerais administrativas aos cartórios eleitorais (Provimentos CGE 6, de 19.12.2003, 1/2004, 6/2008, 7/2008), ou também, ao controle de atividades jurisdicionais, como a prestação de informações sigilosas às corregedorias eleitorais sobre interceptação de comunicações telefônicas e de sistemas de informática e telemática (Provimento CGE 11, de 23.09.2008).

5.3 Tipologia das resoluções eleitorais

Com efeito, ao pesquisar acerca da atividade normativa da Justiça Eleitoral no programa de doutoramento da Faculdade de Direito da USP, foram identificadas quatro espécies de resoluções: (i) normativas; (ii) regulamentares; (iii) contenciosa-administrativas; e (iv) consultivas, todas com o objetivo comum de organizar, regulamentar e executar as eleições.

Essas resoluções classificam-se de forma hierárquica, de acordo com a sua importância, segundo a pirâmide a seguir apresentada:

Tipologia das Resoluções Eleitorais

5.3.1 Normativa

O primeiro tipo de resolução é a normativa, que possui conteúdo de ato normativo abstrato, genérico e impessoal e, portanto, tem força de lei em sentido material. Normalmente, essas resoluções são originárias dos processos autuados sob a classe "instrução" no âmbito do TSE, mas, em casos excepcionais, emanam de processos administrativos, jurisdicionais ou, em casos extraordinários, até mesmo de consultas. Por possuir conteúdo de ato normativo primário – lei em sentido material –, esse tipo de resolução pode ser objeto de controle abstrato de constitucionalidade no STF.

Por oportuno, ressalte-se que o STF, ao examinar a compatibilidade dessas resoluções com a Constituição Federal, não questiona o poder normativo da Justiça Eleitoral, ao contrário, confirma-o e, assim fazendo, supera a questão da inconstitucionalidade formal e passa a apreciar a constitucionalidade material desses atos normativos, até mesmo quando editados por tribunais regionais eleitorais.

É que, na linha da orientação jurisprudencial firmada pela Suprema Corte, a ideia de ato normativo, para efeito de instauração do controle abstrato de constitucionalidade, requer, da resolução eleitoral impugnada, autonomia jurídica e coeficiente de abstração, generalidade e impessoalidade. Nesse sentido, os seguintes precedentes:

"Conteúdo normativo da resolução emanada do TSE – Relativa indeterminação subjetiva de seus destinatários – Questão preliminar rejeitada.

A noção de ato normativo, para efeito de controle concentrado de constitucionalidade, pressupõe, além da autonomia jurídica da deliberação estatal, a constatação de seu coeficiente de generalidade abstrata, bem assim de sua impessoalidade. Esses elementos – abstração, generalidade, autonomia e impessoalidade – qualificam-se como requisitos essenciais que conferem, ao ato estatal, a necessária aptidão para atuar, no plano do direito positivo, como norma revestida de eficácia subordinante de comportamentos estatais ou de condutas individuais. Resolução do TSE, impugnada na presente ação direta, que se reveste de conteúdo normativo, eis que traduz deliberação caracterizada pela nota da relativa indeterminação subjetiva de seus beneficiários, estipulando regras gerais aplicáveis à universalidade dos agentes públicos vinculados aos serviços administrativos dessa Alta Corte judiciária" (ADI 2.321-MC/DF, rel. Min. Celso de Mello, de 25.10.2000).

"Definição de critérios a serem observados, pelas câmaras municipais, na fixação do respectivo número de vereadores – Alegação de que esse ato revestir-se-ia de natureza meramente regulamentar – Reconhecimento do conteúdo normativo da resolução questionada – Preliminar de não conhecimento rejeitada.

A jurisprudência do STF, em tema de fiscalização concentrada de constitucionalidade, firmou-se no sentido de que a instauração desse controle somente tem pertinência, se a resolução estatal questionada assumir a qualificação de ato normativo (*RTJ* 138/436 – *RTJ* 176/655-656), cujas notas tipológicas derivam da conjugação de diversos elementos inerentes e essenciais à sua própria compreensão: (a) coeficiente de generalidade abstrata, (b) autonomia jurídica, (c) impessoalidade e (d) eficácia vinculante das prescrições dele constantes. Precedentes. Resolução do TSE, que, impugnada na presente ação direta, encerra, em seu conteúdo material, clara 'norma de decisão', impregnada de autonomia jurídica e revestida de suficiente densidade normativa: fatores que bastam para o reconhecimento de que o ato estatal em questão possui o necessário coeficiente de normatividade qualificada, apto a torná-lo suscetível de impugnação em sede de fiscalização abstrata" (ADI 3.345/DF, rel. Min. Celso de Melo, de 25.08.2005).

Um aspecto relevante a se destacar é que as resoluções normativas não são apenas editadas pelo TSE, mas, também, pelos TREs. Essas normas, ademais, muitas vezes estão impregnadas de conteúdo abstrato que desafiam a fiscalização de constitucionalidade da Suprema Corte.

Na sessão plenária de 26.02.1998, o Supremo conheceu de uma ação direta de inconstitucionalidade ajuizada pelo Procurador-Geral da República contra resolução do TRE pernambucano que reconheceu a existência do direito ao reajuste de 11,98%, a partir de março de 1994, aos servidores da Justiça Eleitoral.

Naquela assentada, o relator, Min. Moreira Alves entendeu que, "sendo ato normativo, a arguição de sua constitucionalidade é cabível por meio de ação direta". A única divergência partiu do Min. Marco Aurélio, que não conheceu da ação ante o seguinte fundamento: "Entendo que estamos diante de uma ação direta de inconstitucionalidade dirigida contra ato simplesmente administrativo, pois não creio – e não posso acreditar, até mesmo a partir do princípio da razoabilidade – que tantos tribunais existentes no País estejam legislando em matéria alusiva a vencimentos". O Tribunal Pleno, entretanto, deferiu o pedido liminar e suspendeu a eficácia da resolução do TRE/PE, com efeitos *ex tunc*.

Nessa linha jurisprudencial, em 06.10.2006, no julgamento da ADI 2.279/SC, de relatoria do Min. Celso de Mello, o Plenário do STF processou e julgou a representação de inconstitucionalidade contra a Res. 7.204/2000, editada pelo TRE de Santa Catarina, por verificar que se tratava de "ato estatal com suficiente densidade normativa" e, em seguida, indeferiu o pedido de medida liminar em acórdão assim ementado:

"Ação direta de inconstitucionalidade. Simulador eletrônico de votação. Resolução de TRE. Ato impregnado de densidade normativa. Viabilidade da instauração do processo de fiscalização abstrata de constitucionalidade. Pretensão deduzida pelo autor que se revela destituída de plausibilidade jurídica. Precedentes. Medida cautelar indeferida".

Em outro precedente, a Suprema Corte reconheceu a admissibilidade da ADI 4.018-MC/GO, rel. Min. Eros Grau, ajuizada pelo Partido Humanista da Solidariedade (PHS), contra as Resoluções 124/2008 e 127/2008, ambas do TRE de Goiás, que estabeleceram regras concernentes à realização de eleições extemporâneas para a escolha de Prefeito e Vice-Prefeito no Município de Caldas Novas e implicou limitação do universo de eleitores daquela localidade.

À ocasião, o STF deferiu a liminar e assegurou a participação de todos os eleitores do referido Município, em acórdão assim ementado:

"Medida cautelar em ação direta de inconstitucionalidade. Resolução 124/2008, de 07.01.2008, Res. 127/2008, de 17.01.2008, ambas do TRE de Goiás. Cabimento da ação direta. Critérios atinentes às eleições para prefeito e vice-prefeito. Eleições extemporâneas no Município de Caldas Novas/GO. Definição dos eleitores, bem como dos possíveis candidatos. Limitação do universo de eleitores. A capacidade eleitoral dever ser analisada ao tempo do processo eleitoral. Afronta ao disposto no art. 14 da Constituição do Brasil. Caracterização do *periculum in mora* e do *fumus boni iuris*. Deferimento da medida cautelar.

1. Cabimento da ação direta para a impugnação de resoluções do TRE/GO. Destinatários do ato normativo determináveis, mas não determinados. Precedentes.

2. O TRE/GO, por meio das resoluções impugnadas, estabeleceu as regras concernentes à realização de eleições diretas para a escolha de Prefeito e Vice-Prefeito no Município de Caldas Novas, conforme determinado pelo TSE.

3. Res. 124/2008, que define quais serão os possíveis candidatos aos cargos de Prefeito e Vice-Prefeito e quais serão os eleitores.

4. Potencial surgimento de circunstâncias inusitadas. Situações em que cidadãos reúnam condições suficientes para ser candidatos, ainda que não possam votar na eleição.

5. A capacidade eleitoral ativa deve ser ponderada ao tempo do processo eleitoral, de modo que a restrição imposta pela Res. 124/2008 não encontra fundamento constitucional.

6. *Fumus boni iuris* demonstrado pela circunstância de a Res. 124/2008 excluir eleitores atualmente habilitados a participar do processo de escolha do Prefeito e Vice-Prefeito.

7. *Periculum in mora* evidente, vez que a data designada para as eleições é 17.02.2008.

8. Medida cautelar deferida para assegurar possam participar do processo eleitoral todos os eleitores do Município de Caldas Novas, Goiás, afastada a regra veiculada pelo art. 13 da Res. 124/2008".

O quadro de inconstitucionalidade formal e material formado pela supracitada resolução era tão grave que criou no município uma situação paradoxal e inusitada. Determinado candidato, em pleno gozo de seus direitos políticos, com registro de candidatura deferido, não poderia sequer votar nele mesmo naquela eleição suplementar porque não tinha participado do pleito que fora anulado pela Justiça Eleitoral.

Nos mencionados precedentes, o Plenário do STF processou as ações diretas para reconhecer a inconstitucionalidade material das resoluções emanadas dos Tribunais Regionais. Ocorre que, em 15.02.2006, no julgamento da ADI 2.269/RN, ajuizada pelo Partido Humanista da Solidariedade (PHS), o Plenário decidiu que a

Res. 1/2000 do TRE do Rio Grande do Norte, que cuidava da proibição do uso de simulador da urna eletrônica, não ofendia a Constituição de 1988.

Com efeito, o STF acordou que "o texto normativo atacado não incorre em qualquer modalidade de inconstitucionalidade, ao contrário, evidencia meio idôneo para a preservação da higidez do processo eleitoral". No mesmo sentido, o STF julgou improcedente a ADI 2.267/AM, rel. Min. Maurício Corrêa, cujo voto condutor recebeu a seguinte fundamentação:

"Com efeito, os arts. 1.º, parágrafo único, 23, IX e XVIII, e 30, XVI, do Código Eleitoral outorgam competência ao TSE para expedir normas destinadas à fiel execução do que nele se contém, e aos Tribunais Regionais para executá-las e fazê-las cumprir. Por outro lado, a alegação de excesso ou descompasso do ato com a Resolução do TSE implica ausência de confronto direto com a Constituição Federal, pressuposto de cabimento desta ação.

Importante verificar que os arts. 37, § 2.º, e 38 da Lei 9.504, de 30.07.1997, estabelecem as situações, *numerus clausus*, em que a propaganda eleitoral pode ser realizada independentemente de autorização. A *contrario sensu*, as demais formas de divulgação utilizadas pelos partidos políticos e seus candidatos, entre elas os simuladores de urnas eletrônicas, somente podem ocorrer com a chancela da Justiça Especializada. Não há falar, assim, em violação ao princípio da legalidade, restando incólume o preceito do art. 5.º, II, da CF.

Tem-se, portanto, que o Tribunal requerido, com amparo em lei federal, antecipou-se a eventuais pedidos de autorização, vedando, desde logo, de forma indistinta, o uso do equipamento. Inexiste, como visto, qualquer violação aos arts. 2.º e 22, I, da Carta de 1988.

Registro, por oportuno, a razoabilidade da medida enquanto destinada a evitar a indução fraudulenta de eleitores, em especial daqueles que têm menos acesso à educação, o que infelizmente corresponde a uma grande parcela dos cidadãos brasileiros. Qualquer ação dedicada, ainda que potencialmente, a confundir o eleitor ou dirigir sua manifestação de vontade, viciando-a, deve ser coibida durante o processo eleitoral" (ADI 2.267/AM, rel. Min. Maurício Corrêa, de 07.08.2002).

Desse modo, conclui-se que o STF reconhece o poder normativo das resoluções emanadas da Justiça Eleitoral, seja do TSE, seja dos Tribunais Regionais Eleitorais. Os precedentes examinados não deixam nenhuma dúvida a respeito da existência de resoluções eleitorais com natureza normativa, e força de lei em sentido material, impregnadas de abstratividade, generalidade e impessoalidade, características que autorizam a fiscalização concentrada de constitucionalidade no âmbito da Suprema Corte.

5.3.2 Regulamentativa

A segunda espécie de resolução é a "regulamentativa", que consiste em ato normativo secundário, simplesmente regulamentar, o qual não pode ser objeto da fiscalização abstrata de constitucionalidade no STF.

Por essa razão, o Plenário do STF decidiu que o controle concentrado de constitucionalidade "pressupõe descompasso de certa norma com o Texto Fundamental, mostrando-se inadequado para impugnar-se ato regulamentador, como é a Res. 20.562 do TSE, de 02.03.2000", que dispõe sobre a distribuição dos horários de propaganda eleitoral, versada na Lei das Eleições (ADI 2.243/DF, rel. Min. Marco Aurélio, de 16.08.2000).

Em outro precedente julgado na sessão de 18.04.2004, nos autos da ADI 2.626/DF, de relatoria do Min. Sydney Sanches, ajuizada pelo Partido Comunista do Brasil (PC do B) e outros contra dispositivos da Res. do TSE 20.993/2002, o Plenário não conheceu da representação de inconstitucionalidade sob o fundamento de que "a Casa tem rechaçado as tentativas de submeter ao controle concentrado o de legalidade do poder regulamentar", nos termos de acórdão assim ementado:

"Ação direta de inconstitucionalidade. § 1.º do art. 4.º da Instrução 55, aprovada pela Res. 20.993, de 26.02.2002, do TSE. Art. 6.º da Lei 9.504/1997. Eleições de 2002. Coligação partidária. Alegação de ofensa aos arts. 5.º, II e LIV, 16, 17, § 1.º, 22, I e 48, *caput*, da CF. Ato normativo secundário. Violação indireta. Impossibilidade do controle abstrato de constitucionalidade.

Tendo sido o dispositivo impugnado fruto de resposta à consulta regularmente formulada por parlamentares no objetivo de esclarecer o disciplinamento das coligações tal como previsto pela Lei 9.504/1997 em seu art. 6.º, o objeto da ação consiste, inegavelmente, em ato de interpretação. Saber se esta interpretação excedeu ou não os limites da norma que visava integrar, exigiria, necessariamente, o seu confronto com esta regra, e a Casa tem rechaçado as tentativas de submeter ao controle concentrado o de legalidade do poder regulamentar. Precedentes: ADI 2.243, rel. Min. Marco Aurélio, ADI 1.900, rel. Min. Moreira Alves, ADI 147, rel. Min. Carlos Madeira. Por outro lado, nenhum dispositivo da Constituição Federal se ocupa diretamente de coligações partidárias ou estabelece o âmbito das circunscrições em que se disputam os pleitos eleitorais, exatamente, os dois pontos que levaram à interpretação pelo TSE. Sendo assim, não há como vislumbrar, ofensa direta a qualquer dos dispositivos constitucionais invocados. Ação direta não conhecida. Decisão por maioria".

Registre-se, ainda, no mesmo sentido, que o plenário do STF, ao examinar a representação de inconstitucionalidade da Res. do TSE 15.844, de 03.11.1989, que regulamentava a totalização e o resultado de cada urna diretamente pelas comissões apuradoras dos Tribunais Regionais, com preterição de funções das juntas apuradoras, decidiu indeferir o pleito, pois, "tratando-se de conflito entre lei e ato regulamentar, não se configura o pressuposto da medida cautelar, por ausência do *fumus boni iuris*" (ADI 147-MC/DF, rel. Min. Carlos Madeira, de 24.11.1989).

Desse modo, as resoluções eleitorais regulamentativas são atos normativos secundários, insuscetíveis ao controle concentrado de constitucionalidade perante a Suprema Corte.

5.3.3 Contenciosa-administrativa

A terceira sorte de resolução identificada é a "contenciosa-administrativa", que consiste em uma decisão de cunho administrativo cujos efeitos, em regra, vinculam somente as partes, como, por exemplo, em pedidos de alteração no estatuto de partido político (Res. 23.077/2009 – Pet 100/DF, rel. Min. Marcelo Ribeiro, de 04.06.2009), de remoção de servidor (Res. 23.174/2009 – PA 20.254/PI, rel. Min. Felix Fischer, de 28.10.2009), de pagamento de diárias a servidor da Justiça Eleitoral (Res. 23.263/2010 – PA 53.510/PI, rel. Min. Cármen Lúcia, de 11.05.2010), de prestação de contas partidárias entre outros.

No caso dos processos de prestação de contas dos partidos políticos, o § 6.º do art. 37 da Lei 9.096/1995, com redação dada pela Lei 12.034/2009, estabeleceu que "o exame da prestação de contas dos órgãos partidários tem caráter jurisdicional". Tal qualificação, a toda evidência, decorre de equívoco técnico-legislativo.

Tecnicamente, a prestação de contas possui natureza administrativa. Tanto é assim, que esses processos inicialmente dispensam a representação por advogado. O objetivo prático do legislador foi atribuir um rito de processo jurisdicional, isto é, que fosse julgado na sessão jurisdicional, com ampla possibilidade de recursos aos Tribunais Regionais e ao TSE, inclusive com a imposição de recebimento com efeito suspensivo segundo o § 4.º do art. 37 da Lei dos Partidos Políticos, na nova redação que lhe conferiu a minirreforma eleitoral de 2009 (Res. 23.192/2009 – PC 32/RJ, rel. Min. Fernando Gonçalves, de 15.12.2009).

Na Sessão Plenária de 14.05.1998, no julgamento da ADI 1.712/SE, o STF deparou com a arguição de constitucionalidade contra uma resolução contenciosa-administrativa expedida pelo TRE sergipano e teve a oportunidade de examinar a Res. Administrativa 89/1997, que apenas decidiu requerimentos específicos de grupo de servidores da Corte Regional, sem determinar a extensão desses efeitos de forma *erga omnes*.

À ocasião, o rel. Min. Moreira Alves redigiu a seguinte ementa:

"Ação direta de inconstitucionalidade. Res. Administrativa 089/1997 do TRE do Estado de Sergipe.

A Resolução ora atacada não é ato normativo, porque examinou e decidiu os requerimentos dos servidores do quadro da Secretaria do Tribunal sem determinar sua extensão, em abstrato, para todos os servidores dele, inclusive para os futuros, que é o traço nitidamente caracterizador da normatividade do ato, máxime quando este julga pleito proposto, como no caso, por todos os servidores atuais do quadro de pessoal da Corte. Ação direta não conhecida, ficando prejudicado, assim, o pedido de concessão de liminar".

Em outro exemplo de resolução contenciosa-administrativa, cuja decisão vincula somente as partes, nos autos da Pet 29.453/PR, rel. Min. Marcelo Ribeiro, julgada na Sessão de 10.06.2010, a Corte editou a Res. 23.276/2010 para afirmar que "não compete, originariamente ao TSE apreciar pedidos que, formulados a Tribunal Regional, colimem providências relativas à convocação de juiz eleitoral substituto daquela Corte". Em consequência, o TSE determinou o retorno dos autos ao TRE paranaense.

Portanto, a resolução eleitoral contenciosa-administrativa é aquela cujos efeitos vinculam somente as partes do processo que originou o ato regulamentar, como, por exemplo, os pedidos de alteração no estatuto de partido político, remoção de servidor, pagamento de diárias, prestação de contas partidárias, entre outros temas administrativos.

5.3.4 Consultiva

O último tipo de resolução é a "consultiva", editada a partir de uma resposta do TSE a questionamentos abstratos formulados por autoridade com jurisdição federal ou por órgão nacional de partido político. Essas decisões possuem natureza meramente administrativa e não jurisdicional, por isso sem nenhum efeito vinculante ou obrigatório conforme jurisprudência dominante do STF e pacífica do TSE.

Importante registrar que os itens 2.3.4 ("Função consultiva") e 5.2.2 ("Consultas normativas") desse estudo examinam hipóteses de consultas eleitorais que, em caráter excepcional, atingiram um *status* de ato normativo primário, com força de lei em sentido material, muitas vezes pela confusão causada pelo título "resolução" que essas consultas recebiam na publicação do acórdão veiculador da resposta.

Esse problema jurídico-interpretativo levou o TSE a adotar uma nova sistemática, mais restritiva no uso do título "resolução" para os seus próprios acórdãos administrativos, conforme se examinará a seguir.

5.4 Nova disciplina das resoluções eleitorais

Validamente, o TSE tem editado resoluções com pesos e forças diametralmente opostas. No topo, as resoluções normativas, com conteúdo de ato normativo abstrato e, por consequência, força de lei em sentido material e, na outra ponta, as respostas a consultas sem nenhum efeito vinculante ou obrigatório.

Por tais razões, no plantão judicial do dia 01.08.2010, o então Presidente do TSE, Min. Enrique Ricardo Lewandowski, que orienta esta pesquisa, recebeu proposta de alteração na redação do art. 25, § 3.°, do Regimento Interno do TSE, o qual determinava que todas as decisões de natureza administrativa, contenciosa-administrativas e as de caráter normativo fossem editadas sob o título de resolução.

Eis a antiga redação do citado dispositivo regimental:

"Art. 25. As decisões serão tomadas por maioria de votos e redigidas pelo relator, salvo se for vencido, caso em que o presidente designará, para lavrá-las, um dos juízes cujo voto tiver sido vencedor; conterão uma síntese das questões debatidas e decididas, e serão apresentadas, o mais tardar, dentro em cinco dias.

(...)

§ 3.º Os feitos serão numerados seguidamente, em cada categoria, e as decisões serão lavradas, sob o título de acórdãos, e as contenciosas-administrativas e as de caráter normativo, sob o título de resolução".

A referida proposta, formulada pelo Secretário-Geral da Presidência, ora autor deste estudo, e encaminhada pelo Memorando 31/SPR, foi autuada como Processo Administrativo 2.057-36/DF, rel. Min. Ricardo Lewandowski, e submetida ao crivo do Plenário do Tribunal no dia seguinte. Na Sessão de 02.08.2010, a proposta foi aprovada por unanimidade e, em seguida, editou-se a Res. do TSE 23.308/2010.

De fato, a questão central do citado processo administrativo foi a redação do Regimento Interno do TSE, o qual determinava que se concedesse o *status* de "resolução" a decisões administrativas e absolutamente desprovidas de caráter normativo abstrato ou regulamentar, como nas respostas a consultas, nos casos de prestação de contas partidárias, de pedido de diárias, de alteração de estatuto partidário, entre outros.

O voto condutor, proferido pelo Ministro Presidente do TSE, veiculou os seguintes fundamentos:

"O Senhor Min. Ricardo Lewandowski (Relator): Senhores Ministros, eminentes pares, validamente, o poder normativo do TSE está previsto na legislação eleitoral brasileira que lhe confere competência para editar instruções de caráter normativo no escopo de regulamentar, preparar e realizar as eleições.

Com efeito, na Sessão Plenária de 13.09.1959, sob a égide do Código Eleitoral de 1950, o então Presidente do TSE, Min. Nélson Hungria, assentou que a atividade normativa da Justiça Eleitoral tem em mira 'garantir exercício dos direitos políticos e a vitalidade do regime democrático'.

(...)

Colho, ainda, da proposta que tive a honra de subscrever enquanto Secretário-Geral do TSE, os seguintes fundamentos:

'Com a devida vênia, não me parece apropriado nominar como "resolução" as mais variadas decisões de natureza administrativa como, por exemplo, consultas e petições que o TSE não decida atribuir eficácia normativa ou regulamentar. Essas decisões, a toda evidência, não são originárias do poder normativo ou regulamentar do TSE.

Não faz sentido, a meu ver, conceder-se o *status* de "resolução", cuja força legal é reconhecida tanto na jurisprudência desta Corte quanto do STF a decisões meramente administrativas desprovidas de qualquer efeito vinculante ou eficácia normativa.

É imperiosa, portanto, a necessidade de se restringir o uso do título "resolução" apenas às decisões em que o Plenário do TSE exerça a sua atividade regulamentar, o seu poder normativo, no escopo de se resguardar a essência e caracterizar, de forma mais precisa, essa competência extraordinária da Justiça Eleitoral'.

Entendo, pois, pela necessidade de alteração do referido dispositivo regimental. É que não me parece razoável, *data venia*, editar resoluções para as mais variadas decisões de cunho administrativo e não normativas, como, por exemplo, consultas e petições.

Essas decisões, a toda evidência, não são reflexos do poder normativo do TSE. Em verdade, a edição imprecisa de resoluções por parte desta Corte acabará por enfraquecer, indiretamente, o poder normativo da Justiça Eleitoral que é veiculado a cada pleito em nossas instruções que tradicionalmente recebem o título de 'resolução'" (Res. do TSE 23.308, de 02.08.2010).

Assim, o plenário do TSE acolheu a proposta de alteração de seu regimento interno e editou a Res. 23.308, que dispõe sobre a lavratura de acórdãos e resoluções do Tribunal, publicada no *DJe* de 10.08.2010, nos seguintes termos:

"O Tribunal Superior Eleitoral, usando das atribuições que lhe confere o artigo 23, inciso I, do Código Eleitoral, resolve:

Art. 1.º O § 3.º do artigo 25 do Regimento Interno do Tribunal Superior Eleitoral passa a vigorar com a seguinte redação:

§ 3.º Os feitos serão numerados, e as decisões serão lavradas sob o título de acórdão, reservando-se o termo resolução àquelas decisões decorrentes do poder regulamentar do Tribunal e nas hipóteses em que o Plenário assim o determinar, por proposta do relator.

Art. 2.º Esta Resolução entra em vigor na data de sua publicação".

Desse modo, a alteração implementada por meio da Res. 23.308/2010 representa significativo aperfeiçoamento na forma de manifestação do poder normativo do TSE, uma vez que reservou o uso do título "resolução" apenas às decisões decorrentes do poder normativo e regulamentar do Tribunal, e não a questões de natureza meramente administrativa ou consultivas.

6
ELEMENTOS DO PODER NORMATIVO DA JUSTIÇA ELEITORAL

6.1 Elementares do ato

Inicialmente, é preciso definir a noção dos termos e fixar as balizas pelas quais os elementos do poder normativo da Justiça Eleitoral serão examinados, pois, como já pontuava Godofredo Telles Jr., "a definição tem por função delimitar o definido. De grande valor, pois, é a definição na investigação científica: ela demarca o objeto a estudar, impossibilitando o risco de se tomar um objeto por outro".[1]

Grande parte da doutrina brasileira costuma atribuir aos pressupostos processuais o sentido de que eles são requisitos de constituição (existência) e validade dos atos jurídicos processuais. Nessa linha, Waldemar Mariz assenta que pressupostos "são requisitos necessários para que a relação processual se constitua e tenha validade. Sem o concurso desses pressupostos ou de algum deles o processo não terá existência e validade".[2] Tesheiner, do mesmo modo, observa, que, uma vez constituído o processo "daí por diante os pressupostos a considerar já não dizem respeito à constituição do processo, mas ao seu desenvolvimento válido e regular".[3]

Humberto Theodoro Jr., igualmente, considera que os pressupostos processuais "são, em suma, requisitos jurídicos para a validade e eficácia da relação processual". Para o autor, esses pressupostos dividem-se em: (i) de existência "requisitos para que a relação processual se constitua validamente"; e (ii) de desenvolvimento, "aqueles a serem atendidos, depois que o processo se estabeleceu regularmente".[4]

---

1. TELLES JR., Godofredo. *Tratado da consequência*. São Paulo: Bushatsky, 1962. p. 325-326.
2. OLIVEIRA JR., Waldemar Mariz de. *Curso de direito processual civil*. São Paulo: Ed. RT, 1968. vol. 1, p. 77.
3. TESHEINER, José Maria. *Pressupostos processuais e nulidades do processo civil*. São Paulo: Saraiva, 2000. p. 28.
4. THEODORO JR., Humberto. *Curso de direito processual civil*. Rio de Janeiro: Forense, 2000. vol. 1, p. 32-33.

No mesmo sentido, entre outros, a doutrina de Jorge Luís Dall'Agnol,[5] José Frederico Marques[6] e Teresa Arruda Alvim Wambier.[7]

Em sentido contrário, parte da doutrina distingue os pressupostos, premissas pertencentes ao plano *descritivo* da existência jurídica (mundo do ser), dos requisitos, circunstâncias do plano *prescritivo* da validade (mundo do dever ser), na linha da clássica e precursora obra de Oskar von Bülow,[8] a ser examinada, a seguir, em linhas gerais, na análise dos pressuposto de existência e dos requisitos de validade do poder normativo da Justiça Eleitoral.

Desse modo, independentemente do sentido e alcance doutrinário dos pressupostos existenciais e dos requisitos de validade, o ponto comum de partida é que, como bem assentou J. J. Calmon de Passos, "os pressupostos, requisitos de condições", constituem os denominados "elementos do ato" normativo e, "satisfeitos os pressupostos e requisitos, tem-se a validade do ato".[9]

6.2 Pressupostos de existência

Pressuposto, segundo o Aurélio Buarque de Holanda, "é a circunstância ou fato considerado antecedente necessário de outro"[10] ou, no vernáculo jurídico, "exprime o que deve vir antes, ou é natural que antes se verificasse".[11] No sentido filosófico, é uma "afirmação cuja verdade é necessária para a verdade ou falsidade de outra informação",[12] ou uma "premissa não declarada de um raciocínio, mas que não foi previamente enunciada".[13]

Ao examinar a questão, Miguel Reale assentou que "talvez resida no problema dos pressupostos a principal diferença entre Ciência positiva e Filosofia. Ciência positiva é construção que parte sempre de um ou de mais pressupostos particulares.

---

5. DALL'AGNOL, Jorge Luís. *Pressupostos processuais*. Porto Alegre: Letras Jurídicas, 1988. p. 32-33.
6. MARQUES, José Frederico. *Manual de direito processual civil*. São Paulo: Saraiva, 1976. vol. 1.
7. ARRUDA ALVIM WAMBIER, Teresa. *Nulidades do processo e da sentença*. 4. ed. São Paulo: Ed. RT, 2000.
8. BÜLOW, Oskar von. *La teoria de las excepciones procesales y los presupuestos procesales*. Buenos Aires: EJEA, 1964.
9. CALMON DE PASSOS, J. J.. *Esboço de uma teoria das nulidades aplicada às nulidades processuais*. Rio de Janeiro: Forense, 2002. p. 36.
10. FERREIRA, Aurélio Buarque de Holanda. *Dicionário da Língua Portuguesa*. Rio de Janeiro: Nova Fronteira, 2000. p. 555.
11. DE PLÁCIDO E SILVA. *Vocabulário jurídico*. Rio de Janeiro: Forense, 1999. p. 636.
12. BLACKBURN, Simon. *Dicionário Oxford de filosofia*. Rio de Janeiro: Zahar, 1994. p. 311.
13. ABBAGNANO, Nicola. *Dicionário de filosofia*. São Paulo: Martins Fontes, 1998. p. 789.

Filosofia é crítica de pressupostos, sem partir de pressupostos particulares, visto como as 'evidências' se põem, não se pressupõem".[14]

No plano processual, a mais importante definição partiu do alemão Oskar von Bülow, que, nos idos de 1868, publicou a *Teoria das exceções processuais e os pressupostos processuais* (*Die von den Prozesseinreden und die Prozsessvoraussetzungem*). O referido autor levou em conta, para a classificação dos "pressupostos processuais", expressão por ele proposta: (i) as pessoas do processo; (ii) a matéria do processo; (iii) a proposição da demanda e sua comunicação e a prestação de cauções; e (iv) a ordem entre vários processos.[15]

Para Bülow, os pressupostos processuais se relacionavam às condições de existência jurídica do processo, e não do plano da validade, como em seguida propôs Giuseppe Chiovenda, que ao adotar a teoria de Bülow na Itália resolveu adicionar condições de validade: "Para simplificar, incluiremos entre os pressupostos processuais mais essas condições. Desde que essas condições são necessárias ao desenvolvimento da relação processual, sua omissão obsta ao desenvolvimento, mesmo sem, no entanto, eliminar o processo".[16]

Já Carnelutti, de outro lado, mesmo com as críticas a teoria de Bülow, manteve-se fiel à ideia original do autor ao definir os pressupostos como aquilo "que deve existir antes do ato, na pessoa que atua ou na coisa sobre a qual se atua, com o fim de que o ato seja jurídico".[17]

Desse modo, compreende-se que os pressupostos são premissas, postulados e dizem respeito ao plano *descritivo* da existência jurídica (mundo do ser), enquanto os requisitos são circunstâncias do plano *prescritivo* da validade (mundo do dever ser). Em outras palavras, o pressuposto não pode estar diretamente vinculado à noção de validade, uma vez que a validade depende da existência do ato.

A propósito, Eros Roberto Grau observou que o "direito pressuposto" seria aquela expressão ou manifestação jurídica não positivada, enquanto o "direito posto" seria a prescrição normativa positivada, portanto, no plano da validade.[18]

Destarte, a doutrina processual aponta, em linhas gerais, os seguintes pressupostos: (i) a existência de um órgão jurisdicional; (ii) a existência de partes; (iii) a existência de uma demanda; e (iv) a existência de conhecimento do demandado.[19]

---

14. REALE, Miguel. *Introdução à filosofia*. 3. ed. São Paulo: Saraiva, 1994. p. 6-7.
15. BÜLOW, Oskar von. Op. cit., p. 4-7.
16. CHIOVENDA, Giuseppe. *Instituições de direito processual civil*. Campinas: Bookseller, 1998. vol. 1, p. 82-83.
17. CARNELUTTI, Francesco. *Instituições do processo civil*. Campinas: Servanda, 1999. vol. 1, p. 510.
18. GRAU, Eros Roberto. *O direito posto e o direito pressuposto*. São Paulo: Malheiros, 1998. p. 35.
19. CARVALHO, José Orlando Rocha de. *Teoria dos pressupostos e dos requisitos processuais*. Rio de Janeiro: Lumen Juris, 2005. p. 95.

No âmbito eleitoral, tendo em conta as supracitadas balizas doutrinárias, verificam-se, no plano da existência, os seguintes pressupostos ou condições existenciais para a atividade normativa da Justiça Eleitoral brasileira: (i) existência de órgão jurisdicional; (ii) existência de requerente; (iii) existência de processo; e (iv) existência de eleição.

6.2.1 Órgão judicial

O primeiro pressuposto de existência do poder normativo da Justiça Eleitoral é que se tenha um órgão investido de jurisdição eleitoral apto, portanto, a editar atos regulamentares e normativos para disciplinar o pleito.

A palavra órgão deriva do latim *organum*, ou seja, instrumento que pode servir como meio de execução de alguma coisa. No no vocabulário jurídico de De Plácido e Silva: "É a instituição, legalmente organizada, encarregada de pôr em função uma certa ordem de serviços. É a pessoa ou grupo de pessoas a que, investidas em um mandato legal ou numa delegação, se incumbe de exercer as funções, que se cometem às instituições ou às pessoas jurídicas, sejam de Direito Público ou de Direito Privado".[20]

Com efeito, o TSE e os TREs cumprem essa premissa de existência, uma vez que tais órgãos são investidos de jurisdição eleitoral. Não se pode confundir, obviamente, jurisdição com competência.

Competência deriva do latim *competentia*, que significa capacidade ou aptidão para exercício de um direito ou habilidade, no sentido de poder que o órgão ou autoridade possui para conhecer e deliberar sobre certas esferas e matérias jurídicas.[21] Jurisdição é o poder de aplicação do Direito, que deriva do latim *jus dicere* ou *iuris dictio*, cuja junção é *jurisdictio*, isto é, dizer o direito.

Não custa relembrar, como já examinado no item 2.3.2 ("Função jurisdicional") deste estudo, o conceito de jurisdição, que em sentido amplo, corresponde ao total da competência do magistrado, com todos os elementos que a compõe: "notio, coercio, judicium, imperium e executio".[22]

6.2.2 Requerente

O segundo pressuposto de existência é a presença de determinado requerente, ou seja, o autor de um requerimento, de um pedido, seja em processo administrativo ou jurisdicional, seja em uma consulta normativa.

---

20. DE PLÁCIDO E. SILVA. Op. cit., p. 587.
21. Idem, p. 186.
22. Idem, p. 466.

Assim, figuram como requerentes a própria Justiça Eleitoral, por seus órgãos, entre os quais, a presidência, os juízes, a corregedoria ou as secretarias, além do Ministério Público Eleitoral. Os requerentes estão aptos a postularem no processo de instruções, resoluções gerais e nos regulamentos.

Para as consultas, normativas ou não, somente autoridades com jurisdição federal e delegados ou representantes de partido político nacional podem figurar como consulentes.

6.2.3 Processo

Processo deriva do latim *processus,* que significa ação de proceder ou ação de prosseguir. No vernáculo jurídico, "processo é a relação jurídica vinculativa, com o escopo de decisão, entre as partes e o Estado-juiz ou entre o administrado e a Administração".[23]

Sem um processo formal autuado sob a classe "instrução", um processo administrativo, ou jurisdicional ou uma mera consulta, não há como existir o poder normativo ou regulamentar da Justiça Eleitoral, pois é nos autos do processo que se materializam os regulamentos eleitorais.

6.2.4 Eleição

Por fim, para que sejam expedidas as instruções eleitorais, é preciso o pressuposto de um pleito, uma eleição para se regulamentar. A palavra eleição deriva do latim *electio,* de *eligere,* que significa o ato pelo qual se escolhe alguém ou alguma coisa para determinada atividade.

No plano do Direito Eleitoral, eleição é a escolha majoritária ou proporcional, de certa pessoa que se candidata a determinado cargo ou função pública, por meio de votos colhidos pela Justiça Eleitoral.

Portanto, tendo em conta que o escopo fundamental dos regulamentos eleitorais é disciplinar, administrar e arbitrar a condução das eleições, da melhor forma possível, o pleito se torna, por consequência lógica, um importante pressuposto de existência da atividade normativa da Justiça Eleitoral.

6.3 Requisitos de validade

Além desses pressupostos ou elementos existenciais (ser), há, ainda, no plano da validade (dever ser), alguns requisitos ou atributos para regularidade dos atos regulamentares.

---

23. Idem, p. 643.

Sobre o ponto, José Cretella Jr. esclarece que a "diferença entre elementos e requisitos residiria em que aqueles contribuiriam para a existência do ato, mas apenas de maneira estática, ao passo que os requisitos implicariam uma preparação e aperfeiçoamento indispensáveis para que o mesmo ato, existindo, esteja apto para operar, dinamicamente, com validade".[24]

Ao discorrer sobre os elementos dos atos, J. J. Calmon de Passos explica o seguinte:

"Quando se cuida de ato jurídico, ou de tipo, que nada mais é que um ato ou conjunto de atos jurídicos operando, no seu todo, como suposto de uma consequência jurídica específica, denominamos de pressuposto ao que precede ao ato e é para ele juridicamente relevante; qualificamos como condição tudo quanto a ele se segue e é exigido para a produção dos efeitos específicos que ao ato ou tipo se associam, chamando de requisitos tudo quanto integra a estrutura executiva do ato. Pressupostos, requisitos e condições, por sua vez, constituem o que denominamos elementos do ato. (...) Satisfeitos os pressupostos e requisitos, tem-se a validade do ato. No comum das situações, ocorrendo a validade, dela é consequência necessária a eficácia, isto é, aptidão do ato para produzir os resultados pretendidos"[25] (grifos no original).

Desse modo, para que os atos normativos e regulamentares baixados pela Justiça Eleitoral tenham validade e, em consequência, eficácia no mundo jurídico, é necessário, além dos pressupostos de existência, que determinados requisitos sejam observados, uma vez que positivados no mundo do *dever ser*.

São requisitos de validade das resoluções e regulamentos eleitorais: (i) competência do órgão jurisdicional; (ii) capacidade do requerente; (iii) realização de audiência pública; e a (iv) publicação dos regulamentos.

6.3.1 Competência

A palavra competência tem origem do latim *competentia*, que significa a capacidade ou aptidão para o exercício de um direito ou capacidade, no sentido de poder que o órgão ou autoridade pública possui para conhecer e deliberar sobre certas esferas e matérias jurídicas. De Plácido e Silva explica que

"a) tanto significa a capacidade, no sentido de aptidão, pela qual a pessoa pode exercitar ou fruir um direito, b) como significa a capacidade, no sentido de poder, em virtude do qual a autoridade possui legalmente atribuição para conhecer de certos atos jurídicos e deliberar a seu respeito. No primeiro caso, a competência revela a faculdade que é assegurada por lei, para que se possam exercitar direitos,

---

24. CRETELLA JR., José. *Tratado de direito administrativo*. Rio de Janeiro: Forense, 1966. vol. 2, p. 145-146.
25. CALMON DE PASSOS, J. J. Op. cit., p. 35-36.

autorizando a prática de todos os atos defensivos dos mesmos, ou necessários para mantê-los. No segundo caso, significa o poder que outorga à pessoa ou instituição, autoridade jurisdicional para deliberar sobre determinado assunto, resolvendo-o segundo as regras ou os limites que a investem nesse mesmo poder".[26]

A competência da Justiça Eleitoral é territorial, ou seja, determinada pela circunscrição (*ratione loci*), ou material, em razão da ordem ou natureza jurisdicional (*ratione materiae*).

Assim, como já examinado em capítulos anteriores, o Código Eleitoral (Lei 4.737/1965) foi recepcionado pela Constituição como lei complementar, em sentido material, e assentou competência privativa ao Tribunal Superior Eleitoral para, em caráter normativo e regulamentar, elaborar o seu regimento interno; fixar as datas para as eleições de Presidente e Vice-Presidente da República, senadores e deputados federais, quando não o tiverem sido por lei; expedir as instruções que julgar convenientes à execução do referido diploma normativo; responder, sobre matéria eleitoral, às consultas que lhe forem feitas em tese por autoridade com jurisdição federal ou órgão nacional de partido político; e tomar quaisquer outras providências que julgar convenientes à execução da legislação eleitoral (art. 23).

No âmbito regional, o art. 30 do Código Eleitoral (Lei 4.737/1965) fixou competência aos TREs para: elaborar o seu regimento interno; fixar a data das eleições de Governador e Vice-Governador, deputados estaduais, prefeitos, vice-prefeitos, vereadores e juízes de paz, quando não determinada por disposição constitucional ou legal; responder, sobre matéria eleitoral, às consultas que lhe forem feitas, em tese, por autoridade pública ou partido político; cumprir as decisões e instruções do TSE, que geralmente, se fazem por meio de novas resoluções, como, por exemplo, para regulamentar eleições extemporâneas ou suplementares, por ordem do Tribunal Superior em processo de execução de julgado.

Esses requisitos são balizas que asseguram a validade do ato normativo e, caso não observadas, podem gerar nulidade ou anulabilidade dos regulamentos.

6.3.2 Capacidade

Outro requisito de validade é que a parte requerente tenha capacidade para deflagrar o processo de expedição dos regulamentos eleitorais. Validamente, os órgãos da Justiça Eleitoral, Ministério Público Eleitoral possuem capacidade para iniciar o processo regulamentar de instruções, resoluções gerais e regulamentos.

Em relação às consultas, no âmbito do TSE, somente autoridades com jurisdição federal ou órgão nacional de partido político. Já nos Tribunais Regionais, é dispensável a natureza federal das autoridades públicas e o caráter nacional dos

---

26. DE PLÁCIDO E SILVA. Op. cit., p. 186.

partidos políticos consulentes (art. 23, XII, combinado com o art. 30, VIII, ambos do Código Eleitoral).

6.3.3 Audiência pública

A Lei 9.504/1997, denominada Lei das Eleições, estabeleceu em sua redação originária que, antes de expedir as instruções necessárias à fiel execução do Código Eleitoral, é necessário que sejam "ouvidos, previamente, em audiência pública, os delegados dos partidos participantes do pleito" (art. 105).

Com a reforma introduzida pela Lei 12.034/2009, o *caput* do referido dispositivo recebeu a seguinte alteração, *in verbis*: "ouvidos, previamente, em audiência pública, os delegados ou representantes dos partidos políticos", assim, com a minirreforma, as agremiações passaram a ter a faculdade de ser representadas não apenas pelos seus delegados, mas por qualquer outro representante apto a colaborar com o andamento da audiência pública.

Apesar de a Lei das Eleições contemplar somente os delegados ou representantes dos partidos políticos, é certo que o Tribunal Superior Eleitoral, na linha de que a interpretação constitucional e da legislação eleitoral não é tarefa exclusiva dos juízes, e muito menos está restrita às Cortes Eleitorais, resolveu democratizar o processo interpretativo de modo a permitir a participação plural do cidadão e instituições no processo de elaboração de seus regulamentos, seguindo o pensamento difundido por Peter Häberle.[27]

Na prática, portanto, durante as audiências públicas para as instruções eleitorais de 2012, participaram não apenas os representantes e delegados das agremiações políticas, mas também membros do Ministério Público (MP/RJ) e entidades da sociedade civil, como a Associação Brasileira das Empresas de Pesquisas, o Conselho Federal de Estatística e o tradicional Instituto Brasileiro de Direito Eleitoral (Ibrade), por meio do seu primeiro secretário, Gustavo Severo.

Todas as sugestões apresentadas durante a audiência pública foram reduzidas a termo e examinadas pelo relator das instruções, pela presidência e pelo corpo técnico do Tribunal. As propostas mais valiosas e pertinentes foram incorporadas ao texto da resoluções eleitorais.

Todavia, as audiências públicas não se restringem à expedição das Instruções Eleitorais. Em 2012, por exemplo, o TSE resolveu abrir audiência pública com o objetivo de oportunizar a oitiva de pessoas e entidades a respeito da matéria tratada nos autos da Pet 954-57, rel. Min. Nancy Andrighi, a saber, a redistribuição das

---

27. HÄBERLE, Peter. *Hermenêutica constitucional. A sociedade aberta dos intérpretes da constituição: contribuição para a interpretação pluralista e "procedimental" da Constituição*. Porto Alegre: Sergio Antonio Fabris Editor, 1997.

vagas de deputados federais, estaduais e distritais, nos termos do art. 45, § 1.º da CF e da LC 78/1993, nos termos do seguinte despacho:

"1. Ficam, assim, designados os dias 28 e 29.05.2012, das 14h às 18h, para a realização da audiência pública, no Auditório I do Tribunal Superior Eleitoral.

2. A ordem dos trabalhos seguirá, no que couber, o disposto nos arts. 154 e 155 do Regimento Interno do Supremo Tribunal Federal (RITSE, art. 94).

3. Os interessados deverão requerer sua habilitação na audiência pública, na condição de participante, até às 19h do dia 30.04.2012, exclusivamente pelo endereço eletrônico audienciapublica2012@tse.jus.br. Para tanto, deverão anexar: (a) arquivo com o formulário eletrônico de inscrição devidamente preenchido, disponível no sítio do TSE; e (b) resumo fundamentado da tese especificando a posição que defende, com no máximo 15 (quinze) laudas.

4. Os resumos poderão, a critério da ministra relatora, ser divulgados no sítio do TSE, independentemente de o autor ter sido habilitado para as audiências públicas.

5. Em razão do limite temporal de manifestação de cada participante e do cronograma de trabalho durante a audiência, ocorrendo requerimentos de habilitação que extrapolem esses limites, a ministra relatora poderá circunscrever o número de participantes dentre aqueles que requererem a habilitação. Os critérios adotados para a seleção dos habilitados terão como objetivo garantir, ao máximo, (i) a participação dos diversos segmentos, bem como (ii) a mais ampla variação de abordagens sobre a temática versada nos autos.

6. Cada participante disporá de no máximo 15 (quinze) minutos para a sua intervenção, devendo observar as normas estabelecidas para as audiências e limitar--se exclusivamente ao tema em debate, sob pena de interrupção da manifestação.

7. O requerimento de inscrição poderá ser indeferido caso não se adéque à finalidade da audiência, não sendo admitido recurso ou pedido de reconsideração (RISTF, art. 154, parágrafo único, III).

8. Os participantes que desejarem utilizar recursos audiovisuais deverão enviar os arquivos da apresentação em meio digital (CD ou DVD) para a Assessoria de Cerimonial e Assuntos Internacionais do TSE, com cópia para o Gabinete da ministra relatora, até às 19h do dia 16.05.2012.

9. As pessoas e entidades que requererem inscrição, independente de homologação, estarão autorizando o uso de sua tese e de sua imagem pela Justiça Eleitoral, entendendo-se como imagem qualquer forma de representação, inclusive a fotográfica, bem como o processo audiovisual que resulta da fixação de imagens, com ou sem som, que tenha a finalidade de criar, por meio de sua reprodução, a impressão de movimento, independentemente dos processos de sua captação, do suporte usado inicial ou posteriormente para fixá-lo e dos meios utilizados para sua veiculação.

10. Nenhum dos participantes se dirigirá à presidente da audiência a não ser com sua licença, em pé e pelo tempo estabelecido, podendo ser-lhe interrompida a manifestação caso o comportamento seja considerado incompatível com as normas internas do TSE.

11. As despesas para a participação na audiência pública deverão ser custeadas pela própria entidade ou pessoa habilitada.

12. O acesso ao local destinado à audiência será permitido aos espectadores, não havendo inscrições para tal finalidade. O número, entretanto, será limitado à capacidade do local de sua realização. Os lugares serão ocupados por ordem de chegada, respeitada a reserva à imprensa e aos habilitados na condição de participantes.

13. A Audiência Pública poderá ser transmitida pela TV Justiça e pela Rádio Justiça, assim como pelas demais emissoras que requererem. Tais pedidos deverão ser encaminhados para o endereço eletrônico audienciapublica2012@tse.jus.br. Os demais meios de comunicação que desejarem fazer a cobertura da audiência deverão encaminhar requerimento para o citado endereço eletrônico.

14. A relação dos habilitados a participar da audiência pública, bem como a ordem dos trabalhos, estarão disponíveis no sítio eletrônico do TSE a partir do dia 08.05.2012.

15. Informações adicionais poderão constar no *hotsite* que será disponibilizado para a audiência, constante do sítio eletrônico do TSE (www.tse.jus.br).

16. Eventuais dúvidas devem ser encaminhadas para o endereço eletrônico audienciapublica2012@tse.jus.br.

17. Os casos omissos serão resolvidos pela ministra relatora e comunicados oportunamente".

Assim, habilitaram-se para participar da audiência pública parlamentares estaduais e federais, a Procuradoria-Geral da União, a Assembleia legislativa amazonense e membros da comunidade acadêmica, e, na mesma linha plural, puderam demonstrar seus pontos de vista e apresentar sugestões ao Tribunal.

Portanto, a importância desse requisito do poder normativo esta na aproximação da Justiça Eleitoral com a sociedade, por meio das audiências públicas, de modo a aprimorar o exercício dessa atividade regulamentar, evitando, assim, conflitos com a legislação regente e com os atores do processo eleitoral.

6.3.4 Publicidade

A Constituição de 1988 determina obediência ao princípio da publicidade, em sentido amplo (art. 37, *caput*). Sobre esse importantíssimo vetor constitucional, Celso Antônio Bandeira de Mello ensina que

"Consagra-se nisto o dever administrativo de manter plena transparência em seus comportamentos. Não pode haver em um Estado Democrático de Direito, no qual o poder reside no povo (art. 1.º, parágrafo único, da Constituição), ocultamento aos administrados dos assuntos que a todos interessam, e muito menos em relação aos sujeitos individualmente afetados por alguma medida".[28]

Os regulamentos eleitorais, portanto, devem ser formulados com total transparência e publicidade uma vez que interferem sobremaneira em um campo impregnado do mais elevado interesse público que é o processo eleitoral. Por isso mesmo, no processo de elaboração das Instruções Eleitorais conta-se com a participação dos atores do processo eleitoral, em audiências públicas, e, em seguida, ressalte-se que as sessões administrativas, nas quais as resoluções são examinadas e aprovadas, são publicas.

No caso do TSE (e do STF), a publicidade vai ao extremo dos extremos, uma vez que as sessões administrativas e jurisdicionais são transmitidas em tempo real – ao vivo – pela TV Justiça, em rede nacional.

Além dessa transparência constitucionalmente imposta, os regulamentos eleitorais somente terão validade se efetivamente publicados na imprensa oficial. Registre-se, por oportuno, que a Lei das Eleições determina que as Instruções Eleitorais poderão ser expedidas até o dia 5 de março do ano da eleição, mas, que, somente as resoluções publicadas até a referida data "serão aplicáveis ao pleito eleitoral imediatamente seguinte", nos termos do art. 105, § 3.º, da Lei 9.504/1997, incluído pela Lei 12.034/2009).

Desse modo, para que os regulamentos expedidos pela Justiça Eleitoral tenham plena validade e eficácia, é fundamental que seja atendido o princípio da publicidade estampado no art. 37, *caput*, da Constituição, em seu amplo sentido, ou seja, tanto na *publicidade-transparência*, quanto no requisito de *publicação-formal* do ato administrativo regulamentar no órgão de imprensa oficial.

---

28. BANDEIRA DE MELLO, Celso Antônio. *Curso de direito administrativo*. São Paulo: Malheiros, 2004. p. 71.

7
LIMITES DAS RESOLUÇÕES ELEITORAIS

7.1 Generalidades

O exercício do poder normativo, sem dúvida nenhuma, é a mais sensível das funções desempenhadas pela Justiça Eleitoral brasileira, pois, não raro ultrapassa as fronteiras e limites do Judiciário para inovar em matéria legislativa.

As resoluções eleitorais devem ser expedidas segundo a lei (*secundum legem*) ou para suprimir alguma lacuna normativa (*praeter legem*), jamais devem contrariar uma lei (*contra legem*), ou mesmo inovar em matéria legislativa, sob pena de invalidação do ato regulamentar.

Por isso se examinará de que forma o ativismo judicial, mais precisamente no âmbito eleitoral, pode romper com o equilíbrio entre as funções do Estado, quando uma Corte de Justiça Eleitoral atua no papel de legislador positivo.

7.1.1 Separação dos Poderes

Em seu *Elementos de direito constitucional*, Michel Temer lembra que cada órgão do poder exerce, preponderantemente, uma função, e, secundariamente, as duas outras. Da preponderância advém a tipicidade da função; da secundariedade, a atipicidade. Assim, as funções típicas do Legislativo, Executivo e Judiciário são, em razão da preponderância, legislar, executar e julgar. Atipicamente, o Legislativo também administra e julga, dispondo sobre sua organização, polícia e provimento de cargos (arts. 51, IV, e 52, XIII, da Constituição) e julgando certas autoridades por crimes de responsabilidade (art. 52, I e II, da Constituição).

O Executivo igualmente julga e legisla, quando aprecia pedidos administrativos e seus recursos e quando edita medidas provisórias e leis delegadas (arts. 62 e 68, § 2.º, da Constituição). O mesmo ocorre com o Judiciário, que legisla ao editar regimentos internos (art. 96, I, *a*, da Constituição) e administra ao organizar seus serviços auxiliares (art. 96, I, *f*, da Constituição).[1]

---

1. TEMER, Michel. *Elementos de direito constitucional*. 18. ed. São Paulo: Malheiros, 2002. p. 117-124 e 155-167.

O Estado Moderno deve a Montesquieu a elaboração da Teoria da Separação dos Poderes, que, depois, foi encampada pela experiência de inúmeras sociedades políticas, inclusive a brasileira. De tal modo foi aceita a formulação política de Montesquieu que se deu origem a um mito. A separação dos Poderes é decorrente do apego dogmático dos juristas a uma técnica de contenção do poder, nascida num período determinado, e mais do que isso, para fazer frente a questões desafiantes de um contexto determinado.

Para Montesquieu, a divisão funcional deve corresponder a uma divisão orgânica, ou seja, há de existir um órgão – usualmente denominado poder – incumbido do desempenho de cada uma dessas funções, não podendo haver entre elas qualquer vínculo de subordinação. Com efeito, a intenção do pensador francês foi elaborar uma técnica capaz de perquirir uma forma equilibrada e moderada de governo, e mais, com funções divididas, de tal modo que, no interior da estrutura do Estado, o poder se encarregasse de controlar ou limitar o próprio poder.[2]

É no sistema de independência entre os órgãos do poder e de inter-relacionamento de suas atividades que reside a fórmula dos *checks and balances of power*, ou seja, os freios e contrapesos a que alude a doutrina norte-americana, com o objetivo de proteger e resguardar os direitos e liberdades do indivíduo.

A ideia dos freios e contrapesos sempre esteve muito presente na fundação da Constituição norte-americana, de modo altamente perceptível não apenas para os juristas, mas para toda a população diretamente envolvida nos debates constitucionais. Tanto é assim que, durante a convenção de ratificação da Carta Magna, em 25.01.1788, no Estado de Massachusetts, entrou para a história as palavras de Jonathan Smith, um simples fazendeiro local que discursou sobre o perigo da anarquia e assentou ter descoberto, no texto Constitucional, a cura para as desordens e abuso do poder, nos *checks and balances of power*.[3]

Com efeito, a teoria da separação dos Poderes, enquanto sábio mecanismo propiciador da contenção do poder pelo poder, no contexto em que foi criada, alcançou inusitada significação. Na França, a Declaração dos Direitos do Homem e do Cidadão, de 1789, chegou a afirmar que toda sociedade em que a separação

---

2. MONTESQUIEU. *De l'esprit des lois*. Paris: Gallimard, 1951. vol. 2. Oeuvres complètes. Dijon, Bibliothèque de La Pléiade.
3. "Mr. President, when I saw this Constitution, I found that it was a cure for these disorders. It was just such a thing as we wanted. I got a copy of it and read it over and over. I had been a member of the Convention to form our own state Constitution, and had learnt something of the checks and balances of power, and I found them all here." ("Leviathan" Swallowing Up "Us little Folks" and on the Danger of Anarchy.) BAILYN, Bernard. *The debate on the Constitution. Part One*. New York: The Library of America, 1993. p. 907-908.

dos poderes não é assegurada, não possui Constituição (art. 16). Igualmente, a Constituição francesa de 1791 também contemplou o referido princípio.

No Brasil, o primeiro constituinte acrescentou à clássica divisão dos poderes o moderador, sendo, porém, que após a promulgação da primeira Constituição republicana de 1891, o país passou adotar a fórmula dos três poderes. Entretanto, o que a doutrina liberal clássica pretende chamar de separação de poderes, todavia, não poderia consistir numa estratégia de partição de algo que, por natureza, é uno e indivisível. Assim, a separação de poderes corresponde a uma divisão de tarefas estatais, de atividades entre distintos órgãos autônomos denominados poderes.

Sobre o significado da independência e harmonia dos Poderes na Constituição de 1988, Michel Temer assenta que essa independência é revelada sob dois aspectos: o primeiro é que cada Poder haure suas competências no Texto Constitucional, não podendo nenhuma norma infraconstitucional subtrair-lhe competências que lhe foram entregues pelo constituinte; o segundo é que, aos que desempenham essas funções constitucionais são dadas garantias para o livre o exercício de seu mister (art. 53, § 1.º, combinado com o art. 95, ambos da Constituição).

O poder político é uno e indivisível, teoricamente, porque seu titular é o povo que não o divide, senão que, em face da ação do Poder Constituinte, confere seu exercício a diferentes órgãos encarregados de exercer distintas tarefas ou atividades, ou ainda diferentes funções. Portanto, a utilização da expressão "tripartição de Poderes" é equívoca e meramente acadêmica.

É que o poder é uma unidade, é atributo do Estado. A distinção é entre órgãos que desempenham as funções. Montesquieu sistematizou a repartição das funções do poder, propondo a criação de órgãos distintos e independentes uns dos outros para o exercício de certas e determinadas funções.[4]

Assim, o mérito dessa doutrina não foi o de propor certas atividades para o Estado, pois estas já eram identificáveis. O valor desta teoria está na proposta de um sistema em que cada órgão desempenhe função distinta e, ao mesmo tempo, que a atividade de cada qual caracterizasse forma de contenção da atividade do outro órgão do poder.

O maior problema reside no desbordamento das funções do poder, ou seja, no ingresso indevido do Judiciário no domínio constitucionalmente delimitado ao Executivo e ao Legislativo.

7.1.2 Ativismo judicial eleitoral

Sem a pretensão de ingressar nas raízes norte-americanas do *judicial activism*, cujo exame doutrinário refoge às balizas deste estudo, é preciso registrar que o

---

4. TEMER, Michel. Op. cit., p. 117-124 e 155-167.

extravasamento da atividade regulamentar do Judiciário, em matéria de cunho político-eleitoral, está intimamente relacionada com o protagonismo e o ativismo praticado pelas Cortes de Justiça no Brasil.

Na matriz norte-americana, muitos autores defendem que o ativismo judicial é como uma via de transformação política. David Dow, ao sustentar que o *judicial activism* faz uma América melhor,[5] expõe que os críticos do protagonismo do Judiciário, incluindo até mesmo alguns juízes, ao lamentar a irresponsabilidade judicial, acabam por ignorar a "sabedoria dos profetas", segundo ele, os próprios juízes. Para o autor, "se a expressão 'ativismo judicial' significa alguma coisa, quer dizer 'profética'".[6]

Em sentido contrário, Cass Sunstein observa que os tribunais possuem sérios limites institucionais que impedem um papel judicial que promova grandes mudanças sociais. Segundo o autor, depender do Judiciário pode obstruir os canais democráticos de diálogo e transformação, impedindo um desfecho político adequado, o que pode gerar enorme prejuízo para a democracia. Assim, a invalidade judicial de decisões políticas pode ter um efeito corrosivo sobre os processos democráticos. Lembra, em seguida, que sob o ângulo das mudanças sociais, Martin Luther King foi muito mais importante do que todas as decisões sobre questões raciais da Suprema Corte do *Justice Warren*.[7]

A próposito, como bem demonstrou Ronald Dworkin, ao discutir a desobediência civil, Luther King fez uma profunda e verdadeira revolução política e, por isso é reconhecido e "homenageado em todo o mundo".[8]

Forte nessas premissas, Cass Sunstein desmistifica algumas bases do ativismo judicial ao desenvolver os seguintes argumentos:

"Eu não nego que o controle de constitucionalidade pode compensar as desigualdades sistêmicas nos processos majoritários ou introduzir princípios que alcançam tais processos somente com muita dificuldade. Porém, uma Suprema Corte agressiva é a coisa mais distante de um bem indiscutível, e isso é assim mesmo que os objetivos da Suprema Corte sejam sólidos.

As decisões judiciais são notavelmente ineficazes para propalar mudanças sociais. Estudos diversos chegam a documentar essa conclusão. A decisão no

---

5. Dow, David R. *America's prophets: how judicial activism makes America great*. Westport: Praeger, 2009.
6. "Critics of judicial activism, including even some justices, often speak of judicial unaccountability as regrettable fact. This critique ignores the wisdom of the prophets. (...) If the phrase 'judicial activism' means anything, it means 'prophetic'." Idem, p. 10.
7. SUNSTEIN, Cass R. *A Constituição parcial*. Belo Horizonte: Del Rey, 2009. p. 186-187.
8. "Martin Luther King, Jr., is honored throughout the world." DWORKIN, Ronald. *A matter of principle*. Oxford: Oxford University Press, 1985. p. 104.

caso Brown *vs.* Board of Education geralmente é tomada como um exemplo do contrário. A decisão da Suprema Corte no caso Brown é frequentemente lida como tendo demonstrado a notável capacidade do Judiciário federal em reformar grandes instituições sociais, e como tendo na realidade abolido o *apartheid* nos EUA.

Na verdade, entretanto, a decisão em Brown confirma a fraca posição institucional do Judiciário. Dez anos após aquela decisão, não mais do que 1,2% das crianças negras do Sul frequentavam escolas integradas. Contudo, não foi antes de 1964, com o envolvimento do Congresso e do Poder Executivo, que aconteceu uma integração racial mais disseminada".[9]

De volta ao foco do presente estudo, Erick Wilson Pereira assenta que "o poder judiciário eleitoral avança exatamente à proporção que o legislativo se mantém omisso, definindo situações que consolidam a democracia brasileira e aumentando sua responsabilidade na concretização da evolução constitucional, cujo objetivo é conferir ao sistema uma mínima estabilidade institucional".[10]

Assim, o ativismo judicial eleitoral se faz presente toda vez que um Tribunal de Justiça invade – legítima ou ilegitimamente – matéria de direito eleitoral em um campo normativamente reservado ao Executivo ou ao Legislativo. Essa intrusão pode ser implementada tanto pela via jurisprudencial quanto pela via administrativa, por meio da edição de atos normativos ou regulamentares.

Quando o ato decisório ou normativo *ultra vires* parte das Cortes Regionais Eleitorais busca-se a recomposição no TSE, ou recorre-se ao STF. Quando o ato emana do TSE reclama-se ao STF, por meio das ações do controle concentrado de constitucionalidade.

Mas o grande embaraço institucional ocorre quando a própria Suprema Corte, que tem a última palavra na jurisdição constitucional, ou, como dizia Ruy Barbosa, "o direito de errar por último",[11] invade seara legislativa para inovar em matéria de direito. Quando isso ocorre, o único controle possível é o controle político. Aqui não está a se examinar os limites das decisões em que o STF exerce o clássico papel de legislador negativo (*Negativer Gesetzgeber*) registrado por Kelsen no Tribunal Constitucional austríaco(*Verfassungsgerichtshof*),[12] mas, sim, quando as Cortes de Justiça exercem uma atividade legislativa positiva.

Legítimo é o papel do Judiciário quando, em sede de controle *abstrato*, tem, por isso, a vantagem de operar como *legislador negativo* porque a decisão proferida,

---

9. Sunstein, Cass R. Op. cit., p. 188.
10. Pereira, Erick Wilson. *Direito eleitoral: interpretação e aplicação das normas constitucionais--eleitorais*. São Paulo: Saraiva, 2010. p. 23.
11. Barbosa, Ruy. Discurso proferido na tribuna parlamentar, em 29 de dezembro de 1914.
12. Kelsen, Hans. *Teoria geral do direito e do Estado*. Brasília: UnB, 1990.

nestes termos, gera os efeitos similares aos da função legislativa, uma vez que anula a ação do poder respectivo do qual resultou a emissão da norma.

É assim que a norma ofensiva da Constituição, não apenas em um caso concreto, individual ou coletivo, mas, também, *in abstrato*, tal como diz esse autor, "de modo generalizado, para todos os casos possíveis", pode ser excluída do sistema jurídico, no todo ou em parte, "por meio de uma decisão expressa que proclame a sua anulação, ou por meio da recusa da corte em aplicar a lei ao caso concreto sob alegação manifesta da sua inconstitucionalidade, sendo então dado a essa decisão o *status* de um precedente, de modo que todos os outros órgãos aplicadores de Direito, em especial todos os tribunais, sejam obrigados a recusar a aplicação da lei", e como essa anulação é uma função legislativa, um ato de legislação negativa, o tribunal, assim, funciona como um *legislador negativo*.[13]

Já o papel de legislador positivo impõe uma séria reflexão sobre os limites do ativismo judicial, aqui examinado sob o enfoque da matéria eleitoral.

7.1.3 Estado de inconstitucionalidade

Antes de discorrer sobre a questão é preciso relembrar que a noção de inconstitucionalidade decorre também do *princípio da supremacia da constituição*, isto é, do fato de a Constituição ocupar o topo da pirâmide do ordenamento jurídico.

O estado de inconstitucionalidade é o resultado do conflito de uma norma ou de um ato hierarquicamente inferior com a Lei Maior, a qual pode advir de uma *ação* ou de uma *omissão*. A inconstitucionalidade *por ação* é aquela que resulta de atos administrativos ou legislativos que violam no todo ou em parte regras ou princípios da Constituição. A propósito, José Afonso da Silva observa que o fundamento da inconstitucionalidade por *ação* está no fato de que "do princípio da supremacia da constituição resulta o da compatibilidade vertical das normas da ordenação jurídica de um país, no sentido de que as normas de grau inferior somente valerão se forem compatíveis com as normas de grau superior, que é a constituição".[14]

De outro lado, a inconstitucionalidade *por omissão* decorre da inércia ou do silêncio dos órgãos do Poder Público que deixam de cumprir um dever constitucional, ou seja, deixam de de praticar ato exigido pela Constituição, tornando-o inaplicável ou letra morta. Mas, como adverte Jorge Miranda, os conceitos de *ação* e *omissão* são meramente operacionais quando relacionados aos órgãos do poder.[15]

---

13. Idem, p. 261.
14. Silva, José Afonso da. *Curso de direito constitucional positivo*. São Paulo: Malheiros, 1997. p. 47.
15. Miranda, Jorge. *Manual de direito constitucional*. Coimbra: Coimbra Ed., 1985. p. 274.

No campo das omissões constitucionais do Legislativo ou do Executivo, não há dúvida da legitimidade dos Tribunais para promover certo ativismo judicial na defesa de direitos fundamentais de certo indivíduo ou da coletividade. Tanto é assim que a Constituição Republicana de 1988 dispõe de instrumentos jurídicos apropriados para a defesa desses direitos, como o mandado de injunção, na via difusa, ou a ação direta de inconstitucionalidade por omissão, na via concentrada.

Agora, o que dizer – no âmbito eleitoral – quando o papel de legislador positivo opera *contra legem*? Ou seja, o que dizer quando o Judiciário resolve inovar em matéria legislativa? Quais são os limites formais e materiais desse poder regulamentar? Como controlar o exercício dessa função legiferante atípica?

7.2 Resoluções eleitorais inconstitucionais

Para melhor visualizar e compreender o problema do avanço das resoluções eleitorais sobre matéria reservada ao Legislativo, abordaremos três casos clássicos e mais relevantes em que as resoluções eleitorais foram editadas e validadas ao arrepio das leis e da Constituição da República: (i) verticalização das coligações partidárias; (ii) infidelidade partidária como causa de perda de mandato; (iii) invalidação dos votos de legenda.

7.2.1 Verticalização das coligações

Sete meses antes das eleições de 2002, na sessão de 26 de fevereiro, o TSE enfrentou a Consulta 715/DF formulada pelos deputados federais Miro Teixeira, José Roberto Batocchio, Fernando Coruja e Pompeo de Mattos, nos seguintes termos: "Pode um determinado partido político (partido A) celebrar coligação, para eleição de Presidente da República, com alguns outros partidos (partidos B, C e D) e, ao mesmo tempo, celebrar coligação com terceiros partidos (E, F e G, que também possuem candidato à Presidência da República) visando à eleição de Governador de Estado da Federação?".

Sob a presidência do Min. Nelson Jobim, o TSE respondeu a referida consulta negativamente, assentando que "os partidos políticos que ajustarem coligação para eleição de presidente da República não poderão formar coligações para eleição de governador de Estado ou do Distrito Federal, senador, deputado federal e deputado estadual ou distrital com outros partidos políticos que tenham, isoladamente ou em aliança diversa, lançado candidato à eleição presidencial". O julgado administrativo recebeu o título de Res. 21.002/2002 –, por conta da antiga redação do regimento interno do TSE.[16]

---

16. Cf. item 5.4 deste estudo: "Nova disciplina das resoluções eleitorais".

Vencido na assentada, o Min. Sepúlveda Pertence lançou a seguinte advertência:

"O juízo de conveniência, confiado ao TSE, tem por objeto a expedição ou não de instrução, não o seu conteúdo.

Este, destinado à execução do Código – e, obviamente, a todo o bloco da ordem jurídica eleitoral –, está subordinado à Constituição e à lei.

É verdade – além de explicitar o que repute implícito na legislação eleitoral, viabilizando a sua aplicação uniforme – pode o Tribunal colmatar-lhe lacunas técnicas, na medida das necessidades de operacionalização do sistema gizado pela Constituição e pela lei.

Óbvio, entretanto, que não as pode corrigir, substituindo pela de seus juízes a opção do legislador, por isso, não cabe ao TSE suprir lacunas aparentes da Constituição ou da lei, vale dizer o 'silêncio eloquente' de uma ou de outra".

Ocorre que, por conta dos ventos consultivos soprados naquela assentada, o TSE resolveu ir ainda mais longe para fazer valer a resposta proferida na consulta, como lei em sentido material. Possuidor da velha e incontornável jurisprudência que retira o caráter vinculante das consultas, o TSE decidiu, então, inserir o entendimento exposto na Consulta 715/DF – Res. do TSE 21.002/2002, de espécie "consultiva", para outro processo administrativo julgado na mesma sessão: a Instrução 55/DF, rel. Min. Fernando Neves – Res. do TSE 20.993, de 26.02.2002, da espécie "normativa", com força de lei em sentido material.[17]

Assim, a Res. do TSE 20.993, que cuidava da escolha e registro dos candidatos nas eleições de 2002, recebeu o seguinte dispositivo autônomo, *in verbis*:

"Art. 4.º (...)

§ 1.º Os partidos políticos que lançarem, isoladamente ou em coligação, candidato/a à eleição de presidente da República não poderão formar coligações para eleição de governador/a de Estado ou do Distrito Federal, senador/a, deputado/a federal e deputado/a estadual ou distrital com partido político que tenha, isoladamente ou em aliança diversa, lançado candidato/a à eleição presidencial (Lei 9.504/1997, art. 6.º; Consulta 715, de 26.02.2002)".[18]

Por conta do referido dispositivo, o Partido Comunista do Brasil (PC do B), o Partido Liberal (PL), o Partido dos Trabalhadores (PT), o Partido Socialista Brasileiro (PSB) e o Partido Popular Socialista (PPS) ajuizaram as Ações Diretas de Inconstitucionalidade 2.626 e 2.628, contra as Resoluções 21.002 (Consulta 715) e a 20.993 (Instrução 55).

---

17. Cf. item 5.3 deste estudo: "Tipologia das resoluções eleitorais".
18. COELHO, Marcus Vinícius Furtado. *Direito eleitoral e processo eleitoral*. 2. ed. Rio de Janeiro: Renovar, 2010.

Entretanto, no julgamento das Ações Diretas de Inconstitucionalidade 2.626 e 2.628, relatadas pelo Min. Sydney Sanches, prevaleceu o entendimento de que não seria cabível ação direta de inconstitucionalidade contra uma resolução proveniente de consulta, em tese, nem para interpretar norma infraconstitucional (art. 6.º da Lei das Eleições), nos termos da seguinte ementa:

"Ação direta de inconstitucionalidade. § 1.º do art. 4.º da Instrução 55, aprovada pela Res. 20.993, de 26.02.2002, do TSE. Art. 6.º da Lei 9.504/1997. Eleições de 2002. Coligação partidária. Alegação de ofensa aos arts. 5.º, II e LIV, 16, 17, § 1.º, 22, I e 48, *caput*, da CF. Ato normativo secundário. Violação indireta. Impossibilidade do controle abstrato de constitucionalidade.

Tendo sido o dispositivo impugnado fruto de resposta à consulta regularmente formulada por parlamentares no objetivo de esclarecer o disciplinamento das coligações tal como previsto pela Lei 9.504/1997 em seu art. 6.º, o objeto da ação consiste, inegavelmente, em ato de interpretação. Saber se esta interpretação excedeu ou não os limites da norma que visava integrar, exigiria, necessariamente, o seu confronto com esta regra, e a Casa tem rechaçado as tentativas de submeter ao controle concentrado o de legalidade do poder regulamentar. Precedentes: ADI 2.243, rel. Min. Marco Aurélio, ADI 1.900, rel. Min. Moreira Alves, ADI 147, rel. Min. Carlos Madeira.

Por outro lado, nenhum dispositivo da Constituição Federal se ocupa diretamente de coligações partidárias ou estabelece o âmbito das circunscrições em que se disputam os pleitos eleitorais, exatamente, os dois pontos que levaram à interpretação pelo TSE. Sendo assim, não há como vislumbrar, ofensa direta a qualquer dos dispositivos constitucionais invocados.

Ação direta não conhecida. Decisão por maioria".

Ora, evidente o equívoco do entendimento sufragado uma vez que a Instrução 55 não se tratava de mera consulta administrativa. O plenário não soube diferenciar duas resoluções formalmente distintas: (i) a Res. 21.002 (Consulta 715): meramente "consultiva"; e a Res. 20.993 (Instrução 55): ato normativo impregnado de generalidade, abstratividade e impessoalidade, com força de lei em sentido material, como uma Instrução para as Eleições 2002. A tese vencedora apoiou-se em uma premissa falsa: de ser a norma impugnada mera consulta administrativa e em outra questionável: de que as resoluções eram atos regulamentares secundários e, portanto, imunes ao controle de constitucionalidade perante o STF.

Os belos votos vencidos, proferidos pelos Ministros Sydney Sanches (relator), Ilmar Galvão, Sepúlveda Pertence e Marco Aurélio, então Presidente, não deixam dúvidas sobre o equívoco daquela decisão, por apertada maioria.

"Ora, no caso presente, foi também depois de responder a consulta (resposta administrativa aqui não impugnada) que o TSE baixou a Instrução, que contém o dispositivo atacado nestes autos. Dirigida ela (a Instrução) a toda a Justiça Eleitoral, ou seja, a todos os juízes de 1.º grau e Tribunais Regionais e envolvendo, assim, em todo o processo eleitoral, os candidatos e os Partidos Políticos eventualmente interessados em coligações.

E vedando não simples uso de simuladores de urnas, mas as próprias Coligações partidárias.

Diante de tudo que ficou exposto, considero normativo e autônomo o ato impugnado e por isso atacável em ação direta de inconstitucionalidade, nos temos do art. 102, I, *a*, da CF.

(...)

A instrução normativa do TSE, ao instituir a vinculação das coligações formadas na circunscrição dos Estados à que se houver formado para a eleição de Presidente da República, desenganadamente exorbitou de seus limites, inovando na ordem jurídica eleitoral, ofendendo, em consequência, o princípio da legalidade (...) e usurpadora da competência privativa do Congresso Nacional, não podendo prevalecer" (Min. Ilmar Galvão).

"O TSE baixou, para as eleições realizadas em 1988, instrução a partir dessa mesma Lei [9.504/1997]. E, aí, não se cogitou da verticalização a partir da Presidência, porque se procedeu à interpretação sistemática do art. 6.º da citada lei. Teve-se presente a cláusula básica da viabilidade das coligações, que remete, necessariamente, para se sopesar o alcance respectivo, ao Código Eleitoral, mediante referência à circunscrição.

Já disseram os colegas sobre o fato de, em regra, qualquer ato normativo abstrato, autônomo, desafiar o controle concentrado de constitucionalidade.

Não posso perceber o TSE – sob a minha óptica e daqueles que votaram pelo conhecimento das duas ações diretas de inconstitucionalidade – assumindo a posição do Congresso Nacional. E, caso a caso – eu mesmo redigi acórdãos a admitirem e acórdãos a não admitirem o controle concentrado de constitucionalidade –, incumbe à Corte perquirir até que ponto se ficou na regulamentação de um certo diploma legal. Não há como deixar de examinar a lei que se teria como regulamentada, como explicitada na instrução baixada pelo TSE. Julga-se sempre e sempre a partir de fato, de parâmetros, e estes – para se chegar à definição da natureza de um ato, para se estabelecer que é um ato normativo abstrato, autônomo – estão na ordem jurídica, revelada não só pela legislação constitucional, mas também pela ordinária. A Constituição, em boa hora, cuida da anterioridade dos diplomas que venham a reger as eleições, para evitar, justamente, surpresas geradoras, como ocorreu no tocante a essa instrução do TSE, de uma insegurança maior, de uma perplexidade.

(...)

Ora, se a Carta da República, mediante o preceito do art. 16, impõe, quanto à lei em sentido formal e material, a anterioridade de um ano, o que se dirá relativamente a algo que tenha força de lei, como a medida provisória, e, quanto a um ato do próprio TSE – cuja competência normativa está aquém até da outorgada pelo art. 114 da CF à Justiça do Trabalho – que venha a dispor, inovando – e não há a menor dúvida de que houve uma inovação, considerada a própria prática do TSE nas eleições de 1998 – as balizas do pleito a sete meses deste" (Min. Marco Aurélio).

Perdida a batalha jurídica no STF que relutava em aceitar a tese de que o TSE teria inovado em matéria legislativa, ante a sensibilidade da questão, coube ao Congresso Nacional impor limite ao ativismo judicial eleitoral, promulgando a EC 52, de 08.03.2006, que deu nova redação ao § 1.º do art. 17 da CF para disciplinar – legitimamente – as coligações eleitorais, nos termos da seguinte regra:

"É assegurada aos partidos políticos autonomia para definir sua estrutura interna, organização e funcionamento e para adotar os critérios de escolha e o regime de suas coligações eleitorais, sem obrigatoriedade de vinculação entre as candidaturas em âmbito nacional, estadual, distrital ou municipal, devendo seus estatutos estabelecer normas de disciplina e fidelidade partidária" (EC 52, de 08.03.2006).

E para completar o quadro de insegurança jurídica e falta de coerência, em 22.03.2006, o STF julgou procedente a ADI 3.685.DF, rel. Min. Ellen Gracie, para aplicar o princípio da anterioridade da lei eleitoral (art. 16 da Constituição) na EC 52/2006, projetando, por conseguinte, a regra constitucional sobre as coligações para as eleições futuras, excluindo-se, pois a de 2006.

Eis o *supremo paradoxo*: para a resolução eleitoral – com força de lei – que impôs nova regra de verticalização das coligações (Instrução 55 – Res. do TSE 20.993/2002), a Suprema Corte decidiu não aplicar o princípio da anterioridade da lei eleitoral (Ações Diretas de Inconstitucionalidade 2.626 e 2.628), entretanto, no julgamento da ADI 3.685, que examinou a EC 52/2006, a qual desfez a confusão normativa reinante, ou seja, restaurou as regras de coligações do tabuleiro eleitoral de 1998, o STF, contraditoriamente, decidiu aplicar o art. 16 da Constituição. E como uma cereja no cenário de dois pesos e duas medidas, foi a Min. Ellen Gracie quem redigiu ambos os acórdãos.

Justificativas meramente formais não escondem o pano de fundo, qual seja, a inequívoca inconstitucionalidade da Res. do TSE 20.993/2002 que tanto inovou em matéria constitucional, que somente uma emenda à Constituição pode desconstituí-la. A EC 52/2006, cuja redação é materialmente inversa ao regulamento eleitoral, poderia ter recebido um último dispositivo, sem parecer piada: "Revoga-se o art. 4.º, § 1.º, da Res. do TSE 20.993/2002". Não precisou, claro, a revogação foi tácita.

7.2.2 Infidelidade partidária

O caso da infidelidade partidária como causa de perda de mandato parlamentar foi exótico sob vários aspectos jurídicos. O primeiro porque derivou de resposta do TSE na Consulta 1.398/DF, que, como se sabe, não possui – ou não deveria possuir – nenhum efeito vinculante conforme remansosa jurisprudência do TSE e do próprio STF (ADI 1.805-MC/DF e razões do item 5.2.2 deste estudo). A segunda impropriedade foram os veículos utilizados para implementar reforma política no art. 55 da Constituição: o estreito mandado de segurança combinado com mero regulamento expedido pelo TSE. Em outras palavras, reformou-se a Constituição por decreto judicial que autorizou a Justiça Eleitoral a operar como constituinte derivada, por meio de regulamentos.

Vale recordar, por necessário, que a Consulta 1.398/DF, rel. Min. Asfor Rocha, foi formulada por Admar Gonzaga Neto, então advogado da agremiação consulente, o Partido da Frente Liberal (PFL), para saber se os partidos e as coligações teriam ou não o direito de preservar a vaga obtida pelo sistema eleitoral proporcional quando houvesse "pedido de cancelamento de filiação ou de transferência do candidato eleito por um partido para outra legenda".

Na Sessão de 27.03.2007, o Tribunal respondeu afirmativamente à consulta, mas, em razão da antiga redação do art. 25, § 3.º, do Regimento Interno do TSE, a resposta recebeu o título de resolução, sob o número 22.526/2010, sem, contudo, veicular nenhum caráter normativo ou vinculante na linha jurisprudencial da Corte.

Ante o teor da resposta e o título de "resolução" conferido à consulta, o Partido Popular Socialista, o Partido da Social Democracia Brasileira e o Democratas (antigo PFL) decidiram impetrar mandados de segurança no STF contra ato do então Presidente da Câmara dos Deputados, Arlindo Chinaglia, que indeferiu requerimentos administrativos formulados pelas referidas agremiações nos quais postulavam fosse declarada a vacância dos mandatos dos parlamentares que haviam mudado de legenda por infidelidade partidária (Mandados de Segurança 26.602, rel. Min. Eros Grau; 26.603, rel. Min. Celso de Mello; 26.604, rel. Min. Cármen Lúcia; e 26.890, rel. Min. Celso de Mello).

Relembre-se, por relevante, trecho da ementa do acórdão:

"A instauração, perante a justiça eleitoral, de procedimento de justificação. O TSE, no exercício da competência normativa que lhe é atribuída pelo ordenamento positivo, pode, validamente, editar resolução destinada a disciplinar o procedimento de justificação, instaurável perante órgão competente da Justiça Eleitoral, em ordem a estruturar, de modo formal, as fases rituais desse mesmo procedimento, valendo-se, para tanto, se assim o entender pertinente, e para colmatar a lacuna normativa existente, da *analogia legis*, mediante aplicação, no que couber, das normas inscritas nos arts. 3.º a 7.º da LC 64/1990. Com esse procedimento de justificação, assegura-se, ao partido político e ao parlamentar que dele se desliga voluntariamente, a possibilidade de demonstrar, com ampla dilação probatória, perante a própria Justiça Eleitoral – e com pleno respeito ao direito de defesa (CF, art. 5.º, LV) –, a ocorrência, ou não, de situações excepcionais legitimadoras do desligamento partidário do parlamentar eleito (Consulta TSE 1.398/DF), para que se possa, se e quando for o caso, submeter, ao Presidente da Casa legislativa, o requerimento de preservação da vaga obtida nas eleições proporcionais.

(...)

Revisão jurisprudencial e segurança jurídica: a indicação de marco temporal definidor do momento inicial de eficácia da nova orientação pretoriana. Os precedentes firmados pelo STF desempenham múltiplas e relevantes funções no sistema jurídico, pois lhes cabe conferir previsibilidade às futuras decisões judiciais nas matérias por eles abrangidas, atribuir estabilidade às relações jurídicas constituídas sob a sua égide e em decorrência deles, gerar certeza quanto à validade dos efeitos decorrentes de atos praticados de acordo com esses mesmos precedentes e preservar, assim, em respeito à ética do Direito, a confiança dos cidadãos nas ações do Estado. Os postulados da segurança jurídica e da proteção da confiança, enquanto expressões do Estado Democrático de Direito, mostram-se impregnados de elevado conteúdo ético, social e jurídico, projetando-se sobre as relações jurídicas, inclusive as de direito público, sempre que se registre alteração substancial de diretrizes hermenêuticas, impondo-se à observância de qualquer dos Poderes do Estado e, desse modo, permitindo preservar situações já consolidadas no passado e anteriores aos marcos temporais definidos pelo próprio Tribunal. Doutrina. Precedentes. A ruptura de paradigma resultante de substancial revisão de padrões jurisprudenciais, com o reconhecimento do caráter partidário do mandato eletivo proporcional, impõe, em respeito à exigência de segurança jurídica e ao princípio da proteção da confiança dos cidadãos, que se defina o momento a partir do qual terá aplicabilidade a nova diretriz hermenêutica. Marco temporal que o STF definiu na matéria ora em julgamento: data em que o TSE apreciou a Consulta 1.398/DF (27.03.2007) e, nela, respondeu, em tese, à indagação que lhe foi submetida" (MS 26.603, rel. Min. Celso de Mello, de 04.10.2007).

Desse modo, no clamor veiculado pela opinião pública e publicado que se insurgia contra o chamado "troca-troca de partidos", o qual, diga-se de passagem, jamais cessou,[19] o plenário da Suprema Corte confirmou, em sede de mandado de segurança, o quanto decidido pelo TSE, em mera resposta à consulta, desprovida,

---

19. Basta se conferir, por exemplo, a janela de migração política aberta com a criação dos partidos PSD, em 2010, e, mais recentemente, o PROS e o Solidariedade, que permitem o "troca-troca"sem nenhuma consequência no campo da infidelidade partidária ante a brecha do art. 1.º, II, da Res. do TSE 22.610/2007.

portanto, de qualquer efeito normativo vinculante e determinou o dia 27.03.2007, data em que a resposta foi proferida, como marco temporal para observância da nova regra de fidelidade partidária.

Ora, considerando que o plenário da Suprema Corte posicionava-se no sentido de que a infidelidade partidária não causava perda de mandato, por falta de previsão no art. 55 da Constituição, na linha dos precedentes firmados dos Mandados de Segurança 20.927/DF, rel. Min. Moreira Alves, de 11.10.1989, e 23.405/GO, rel. Min. Gilmar Mendes, de 22.03/2004, o ponto de partida para a observância da nova orientação jurisprudencial deveria coincidir com a data da sua mudança, ou seja, o dia 04.10.2007, e não a data do julgamento da Consulta 1.398/DF, de 27.03.2007, como fora determinado pela Suprema Corte.

É que o STF, nos autos do MS 20.927/DF, ao fixar esses precedentes, assentou, na linha do voto condutor proferido pelo Min. Moreira Alves, que não obstante o princípio da representação proporcional e a parlamentar federal por meio das agremiações políticas, "não perde a condição de suplente o candidato diplomado pela Justiça Eleitoral que, posteriormente, se desvincula do partido ou aliança partidária pelo qual se elegeu. A inaplicabilidade do princípio da fidelidade partidária aos parlamentares empossados se estende, no silêncio da Constituição e da lei, aos respectivos suplentes".

Não foi outro o entendimento emanado do julgamento do MS 23.405/GO, relatado pelo Min. Gilmar Mendes: "embora a troca de partidos por parlamentares eleitos sob regime da proporcionalidade revele-se extremamente negativa para o desenvolvimento e continuidade do sistema eleitoral e do próprio sistema democrático, é certo que a Constituição não fornece elementos para que se provoque o resultado pretendido pelo requerente".

Assim, ao fixar o dia 27.03.2007 como data de início para a nova regra de fidelidade partidária, o STF conferiu à consulta administrativa do TSE, respondida na mesma data, uma força maior do que o ulterior pronunciamento do STF na sessão de 04.10.2007, o qual mudou a jurisprudência da Suprema Corte. Portanto, o marco temporal desta decisão somente poderia valer a partir da nova orientação jurisprudencial do STF, quando vigorariam as novas regras de fidelidade partidária e não, como decidido, por razões mínimas de segurança jurídica.

Em razão da atipicidade dessa nova decisão sobre a fidelidade partidária, e logo na via estreita do mandado de segurança, o então Presidente do STF, Min. Gilmar Mendes, em conferência proferida no Rio de Janeiro, em 30.05.2008, asseverou que "o STF produziu uma sentença que também está a reclamar um esclarecimento em termos da tipologia constitucional".[20]

---

20. MENDES, Gilmar Ferreira. *A atividade normativa da Justiça Eleitoral no Brasil. Direito e democracia: debates sobre reforma política e eleições*. Rio de Janeiro: EJE/TRE-RJ, 2008. p. 54.

Com a decisão do STF reconhecendo a infidelidade partidária como causa geradora de perda de mandato, o plenário do TSE baixou a Res. 22.610/2007, com caráter normativo abstrato, na observância do que decidiu o STF nos citados *writs*, para disciplinar o processo de perda de cargo eletivo, bem como de jurisdição de desfiliação partidária. Sobre as dificuldades de se aplicar a referida resolução eleitoral nos cargos majoritários, Luciana Lóssio defende a falta de legitimidade ativa do Ministério Público para propositura da ação de perda de mandato e a impossibilidade de aplicação automática no sistema majoritário.[21]

É curioso examinar que consta da Res. 22.610/2007 que esta foi baixada pelo TSE no uso das atribuições que lhe confere o art. 23, XVIII, do Código Eleitoral e, especialmente, "na observância do que decidiu o STF nos Mandados de Segurança 26.602, 26.603 e 26.604". Assim, com base em decisão do STF a Corte Eleitoral resolveu disciplinar o processo de perda de cargo eletivo, bem como de justificação de desfiliação partidária, nos seguintes termos:

"Art. 1.º O partido político interessado pode pedir, perante a Justiça Eleitoral, a decretação da perda de cargo eletivo em decorrência de desfiliação partidária sem justa causa.

§ 1.º Considera-se justa causa:

I – incorporação ou fusão do partido;

II – criação de novo partido;

III – mudança substancial ou desvio reiterado do programa partidário;

IV – grave discriminação pessoal.

§ 2.º Quando o partido político não formular o pedido dentro de 30 (trinta) dias da desfiliação, pode fazê-lo, em nome próprio, nos 30 (trinta) subsequentes, quem tenha interesse jurídico ou o Ministério Público eleitoral.

§ 3.º O mandatário que se desfiliou ou pretenda desfiliar-se pode pedir a declaração da existência de justa causa, fazendo citar o partido, na forma desta Resolução.

Art. 2.º O Tribunal Superior Eleitoral é competente para processar e julgar pedido relativo a mandato federal; nos demais casos, é competente o tribunal eleitoral do respectivo estado.

Art. 3.º Na inicial, expondo o fundamento do pedido, o requerente juntará prova documental da desfiliação, podendo arrolar testemunhas, até o máximo de 3 (três), e requerer, justificadamente, outras provas, inclusive requisição de documentos em poder de terceiros ou de repartições públicas.

---

21. Lóssio, Luciana. Infidelidade partidária para os cargos majoritários: análise de um caso concreto. *Revista Brasileira de Direito Eleitoral*. ano 2. n. 3. p. 133-153. Belo Horizonte, jul.-dez. 2010.

Art. 4.º O mandatário que se desfiliou e o eventual partido em que esteja inscrito serão citados para responder no prazo de 5 (cinco) dias, contados do ato da citação.

Parágrafo único. Do mandado constará expressa advertência de que, em caso de revelia, se presumirão verdadeiros os fatos afirmados na inicial.

Art. 5.º Na resposta, o requerido juntará prova documental, podendo arrolar testemunhas, até o máximo de 3 (três), e requerer, justificadamente, outras provas, inclusive requisição de documentos em poder de terceiros ou de repartições públicas.

Art. 6.º Decorrido o prazo de resposta, o tribunal ouvirá, em 48 (quarenta e oito) horas, o representante do Ministério Público, quando não seja requerente, e, em seguida, julgará o pedido, em não havendo necessidade de dilação probatória.

Art. 7.º Havendo necessidade de provas, deferi-las-á o Relator, designando o 5.º (quinto) dia útil subsequente para, em única assentada, tomar depoimentos pessoais e inquirir testemunhas, as quais serão trazidas pela parte que as arrolou.

Parágrafo único. Declarando encerrada a instrução, o Relator intimará as partes e o representante do Ministério Público, para apresentarem, no prazo comum de 48 (quarenta e oito) horas, alegações finais por escrito.

Art. 8.º Incumbe aos requeridos o ônus da prova de fato extintivo, impeditivo ou modificativo da eficácia do pedido.

Art. 9.º Para o julgamento, antecipado ou não, o Relator preparará voto e pedirá inclusão do processo na pauta da sessão seguinte, observada a antecedência de 48 (quarenta e oito) horas. É facultada a sustentação oral por 15 (quinze) minutos.

Art. 10. Julgando procedente o pedido, o tribunal decretará a perda do cargo, comunicando a decisão ao presidente do órgão legislativo competente para que emposse, conforme o caso, o suplente ou o vice, no prazo de 10 (dez) dias.

Art. 11. São irrecorríveis as decisões interlocutórias do Relator, as quais poderão ser revistas no julgamento final, de cujo acórdão cabe o recurso previsto no art. 121, § 4.º, da Constituição da República.

Art. 12. O processo de que trata esta Resolução será observado pelos tribunais regionais eleitorais e terá preferência, devendo encerrar-se no prazo de 60 (sessenta) dias.

Art. 13. Esta Resolução entra em vigor na data de sua publicação, aplicando-se apenas às desfiliações consumadas após 27 (vinte e sete) de março deste ano, quanto a mandatários eleitos pelo sistema proporcional, e, após 16 (dezesseis) de outubro corrente, quanto a eleitos pelo sistema majoritário.

Parágrafo único. Para os casos anteriores, o prazo previsto no art. 1.º, § 2.º, conta-se a partir do início de vigência desta Resolução.

Marco Aurélio – Presidente. Cezar Peluso – Relator: Carlos Ayres Britto. José Delgado. Ari Pargendler. Caputo Bastos. Marcelo Ribeiro.

Brasília, 25 de outubro de 2007" (Res. do TSE 22.610, de 25.10.2007, republicada por determinação do art. 2.º da Res. do TSE 22.733, de 11.03.2008).

Por veicular regras de conteúdo abstrato, inovando em matéria legislativa e criando prazos processuais, a referida resolução eleitoral teve a sua constitucionalidade questionada pelo Partido Social Cristão (ADI 3.999) e pelo Procurador-Geral da República (ADI 4.086) perante o STF.

Os requerentes argumentavam, em síntese, que a resolução violou reserva de lei complementar para definição das aptidões de Tribunais, Juízes e Juntas Eleitorais (art. 121 da Constituição), usurpou competência do Legislativo e do Executivo para dispor sobre matéria eleitoral (arts. 22, I, 48 e 84 da Constituição) e, por estabelecer regras de caráter processual, como o modelo de petição inicial e das provas, o prazo para resposta e as consequências para a revelia, os requisitos do direito de defesa, o julgamento antecipado da lide, a disciplina e o ônus da prova, a resolução do TSE afrontou a reserva prevista nos arts. 22, I, 48 e 84, IV, da Constituição, bem como invadiu competência legislativa, desgastando o princípio da separação dos Poderes (arts. 2.º, 60, § 4.º, III, da Constituição).

Entretanto, ao julgar as duas representações de inconstitucionalidade, o relator, Min. Joaquim Barbosa, levou em conta o que disse o Min. Celso de Mello no MS 22.603:

"Nada impedirá que o E. TSE, à semelhança do que se registrou em precedente firmado no caso de Mira Estrela-SP (RE 197.917/SP), formule e edite resolução destinada a regulamentar o procedimento (materialmente) administrativo de justificação em referência, instaurável perante o órgão competente da própria Justiça Eleitoral, em ordem a estruturar, de modo formal, as fases rituais desse mesmo procedimento, valendo-se, para tanto, se assim o entender pertinente, e para colmatar a lacuna normativa existente, da *analogia legis*, mediante aplicação, no que couber, das normas inscritas nos arts. 3.º a 7.º da LC 64/1990".

Ao final, as ações diretas de inconstitucionalidade foram julgadas improcedentes, "considerando, pois válidas as resoluções adotadas pelo TSE até que o Congresso Nacional disponha sobre a matéria".

Desse modo, embora a Res. do TSE 22.610/2007 não seja uma consulta formal, o fato é que referido ato normativo emana de uma resposta a Consulta 1.398/DF, rel. Min. Asfor Rocha, publicada sob o título de Res. do TSE 22.526, de 27.03.2007, que, por força de acórdão do STF nos *writs* sobre fidelidade partidária, logrou receber uma força normativa – indevida – de verdadeira emenda constitucional ao art. 55 da Carta Maior.

7.2.3 Invalidação dos votos de legenda

Após o exame da teoria das nulidades eleitorais (capítulo 3), fica fácil compreender que, por meio de resoluções eleitorais normativas, o TSE implementou modificação no sistema político-eleitoral ao anular, para todos os efeitos, inclusive para a legenda, o cômputo dos votos atribuídos a candidatos que tiveram o seu registro indeferido após o dia da eleição, nos termos dos seguintes atos normativos:

Res. do TSE 23.218/2010:

"Art. 147. Serão nulos, para todos os efeitos, inclusive para a legenda, os votos dados a candidatos inelegíveis ou não registrados (Código Eleitoral, art. 175, § 3.º, e Lei 9.504/1997, art. 16-A).

Parágrafo único. A validade dos votos dados a candidato cujo registro esteja pendente de decisão, assim como o seu cômputo para o respectivo partido ou coligação, ficará condicionada ao deferimento do registro (Lei 9.504/1997, art. 16-A)" (sem grifos no original).

Res. do TSE 23.372/2011:

"Da destinação dos Votos na Totalização

Art. 136. Serão nulos, para todos os efeitos, inclusive para a legenda:

I – os votos dados a candidatos inelegíveis ou não registrados (Código Eleitoral, art. 175, § 3.º, e Lei 9.504/1997, art. 16-A);

II – os votos dados a candidatos com registro cassado, ainda que o respectivo recurso esteja pendende de apreciação;

III – os votos dados à legenda de partido considerado inapto.

Parágrafo único. A validade dos votos dados a candidato cujo registro esteja pendente de decisão, assim como o seu cômputo para o respectivo partido ou coligação, ficará condicionada ao deferimento do registro (Lei 9.504/1997, art. 16-A)" (sem grifos no original).

Nesses regulamentos, o TSE invadiu competência legislativa ao condicionar o cômputo dos votos de legenda ao deferimento do registro, de forma genérica e sem marco temporal, a despeito do que impõe o art. 175, §§ 3.º e 4.º, do Código Eleitoral, in verbis:

"Art. 175. (...)

§ 3.º Serão nulos, para todos os efeitos, os votos dados a candidatos inelegíveis ou não registrados. [Parágrafo renumerado pelo art. 39 da Lei 4.961, de 04.05.1966.]

§ 4.º O disposto no parágrafo anterior não se aplica quando a decisão de inelegibilidade ou de cancelamento de registro for proferida após a realização da eleição a que concorreu o candidato alcançado pela sentença, caso em que os votos serão contados para o partido pelo qual tiver sido feito o seu registro. [Incluído pela Lei 7.179, de 19.12.1983.]".

Em outras palavras, ignorou-se, solenemente, o § 4.º do art. 175 do Código Eleitoral que assegura a validade e o cômputo dos votos para o partido ou coligação, quando a decisão de inelegibilidade ou de cancelamento de registro foi proferida após a realização da eleição. Como já examinado no capítulo 3 deste estudo, o mencionado dispositivo teve em mira proteger o sufrágio universal e a vontade do eleitor que, de boa-fé, no dia da eleição, deposita o seu voto em candidato com registro deferido pela Justiça Eleitoral, ainda que esteja *sub judice* por eventual recurso das partes.

Sobre o valor dos votos nulos e anulados na eleição proporcional, José Antônio Dias Toffoli observou que a legislação eleitoral permite o aproveitamento de votos anuláveis para o partido ou coligação, como se verifica da redação do art. 175, § 4.º, do Código Eleitoral.[22]

Ora, se no dia da eleição o candidato está com registro deferido, ou seja, com a chancela da Justiça Eleitoral, esse voto, caso seja posteriormente anulado, não pode ser tratado como se absolutamente nulo fosse, sob pena de afronta a inúmeros vetores constitucionais como a segurança jurídica, proteção da confiança e a dispositivo vigente do Código Eleitoral.

Portanto, caso esse voto seja anulado pelo Judiciário após a eleição, o candidato fica inelegível ou perde o seu mandato, mas o sufrágio vale para o partido conforme impõe o § 4.º do art. 175 do Código Eleitoral.

Erroneamente, o TSE entendeu que o parágrafo único do art. 16-A da Lei 12.034/2009 revogou o § 4.º do art. 175 do Código Eleitoral e resolveu baixar e aplicar a sua própria resolução que, a toda evidência, desbordou de seu poder regulamentar, em flagrante inconstitucionalidade por desprezar o valor do sufrágio universal, a segurança jurídica e o princípio da fidelidade partidária segundo o qual o voto pertence ao partido político. Eis o teor do art. 16-A da Lei das Eleições:

"Art. 16-A. O candidato cujo registro esteja *sub judice* poderá efetuar todos os atos relativos à campanha eleitoral, inclusive utilizar o horário eleitoral gratuito no rádio e na televisão e ter seu nome mantido na urna eletrônica enquanto estiver sob essa condição, ficando a validade dos votos a ele atribuídos condicionada ao deferimento de seu registro por instância superior. [Incluído pela Lei 12.034/2009.]

Parágrafo único. O cômputo, para o respectivo partido ou coligação, dos votos atribuídos ao candidato cujo registro esteja *sub judice* no dia da eleição fica condicionado ao deferimento do registro do candidato. [Incluído pela Lei 12.034/2009.]".

Como se vê, na verdade, o parágrafo único do art. 16-A da Lei das Eleições não colide com o § 4.º do art. 175 do Código Eleitoral. Os dispositivos coexistem e são complementares, pois o primeiro trata de candidatos com registro indeferido

---

22. Toffoli, José Antônio Dias. Breves considerações sobre a fraude ao direito eleitoral. *Revista Brasileira de Direito Eleitoral – RBDE*. ano 1. n. 1. p. 45-61. Belo Horizonte, jul.-dez. 2009.

e *sub judice* no dia da eleição, já o segundo diz respeito ao candidato que tiver o seu indeferimento após o pleito.

Atenta ao problema causado pela resolução e jurisprudência do TSE, Angela Cignachi Baeta Neves discorre sobre o art. 16-A da Lei das Eleições:

"(...) o TSE, primeiramente com o intuito de exercer seu poder regulamentar, ao editar a Res. 23.218/2010, introduziu norma não contemplada na legislação em vigor, estabelecendo, no art. 147, a vedação ao cômputo, para partido político ou coligação, dos votos dados também àquele candidato cujo registro fora indeferido posteriormente à eleição, ainda que no dia da eleição possuísse condição jurídica de candidato (com registro deferido).

(...)

É seguro dizer que o legislador, ao se valer da expressão 'candidato cujo registro esteja *sub judice* no dia da eleição' está se referindo tão somente ao candidato que não possui registro no dia da eleição.

Portanto, vê-se que o art. 16-A e seu parágrafo único da Lei 9.504/1997, acrescidos pela Lei 12.034/2009, vieram para completar e concluir toda a sistemática normativa relativa à contagem dos votos em eleições proporcionais, já prevista no Código Eleitoral, nos §§ 3.º e 4.º do art. 175 (...)".[23]

De outro lado, qualquer interpretação das normas insertas no art. 16-A e seu parágrafo único da Lei Eleitoral que seja consentânea com o sistema representativo proporcional constitucional – ou seja, com o conjunto de preceitos que normatizam o princípio de que o sufrágio eleitoral, na eleição proporcional, é do partido político – não cogita, em hipótese alguma, a revogação do § 4.º do art. 175 do Código Eleitoral, mantendo-o em pleno vigor.

O quadro de inconstitucionalidade é grave para a saúde do sistema eleitoral e impõe urgente ação do Congresso Nacional. Embora o tema aqui exposto seja objeto das Ações Diretas de Inconstitucionalidade 4.513 e 4.542 e das Arguições de Descumprimento de Preceito Fundamental 223 e 238, todas as quatro ações estão sob a relatoria do Min. Joaquim Barbosa, sem previsão para julgamento. Ademais, o Congresso Nacional é o foro mais adequado para resolver a questão.

A solução legislativa que se apresenta mais adequada é uma nova redação ao parágrafo único do art. 16-A da Lei das Eleições que imponha a validade dos votos de legenda, de forma expressa e, de outro lado, a reforma no art. 224 do Código Eleitoral para que, em caso de dupla vacância na chefia do Executivo, por cassação

---

23. NEVES, Angela Cignachi Baeta. O artigo 16-A da Lei 9.504/1997, introduzido pela Lei 12.034/2009, e a sua interpretação conforme a Constituição. Instituto Brasileiro de Direito Eleitoral. Disponível em: [http://ibrade.org/pdf/angela_cignachi.pdf]. Acesso em: 29.08.2013.

eleitoral, seja realizada uma nova eleição, nos termos do art. 81 da Constituição (cf. item 3.3.3 "Dupla vacância do Executivo por cassação eleitoral").

7.3 Limites formais e materiais

O poder regulamentar e normativo da Justiça Eleitoral deve ser desenvolvido dentro de certos limites formais e materiais. Os regulamentos eleitorais só podem ser expedidos segundo a lei (*secundum legem*) ou para suprimir alguma lacuna normativa (*praeter legem*). Fora dessas balizas, quando a Justiça Eleitoral inova em matéria legislativa ou contraria dispositivo legal (*contra legem*), por meio de resolução, ela desborda da competência regulamentar, estando, por conseguinte, sujeita ao controle de legalidade ou constitucionalidade do ato.

Ao examinar a questão, Carlos Velloso e Walber Agra sustentam que:

"O poder regulamentar do TSE só pode ser realizado dentro do programa normativo das leis (*secundum legem*), ou para suprir eventual omissão ou insuficiência das mesmas (*praeter legem*). Ao expedir resoluções e instruções para conformar a realização das eleições fora dos limites legais, estará o TSE se contrapondo ao princípio constitucional da legalidade (art. 5.º, II, da CF), apanágio indelével ao Estado Democrático de Direito.

Assim, quando o TSE atuar *contra legem*, afirma-se ser possível o controle de supralegalidade, principalmente pelos partidos políticos, analisando se os atos regulamentares se coadunam com os *standards* legais e constitucionais estabelecidos. Outrossim, quando estes atos regulamentares causarem efeitos concretos, também será cabível mandado de segurança".[24]

Entretanto, atividade regulamentar de suprir lacunas (*praeter legem*) encontra óbvios limites na legislação regente e na Constituição. Não pode a Justiça Eleitoral, a pretexto de suprir lacuna, inovar em matéria legislativa, criando ou restringindo direitos.

A propósito, como bem lembrou o Min. Sepúlveda Pertence, ao expedir regulamentos eleitorais "além de explicitar o que repute implícito na legislação eleitoral, viabilizando a sua aplicação uniforme – pode o Tribunal colmatar-lhe lacunas técnicas, na medida das necessidades de operacionalização do sistema gizado pela Constituição e pela lei". Mas, logo em seguida, advertiu: "Óbvio, entretanto, que não as pode corrigir, substituindo pela de seus juízes a opção do legislador: por isso, não cabe ao TSE suprir lacunas aparentes da Constituição ou da lei, vale dizer, o 'silêncio eloquente' de uma ou de outra".[25]

---

24. VELLOSO, Carlos Mário da Silva; AGRA, Walber de Moura. *Elementos de direito eleitoral*. 2. ed. São Paulo: Saraiva, 2010. p. 36-37.
25. Consulta TSE 715/DF (Res. do TSE 21.002, de 26.02.2002).

Irretocável no que toca à matéria eleitoral é a opinião de Ives Gandra da Silva Martins publicada no jornal *Folha de S. Paulo*, na edição que circulou em 25.04.2012, por meio de artigo intitulado Os dois Supremos, em que o jurista cobrou reflexão sobre os limites do ativismo judicial:

"Um dos mais importantes pilares da atual Constituição foi a conformação de um notável equilíbrio de Poderes, com mecanismos para evitar invasão de competências.

O Supremo Tribunal foi guindado expressamente a 'guardião da Constituição' (art. 102), com integrantes escolhidos por um homem só (art. 101, parágrafo único), o presidente da República, que é eleito pelo povo (art. 77), assim como os integrantes do Senado e da Câmara (arts. 45 e 46).

O Congresso Nacional tem Poderes para anular quaisquer decisões do Executivo ou do Judiciário que invadam a sua função legislativa (art. 49, XI), podendo socorrer-se das Forças Armadas para mantê-la (art. 142), em caso de conflito.

Há, pois, todo um arsenal jurídico para assegurar a democracia no nosso País.

Ora, a Suprema Corte brasileira, constituída no passado e no presente por ínclitos juristas, parece hoje exercer um protagonismo político, que entendo contrariar a nossa Lei Suprema. Assim é que, a partir dos nove anos da gestão Lula e Dilma, o Pretório Excelso passou a gerar normas.

Para citar apenas alguns casos: empossar candidato derrotado – e não eleito direta ou indiretamente – quando de cassação de governantes estaduais (art. 81 da Constituição); a fidelidade partidária, que os constituintes colocaram como faculdade dos partidos (art. 17, § 1.º);

(...)

Tem-se, pois, duas posturas julgadoras drasticamente opostas: a dos magistrados de antanho, que nunca legislavam, e a dos atuais, que legislam.

Sustentam alguns constitucionalistas que vivemos a era do neoconstitucionalismo, que comportaria tal visão mais abrangente de judicialização da política.

Como velho advogado e professor de direito constitucional, tenho receio dos avanços de um poder técnico sobre um poder político, principalmente quando a própria Constituição o impede (art. 103, § 2.º).

(...)

Meu receio é que, por força dos instrumentos constitucionais de preservação dos Poderes, numa eventual decisão normativa do STF de caráter político nacional, possa haver conflito que justifique a sua anulação pelo Congresso (art. 49, XI), o que poderia provocar indiscutível fragilização do regime democrático no País".

No supracitado artigo – leve na forma e denso no conteúdo –, o jurista lembrou dois casos importantes em que o Judiciário legislou positivamente em matéria eleitoral, desbordando de sua competência regulamentar. O primeiro, sobre a posse dos segundos colocados não eleitos, com base em jurisprudência e resolução do TSE, ao arrepio do art. 81 da Constituição. O outro sobre a infidelidade partidária como causa de perda de mandato inserida por decreto judicial no art. 55 da Constituição e normatizada por resolução eleitoral, ambos já examinados neste estudo.

Mauro Cappelletti ressalta a conveniência – em certas Cortes de Justiça – de se tomar "maior dose de *self-restraint*", a autocontenção, e de "maior cuidado em tornar manifesta essa atitude de reserva e prudente abstenção dos juízes".[26]

Por conta da tensão entre o Legislativo e o Judiciário provocada pelo ativismo judicial, tramitaram no Congresso Nacional proposições legislativas que buscam limitar o poder normativo e regulamentar da Justiça Eleitoral brasileira. Eis os projetos mais relevantes:

Casa legislativa	Proposição	Ementa
Câmara dos Deputados	Projeto de Lei 4673/2009	Revoga dispositivos que dão competência ao TSE e TRE para responder consultas sobre matéria eleitoral.
Câmara dos Deputados	Projeto de Lei Complementar 522/2009	Revoga os dispositivos que atribuem competência ao TSE e aos TREs para que respondam às consultas em tese sobre matéria eleitoral.
Câmara dos Deputados	Proposta de Emenda à Constituição 3/2011	Estabelece a competência do Congresso Nacional para sustar os atos normativos dos outros Poderes que exorbitem do poder regulamentar ou dos limites de delegação legislativa.
Câmara dos Deputados	Projeto de Lei Complementar 111/2011	Cria Comissão Especial Mista do Congresso Nacional que disporá, juntamente com o TSE, sobre instruções normativas para as eleições.
Senado Federal	Projeto de Lei do Senado 582/2009 – Complementar	Altera a redação do art. 23 da Lei 4.737, de 15 de julho de 1965 (Código Eleitoral) e do art. 105 da Lei 9.504, de 30 de setembro de 1997 (Lei das Eleições), para dispor sobre o poder normativo do Tribunal Superior Eleitoral.

---

26. CAPPELLETTI, Mauro. *Juízes legisladores?*. Porto Alegre: Fabris, 1999. p. 133.

Outro limite formal imposto pelo legislador ao poder regulamentar da Justiça Eleitoral foi a introdução de um marco temporal para a edição das instruções eleitorais. A novidade foi implementada pela minirreforma eleitoral de 2009, por meio de alteração no *caput* do art. 105 da Lei das Eleições.

Referido dispositivo estabelece que "até o dia 5 de março do ano da eleição, o Tribunal Superior Eleitoral, atendendo ao caráter regulamentar e sem restringir direitos ou estabelecer sanções distintas das previstas nesta Lei, poderá expedir todas as instruções necessárias para sua fiel execução, ouvidos, previamente, em audiência pública, os delegados ou representantes dos partidos políticos" (Redação dada pelo art. 3.º da Lei 12.034/2009).

O § 3.º do mencionado dispositivo, em complemento ao disposto no *caput* estabelece que, somente as resoluções publicadas até o dia 5 de março "serão aplicáveis ao pleito eleitoral imediatamente seguinte".

Sobre o ponto, Marcos Ramayana vislumbrou uma espécie de princípio da anterioridade eleitoral:

"É interessante observar que a Lei 12.034/2009 estabeleceu, no § 3.º do art. 105, uma espécie de princípio da anterioridade das resoluções eleitorais, pois, como visto, o E. TSE terá até o dia 5 de março do ano de eleição o prazo limite para expedir as resoluções conhecidas como temporárias, que normatizam o pleito eleitoral imediatamente seguinte. No entanto, é sabido que em alguns casos, por culpa do próprio legislador, as leis eleitorais são aprovadas de forma excepcional no próprio ano de eleição, e ensejam regulamentação posterior, como foi o caso da Lei 11.300, de 10.05.2006, que acarretou a edição da Resolução do TSE 22.205, de 23.05.2006".[27]

Claro que esse marco temporal não poderia ser como o princípio da anualidade, ou seja, aplicando-se para eleições seguintes, pois o legislador, na mesma reforma, determinou que as resoluções eleitorais sejam expedidas "atendendo ao caráter regulamentar e sem restringir direitos ou estabelecer sanções distintas das previstas nesta Lei", cuja execução deverá ser feita com fidelidade ao texto legal.

No âmbito dos limites materiais, Fávila Ribeiro assentou a necessidade de limites ao exercício dessa atividade normativa pelo TSE, *in verbis*:

"Para aumentar a complexidade dos desempenhos funcionais da Justiça Eleitoral, não pode deixar de ser feita destacada referência à competência para emissão de atos normativos, com força regulamentar. E é preciso ressaltar que essa atividade regulamentar, correlacionada à matéria eleitoral, exclui a correspondente reserva de competência do Presidente da República contemplada no art. 81, III, da

---

27. RAMAYANA, Marcus. *Direito eleitoral*. 10. ed. Niterói: Impetus, 2010. p. 117.

Constituição, polarizando-se no TSE, sem transbordar, evidentemente, dos limites da respectiva lei".[28]

Assim, a atividade regulamentar da Justiça Eleitoral deve estar adstrita à matéria eleitoral. No julgamento do MS 1.501/RS, em 02.02.1992, o Min. Sepúlveda Pertence chamou atenção para o fato de que:

"Não obstante, a ninguém ocorreu recordar os fundamentos de alçada constitucional da jurisprudência do STF para impugnar, com relação ao mandado de segurança contra ato do TRE, a competência originária do TSE, outorgada por lei ordinária: é que, restrita à matéria eleitoral, a solução legal específica não se afigurava esdrúxula, nem arbitrária, na medida em que atendia a peculiaridade da própria Justiça Eleitoral".

Desse modo, o poder regulamentar e normativo da Justiça Eleitoral é fundamental para o bom andamento das eleições e execução da legislação eleitoral, mas deve ser exercido dentro de certas balizas formais e materiais. Assim, as resoluções eleitorais só podem ser expedidas segundo a lei (*secundum legem*) ou para suprimir alguma lacuna normativa (*praeter legem*), sem, contudo, inovar em matéria legislativa ou contrariar dispositivo legal (*contra legem*).

---

28. RIBEIRO, Fávila. *Direito eleitoral*. 5. ed. Rio de Janeiro: Forense, 2000. p. 180.

BIBLIOGRAFIA

ABBAGNANO, Nicola. *Dicionário de filosofia*. São Paulo: Martins Fontes, 1998.

ACCIOLI, Wilson. *Instituições de direito constitucional*. Rio de Janeiro: Forense, 1979.

ALMEIDA NETO, Manoel Carlos de. A função administrativa da justiça eleitoral brasileira. In: GAGGIANO, Monica Herman Salem (coord.). *Direito eleitoral em debate: estudos em homenagem a Cláudio Lembo*. São Paulo: Saraiva, 2013.

_____. *O novo controle de constitucionalidade municipal*. Rio de Janeiro: Forense, 2011.

_____; LEWANDOWSKI, Enrique Ricardo. The brazilian electronic voting system. *Modern Democracy Magazine*. vol. 1. p. 6-7. Vienna, Austria, 2011.

_____; _____. La soberania popular y el sistema electrónico de votación brasileño. *De Jure – Revista de Investigación y Análisis*. ano 9. p. 119-127. Colima, México, 2010.

ALVES, Francisco de Assis. *As Constituições do Brasil*. São Paulo: IASP, 1985.

ARRUDA ALVIM WAMBIER, Teresa. *Nulidades do processo e da sentença*. 4. ed. São Paulo: Ed. RT, 2000.

AYOUB, Ayman; DUNDAS, Carl; ELLIS, Andrew; RUKAMBE, Joram; STAINO, Sara; WALL, Alan. *Electoral management design: The International IDEA Handbook*. Stockholm, Sweden: International Institute for Democracy and Electoral Assistance, 2006.

BAILYN, Bernard. *The debate on the Constitution. Part One*. New York: The Library of America, 1993.

BANDEIRA DE MELLO, Celso Antônio. *Curso de direito administrativo*. São Paulo: Malheiros, 2004.

BANDEIRA DE MELLO, Osvaldo Aranha. *Princípios gerais do direito administrativo*. 2. ed. Rio de Janeiro: Forense, 1979. vol. 1.

BARBOSA, Ruy. *Atos inconstitucionais*. Campinas: Russel, 2003.

_____. *Cartas de Inglaterra: o Congresso e a Justiça no Regimen Federal*. 2. ed. São Paulo: Livraria Acadêmica Saraiva, 1929.

_____. *Comentários à Constituição Federal brasileira*. São Paulo: Saraiva, 1934. vol. 1 e 5.

_____. Discurso proferido na tribuna parlamentar, em 29 de dezembro de 1914.

_____. *Excursão eleitoral aos Estados de Bahia e Minas Geraes: manifestos à Nação*. São Paulo: Casa Garraux, 1910.

BASTOS, Celso Ribeiro. *Curso de direito constitucional*. São Paulo: Celso Bastos Editor, 2002.

BEVILAQUA, Clóvis. *Teoria geral do direito civil*. Brasília: Ministério da Justiça, 1972.

BIROSTE, D. Le respect des garanties du procès équitable par le Conseil constitutionnel en matière électorale. *Tribune du Droit Public*. Tours: Université de Tours Press, 2000.

BLACKBURN, Simon. *Dicionário Oxford de filosofia*. Rio de Janeiro: Zahar, 1994.

BRASIL. Câmara dos Deputados. *Annaes da Assembléa Nacional Constituinte 1933-1934*. Brasília: Imprensa Oficial, 1934. vol. 2.

_____.Câmara dos Deputados. *Parlamento Brasileiro 190 anos: arbítrio do Executivo abre caminho para República*. Disponível em: [www2.camara.leg.br/a-camara/conheca/historia/historia/camara180/materias/mat14.html]. Acesso em 01.09.2013.

_____. Dec. 510, de 22 de junho de 1890. Publica a Constituição dos Estados Unidos do Brasil. *Colleção de Leis do Brasil*, vol. 6.

_____. *Diário do Poder Legislativo*. Estados Unidos do Brasil, Anno II, n. 42. Rio de Janeiro, 20 de fevereiro de 1939.

_____. Tribunal Regional Eleitoral do Rio Grande do Sul. *Voto eletrônico. Edição comemorativa: 10 anos da urna eletrônica, 20 anos do recadastramento eleitoral*. Porto Alegre: TRE-RS/Centro de Memória da Justiça Eleitoral, 2006.

_____. Tribunal Superior Eleitoral. *60 anos do TSE: sessão comemorativa no TSE, homenagens do Senado Federal e da Câmara dos Deputados*. Brasília: TSE, 2005.

_____. Tribunal Superior Eleitoral. Disponível em: [www.tse.gov.br/internet/institucional/glossario-eleitoral/index.html]. Acesso em 31.07.2013.

_____. Tribunal Superior Eleitoral. *Relatório das eleições 2008*. Brasília: TSE, 2009.

_____. Tribunal Superior Eleitoral. *Relatório das eleições 2010*. Brasília: TSE, 2011.

BÜLOW, Oskar von. *La teoria de las excepciones procesales y los presupuestos procesales*. Buenos Aires: EJEA, 1964.

BUZAID, Alfredo. *Da ação direta de declaração de inconstitucionalidade das leis no direito brasileiro*. São Paulo: Saraiva, 1958.

CAETANO, Marcelo. *Direito constitucional*. Rio de Janeiro: Forense, 1978. vol. 2.

CAGGIANO, Monica Herman Salem. Partidos políticos na Constituição de 1988. *Revista de Direito Público*. n. 94. ano 23. p. 145. São Paulo, abr.-jun. 1990.

CALMON DE PASSOS, J. J. *Esboço de uma teoria das nulidades aplicada às nulidades processuais*. Rio de Janeiro: Forense, 2002.

CAMARÃO, Paulo César Bhering. *O voto informatizado: legitimidade e democracia*. São Paulo: Empresa das Artes, 1997.

CAMBY, Jean-Pierre. *Le conseil constitutionnel, juge électoral*. 5. ed. Paris: Dalloz, 2009.

CAMPOS, Francisco. *Direito constitucional*. Rio de Janeiro: Forense, 1978.

CANOTILHO, J. J. Gomes. *Direito constitucional e teoria da Constituição*. 7. ed. Coimbra: Almedina, 2003.

CAPELA, José Viriato. *As freguesias do Distrito de Braga nas memórias paroquiais de 1758*. Braga: Barbosa & Xavier, 2003.

_____. Eleições e sistemas eleitorais nos municípios portugueses de Antigo Regime. In: CRUZ, Maria Antonieta (org.). *Eleições e sistemas eleitorais: perspectivas históricas e políticas*. Porto: Universidade Porto Editorial, 2009.

CAPPELLETTI, Mauro. *Juízes legisladores?*. Porto Alegre: Fabris, 1999.

CARNELUTTI, Francesco. *Instituições do processo civil*. Campinas: Servanda, 1999. vol. 1.

CARVALHO, José Orlando Rocha de. *Teoria dos pressupostos e dos requisitos processuais*. Rio de Janeiro: Lumen Juris, 2005.

CERQUEIRA, Thales Tácito; CERQUEIRA, Camila Medeiros. *Tratado de direito eleitoral*. São Paulo: Premier, 2008. t. I.

CHIOVENDA, Giuseppe. *Instituições de direito processual civil*. Campinas: Bookseller, 1998. vol. 1.

CLÈVE, Clèmerson Merlin. *A fiscalização abstrata de constitucionalidade no direito brasileiro*. 2. ed. São Paulo: Ed. RT, 2000.

_____. *Atividade legislativa do Poder Executivo*. 2. ed. São Paulo: Ed. RT, 2000.

COÊLHO, Marcus Vinícius Furtado. *Direito eleitoral e processo eleitoral*. 2. ed. Rio de Janeiro: Renovar, 2010.

CORRÊA, Alexandre; SCIASCIA, Gaetano. *Manual de direito romano*. São Paulo: Saraiva, 1957. vol. 1.

COSTA, Tito. *Recursos em matéria eleitoral*. São Paulo: Ed. RT, 2004.

CRETELLA JR., José. *Comentários à Constituição de 1988*. Rio de Janeiro: Forense Universitária, 1991. vol. 5.

_____. *Do ato administrativo*. São Paulo: Bushatsky, 1977.

_____. *Tratado de direito administrativo*. Rio de Janeiro: Forense, 1966. vol. 2.

DALL'AGNOL, Jorge Luís. *Pressupostos processuais*. Porto Alegre: Letras Jurídicas, 1988.

DALLARI, Dalmo de Abreu. *Elementos de teoria geral do estado*. 25. ed. São Paulo: Saraiva, 2005.

DAUGERON, Bruno. *La notion d'élection en droit constitutionnel: contribution à une théorie juridique de l'élection à partir du droit public français*. Paris: Dalloz, 2011.

DE PLÁCIDO E SILVA. *Vocabulário jurídico*. Rio de Janeiro: Forense, 1999.

DI PIETRO, Maria Sylvia Zanella. *Direito administrativo*. 19. ed. São Paulo: Atlas, 2006.

DOW, David R. *America's prophets: how judicial activism makes America great*. Westport: Praeger, 2009.

DUCROCQ, Théophile Gabriel Auguste. *Cours de droit administratif*. 6. ed. Paris: Ernest Thorin, 1881. t. I.

DUGUIT, Léon. *L'État les gouvernants et les agents*. Paris: Ancienne Librairie Thorin et Fils, 1903. vol. 2.

_____. *Traité de droit constitutionnel*. 3. ed. Paris: Ancienne Libraire Fontemoing, 1928. t. II.

DUVERGER, Maurice. *Os partidos políticos*. Rio de Janeiro: Zahar, 1970.

DWORKIN, Ronald. *A matter of principle*. Oxford: Oxford University Press, 1985.

ENGISH, Karl. *Introdução ao pensamento jurídico*. Lisboa: Fundação Calouste Gulbenkian, 1988.

ESMEIN, Adhemar. *Éléments de droit constitutionnel français et comparé*. 5. ed. Paris: Recueil Sirey, 1909.

_____. _____. 7. ed. Paris: Recueil Sirey, 1921.

FARHAT, Saïd. *Dicionário parlamentar e político: o processo político e legislativo no Brasil*. São Paulo: Melhoramentos/Fundação Peirópolis, 1996.

FERRAZ JR., Tercio Sampaio. *Introdução ao estudo do direito: técnica, decisão e dominação*. São Paulo: Atlas, 2001.

FERREIRA, Aurélio Buarque de Holanda. *Dicionário da Língua Portuguesa*. Rio de Janeiro: Nova Fronteira, 2000.

FERREIRA, Luiz Pinto. *Código Eleitoral comentado*. 5. ed. São Paulo: Saraiva, 1998.

FERREIRA, Manoel Rodrigues. *A evolução do sistema eleitoral brasileiro*. Brasília: Senado Federal, 2001.

_____. *A evolução do sistema eleitoral brasileiro*. 2. ed. Brasília: TSE, 2005.

FIGUEIREDO, Afonso Celso de Assis. *Oito anos de parlamento*. Brasília: UnB, 1981.

FLEISCHER, David. Os partidos pol itoral In: AVELAR, Lucia; CINTRA, Antonio Otpartidos .). *Sistema poltpartidos pol itoral brasileirod*. Stema poltpartidos pol i

GARCEZ, Martinho. *Nulidade dos atos jurídicos*. 2. ed. Rio de Janeiro: Livreiro Editor, 1910. vol. 1.

GERSTON, Larry N. *American Federalism*. New York: M. E. Sharpe, 2007.

GIULIANI, Giuseppe. *La Corte Costituzionale: attribuzioni, il processo costituzionale, rassegna sistematica di giurisprudenza*. Milano: Giuffrè, 1962.

GOMES, José Jairo. *Direito eleitoral*. 8. ed. São Paulo: Atlas, 2012.

GOMES, Orlando. *Introdução ao direito civil*. Rio de Janeiro: Forense, 1971.

GRAU, Eros Roberto. *O direito posto e o direito pressuposto*. São Paulo: Malheiros, 1998.

HÄBERLE, Peter. *Hermenêutica constitucional. A sociedade aberta dos intérpretes da Constituição: contribuição para a interpretação pluralista e "procedimental" da Constituição*. Porto Alegre: Sergio Antonio Fabris Editor, 1997.

HAURIOU, M. *Précis de droit administratif et de droit public général*. 4. ed. Paris: Recueil Sirey, 1900.

_____. *Principes de droit public*. Paris: Sirey, 1910.

HENIG, Ruth Beatrice. *The Weimar Republic: 1919-1933*. London: Routledge, 1998.

JAPÃO. Ministério de Assuntos Internos e das Comunicações. Disponível em: [http://soumu.go.jp/english/soumu/io.html]. Acesso em: 23.06.2013.

JARDIM, Torquato. *Introdução ao direito eleitoral positivo*. Brasília: Brasília Jurídica, 1994.

JOBIM, Nelson; PORTO, Walter Costa. *Legislação eleitoral no Brasil: do século XVI a nossos dias*. Brasília: Senado Federal, 1996. vol. 1.

KASER, Max. *Direito privado romano*. Lisboa: Fundação Calouste Gulbenkian, 1992.

KELLY, José Eduardo Prado. *Estudos de ciência política*. São Paulo: Saraiva, 1966. vol. 1.

KELSEN, Hans. *Teoria geral do direito e do Estado*. Brasília: UnB, 1990.

_____. *Teoria pura do direito*. São Paulo: Martins Fontes, 2000.

LABAND, Paul. *Le droit public de l'empire allemand*. Paris: V. Giard & E. Brière, 1901. t. II.

LACOMBE, Américo Jacobina; MELO FRANCO, Afonso Arinos de. *A vida dos grandes brasileiros: Rui Barbosa*. São Paulo: Editora Três, 2001.

LANDI, Guido; POTENZA, Giuseppe. *Manuale de diritto amministrativo*. 6. ed. Milano: Giuffrè,1978.

LEAL, Victor Nunes. *Coronelismo, enxada e voto*. 7. ed. São Paulo: Cia. das Letras, 2012.

_____. Funções normativas de órgãos judiciários. *Revista Forense*. vol. 117. n. 539/540. p. 24-39. Rio de Janeiro: Forense, maio-jun. 1948.

_____. Lei e regulamento. *Revista de Direito Administrativo*. vol. 1. p. 371. Rio de Janeiro, jan. 1945.

_____. *Problemas de direito público*. Rio de Janeiro: Forense, 1960.

LEWANDOWSKI, Enrique Ricardo. *Globalização, regionalização e soberania*. São Paulo: Ed. Juarez de Oliveira, 2004.

_____. *Pressupostos materiais e formais da intervenção federal no Brasil*. São Paulo: Ed. RT, 1994.

_____. Reflexões em torno do princípio republicano. In: VELLOSO Carlos Mário da Silva, ROSAS, Roberto; AMARAL, Antonio Carlos Rodrigues do (coord.). *Princípios constitucionais fundamentais: estudos em homenagem ao Professor Ives Gandra Martins*. São Paulo: Lex, 2005.

LIEBMAN, Enrico Tullio. *Manual de direito processual civil*. Rio de Janeiro: Forense, 1986.

LIMONGI FRANÇA, Rubens. *Manual de direito civil*. São Paulo: Ed. RT, 1975.

L SÃO, Luciana. Infidelidade partid.vil.tais: estudos em homenagem : análise de um caso concreto. *Revista Brasileira de Direito Eleitoral estud*. ano 2. n. 3. p. 133-153. Belo Horizonte, jul.-dez. 2010.

LUHMANN, Niklas. A posição dos tribunais no sistema jurídico. *Revista da Ajuris*. Porto Alegre: Ajuris, 1990.

MALBERG, R. Carré. *Contribution à la theorie générale de l'État*. Paris: Recueil Sirey, 1920. t. I.

MARKY, Thomas. *Curso elementar de direito romano*. 3. ed. São Paulo: Saraiva, 1987.

MARQUES, José Frederico. *Manual de direito processual civil*. São Paulo: Saraiva, 1976. vol. 1.

MAXIMILIANO, Carlos. *Hermenêutica e aplicação do direito*. 19. ed. Rio de Janeiro: Forense, 2002.

MEDAUAR, Odete. *Direito administrativo moderno*. 6. ed. São Paulo: Ed. RT, 2002.

MEIRELLES, Hely Lopes. *Direito administrativo brasileiro*. São Paulo: Malheiros, 2003.

_____. *Direito municipal brasileiro*. 14. ed. São Paulo: Malheiros, 2006.

MENDES, Gilmar Ferreira. A atividade normativa da Justiça Eleitoral no Brasil. *Direito e democracia: debates sobre reforma política e eleições*. Rio de Janeiro: EJE/TRE-RJ, 2008.

MILL, John Stuart. *O governo representativo*. Brasília: UnB, 1981.

MIRANDA, Jorge. *Manual de direito constitucional*. Coimbra: Coimbra Ed., 1985.

MONTESQUIEU. *De l'esprit des lois*. Paris: Gallimard, 1951. vol. 2. Oeuvres complètes. Dijon, Bibliothèque de La Pléiade.

MOREIRA ALVES, José Carlos. *Direito romano*. Rio de Janeiro: Forense, 2003.

NEVES, Angela Cignachi Baeta. *O artigo 16-A da Lei 9.504/1997, introduzido pela Lei 12.034/2009, e a sua interpretação conforme a Constituição*. Instituto Brasileiro de Direito Eleitoral. Disponível em: [http://ibrade.org/pdf/angela_cignachi.pdf]. Acesso em: 29.08.2013.

NUNES, José de Castro. *Teoria e prática do Poder Judiciário*. Rio de Janeiro: Forense, 1943.

OLIVEIRA JR., Waldemar Mariz de. *Curso de direito processual civil*. São Paulo: Ed. RT, 1968. vol. 1.

ORTEGA Y GASSET, José. *La rebelión de las masas*. 14. ed. Madrid: Espasa-Calpe, 1958.

PEREIRA, Erick Wilson. *Direito eleitoral: interpretação e aplicação das normas constitucionais-eleitorais*. São Paulo: Saraiva, 2010.

PIMENTA BUENO, José Antônio. *Direito público brasileiro e análise da Constituição do Império*. Brasília: Senado Federal, 1978.

PONTES DE MIRANDA, Francisco Cavalcanti. *Tratado de direito privado. Validade. Nulidade. Anulabilidade*. Campinas: Bookseller, 2000. t. IV.

PORTO, Walter Costa. *Dicionário do voto*. São Paulo: Imprensa Oficial do Estado, 2000.

RAMAYANA, Marcos. *Direito eleitoral*. 10. ed. Niterói: Impetus, 2010.

REALE, Miguel. *Introdução à filosofia*. 3. ed. São Paulo: Saraiva, 1994.

RIBEIRO, Fávila. *Direito eleitoral*. 5. ed. Rio de Janeiro: Forense, 2000.

_____. O direito eleitoral e a soberania popular. *Themis*. vol. 3. n. 1. p. 300. Fortaleza: Esmec, 2000.

ROSAS, Roberto. Função normativa da Justiça Eleitoral. *Boletim Eleitoral*. n. 244. Brasília: TSE, 1971.

ROUSSEAU, Jean-Jacques. *Du contract social; ou, Principes du droit politique*. Amsterdam: Chez Marc Michel Rey, 1762.

SAMPAIO, Nelson de Souza. A justiça eleitoral. *Revista Brasileira de Estudos Políticos*. n. 34. ano 16. p. 114. Belo Horizonte, jul. 1972.

SEABRA FAGUNDES, Miguel. *O controle dos atos administrativos pelo Poder Judiciário*. São Paulo: Saraiva, 1984.

SICHES, Luis Recaséns. *Tratado general de filosofia del derecho*. 6. ed. México: Porrua, 1978.

SILVA, Daniela Romanelli da. *Democracia e direitos polfia de*. Campinas: Editor-Autor, 2005.

SILVA, José Afonso da. *Comentário contextual à Constituição*. 4. ed. São Paulo: Malheiros, 2006.

_____. *Curso de direito constitucional positivo*. São Paulo: Malheiros, 1997.

SILVA, Virgílio Afonso. *Sistemas eleitorais*. São Paulo: Malheiros, 1999.

SOUZA, Francisco Belisário Soares de. *O sistema eleitoral no Império*. Brasília: Senado Federal, 1979.

SUNSTEIN, Cass R. *A Constituição parcial*. Belo Horizonte: Del Rey, 2009.

TELLES JR., Godofredo. *Tratado da consequência*. São Paulo: Bushatsky, 1962.

TELLES, Olívia Raposo da Silva. *Direito eleitoral comparado: Brasil, Estados Unidos e França*. São Paulo: Saraiva, 2009.

TEMER, Michel. *Elementos de direito constitucional*. 18. ed. São Paulo: Malheiros, 2002.

TESHEINER, José Maria. *Pressupostos processuais e nulidades do processo civil*. São Paulo: Saraiva, 2000.

THEODORO JR., Humberto. *Curso de direito processual civil*. Rio de Janeiro: Forense, 2000. vol. 1.

TOFFOLI, José Antônio Dias. Breves considerações sobre a fraude ao direito eleitoral. *Revista Brasileira de Direito Eleitoral – RBDE*. ano 1. n. 1. p. 45-61. Belo Horizonte, jul.-dez. 2009.

TOMELIN, Georghio Alessandro. Arguição de descumprimento de preceito fundamental: instrumento para uma remodelada "interpretação autêntica" dos direitos fundamentais. In: CUNHA, Sérgio Sérvulo; GRAU, Eros Roberto (org.). *Estudos de direito constitucional em homenagem a José Afonso da Silva*. São Paulo: Malheiros, 2003.

URRUTY, Carlos Alberto. La organización electoral en el Uruguay. Observatorio Electoral Latinoamericano, 2002. Disponível em: [http://observatorioelectoral.org/biblioteca/?bookID=12&page=2]. Acesso em: 29.05.2003.

UZÉ, Charles. *De la nullité en matière d'élections politiques*. Paris: L. Larose & Forcel, 1896.

VELLOSO, Carlos Mário da Silva. *Direito constitucional*. Brasília: Consulex, 1998.

_____. A reforma eleitoral e os rumos da democracia no Brasil. In: ROCHA, Cármen Lúcia Antunes; VELLOSO, Carlos Mário da Silva (org.). *Direito eleitoral*. Belo Horizonte: Del Rey, 1996.

_____. Do poder regulamentar. *Revista Jurídica LEMI*. ano 15. n. 174. maio 1982.

_____. AGRA, Walber de Moura. *Elementos de direito eleitoral*. 2. ed. São Paulo: Saraiva, 2010.

WALKER, David B. *The rebirth of federalism*. 2. ed. New York: Seven Bridges Press, 1995.

WILLOUGHBY, Westel Woodbury. *The Constitucional Law of the United States*. New York: Baker, Voorhis, 1910. vol. 1.

ZACHARIAE, K. S. *Le droit civil français*. Trad. G. Masé e Charles Vergé. Paris: SDE, 1854. t. I.

CONCLUSÕES

A noção de soberania popular foi introduzida por Jean-Jacques Rousseau na obra *Du Contract Social; ou, Principes du droit politique*, publicada em abril de 1762.[1] Ao retomar o tema da legitimidade do poder, esse pensador partiu da premissa de que os homens, em um passado distante, teriam vivido no estado de natureza, longe da sociedade, rumo a uma associação ou contrato social que garantisse, simultaneamente, a igualdade e a liberdade. Rousseau ultrapassou restrições opostas ao exercício ilimitado do poder, determinado pelas leis divinas e pelo direito natural, para assentar que o povo, submetido às leis, deve ser o autor das mesmas, pois somente aos associados do pacto social competiria regulamentar as condições da sociedade.

Nesse sentido, a Constituição Republicana de 1988 consagrou, entre outros, o princípio da soberania popular ao declarar, no seu art. 1.º, parágrafo único, que todo o poder emana do povo, que o exerce por meio de representantes eleitos ou diretamente.[2] O art. 14, *caput*, da mesma Carta, assevera que a soberania popular será exercida pelo sufrágio universal e pelo voto direto e secreto, com valor igual para todos. Sobre o tema, Fávila Ribeiro assentou que a soberania popular é o ponto fundamental da concepção do regime democrático.[3]

Não obstante os defeitos inerentes ao sistema partidário brasileiro, hoje, os partidos políticos são absolutamente indispensáveis ao processo democrático, não apenas porque expressam múltiplos interesses e aspirações dos mais variados grupos sociais, mas, principalmente, porque são fundamentais para a formação de líderes políticos e seleção de candidatos aos cargos populares de natureza eletiva.[4]

A evolução histórica do sistema eleitoral brasileiro, que se iniciou na primeira metade no século XVI, quando se realizaram as primeiras eleições no Brasil, sob regência das Ordenações Manoelinas e votação por pelouros, e passou por toda

---

1. ROUSSEAU, Jean-Jacques. *Du contract social; ou, Principes du droit politique*. Amsterdam: Chez Marc Michel Rey, 1762. 323 p.
2. "Todo poder emana do povo, que o exerce por meio de representantes eleitos ou diretamente, nos termos desta Constituição." (art. 1.º, parágrafo único, da CF/1988).
3. RIBEIRO, Fávila. O direito eleitoral e a soberania popular. *Themis*. vol. 3. n. 1. Fortaleza: Esmec, 2000. p. 300.
4. SILVA, Daniela Romanelli da. *Democracia e direitos políticos*. Campinas: Editor-Autor, 2005. p. 62.

legislação eleitoral dos círculos, terços até o triunfo dos liberais na reforma que culminou com a Lei Saraiva, de janeiro de 1881, demonstra o aprimoramento contínuo e possível das eleições.

Com o fim do Império, em 15.11.1889, o Brasil estava com um sistema eleitoral bastante amadurecido, fruto de quase sete décadas de inúmeros aperfeiçoamentos que culminaram com a Lei Saraiva, redigida por Ruy Barbosa, o que facilitou sobremaneira a transição para a República.

A proclamação da República revela um novo período para o sistema eleitoral, com enormes desafios a serem superados em busca da verdade eleitoral, somente atingível com o fim das eleições fraudadas e decididas a bico de pena, e a criação de uma Justiça Eleitoral forte.

Com efeito, a busca da verdade eleitoral sufragada nas urnas sempre foi o principal objetivo perseguido pela Justiça Eleitoral e o principal motivo de sua criação pelos revolucionários de 1930. É que, como bem assentou Victor Nunes Leal, "a corrupção eleitoral tem sido um dos mais notórios e enraizados flagelos do regime representativo no Brasil".[5]

Com a Revolução vitoriosa, instituiu-se o Governo Provisório por meio do Dec. 19.398, de 11.11.1930, com inúmeras subcomissões para estudo e reforma das leis, entre as quais a 19.ª Subcomissão Legislativa, que elaborou o anteprojeto do Código Eleitoral. A comissão foi composta por João Crisóstomo da Rocha Cabral (relator), Francisco de Assis Brasil e Mário Pinto Serva, que, inspirados no Tribunal Eleitoral Tcheco,[6] de 1920, elaboraram o esboço do nosso primeiro Código Eleitoral.

Assim, com o advento do Dec. 21.076, de 24.02.1932, foi publicado o Código Eleitoral, com profundas alterações no sistema eleitoral, tais como: a representação proporcional, o sufrágio feminino,[7] a idade de 18 anos para se tornar eleitor, a maior segurança ao sigilo do sufrágio. Mais do que isso, esse Codex confiou o alistamento eleitoral, a apuração dos votos e o reconhecimento da proclamação dos candidatos eleitos à Justiça Eleitoral.

Após o golpe de 1937, raiou a democracia e restaurou-se a Justiça Eleitoral, por meio do Dec.-lei 7.586, de 28.05.1945. Do Império à República, nesse breve

---

5. LEAL, Victor Nunes. *Coronelismo, enxada e voto*. 7. ed. São Paulo: Cia. das Letras, 2012. p. 222.
6. VELLOSO, Carlos Mário da Silva. A reforma eleitoral e os rumos da democracia no Brasil. In: ROCHA, Cármen Lúcia Antunes; VELLOSO, Carlos Mário da Silva (org.). *Direito eleitoral*. Belo Horizonte: Del Rey, 1996. p. 14.
7. O sufrágio feminino é resultado de proposta da Confederação Católica do Rio de Janeiro, mas, em 1924, Basílio Magalhães já havia proposto, na Câmara dos Deputados, o voto secreto e obrigatório, bem como o sufrágio e a elegibilidade das mulheres. LEAL, Victor Nunes. *Coronelismo...* cit., p. 327.

retrospecto histórico, os passos das eleições no Brasil demonstram, com muita clareza, que as pegadas imperiais e antidemocráticas, que marcaram o caminho trilhado por homens que resolveram eleições a bico de pena, foram deixadas para trás, porque mais forte que a tirania foi a busca incansável do povo brasileiro pela verdade eleitoral sufragada nas urnas, a principal razão de ser da Justiça Eleitoral.

Portanto, a evolução histórica revela que eleições livres sempre estiveram na pauta de lutas do vitorioso povo brasileiro o qual, mesmo navegando em águas turvas e revoltas em que não se enxergava a democracia, ou cruzando mares repletos de piratas da soberania popular, sempre resistiu bravamente e apontou a proa do barco para águas transparentes do raiar democrático.

A Constituição Federal de 1988 estabeleceu que a organização e a competência da Justiça Eleitoral devem ser disciplinadas por lei complementar (art. 121), entretanto o constituinte fixou estruturas sólidas para o seu pleno desenvolvimento. Assim, a Constituição organizou a Justiça Eleitoral em quatro órgãos, hierarquicamente dispostos na seguinte classificação: (i) TSE; (ii) TREs; (iii) Juízes Eleitorais; (iv) Juntas Eleitorais (art. 118 da Constituição), com competências bem definidas.

Como um espelho daquilo que ocorre com a clássica doutrina da separação dos Poderes, ou melhor, da divisão de funções do Estado, a Justiça Eleitoral, além da sua atividade típica jurisdicional, também exerce, de forma atípica, funções administrativas e legislativas. Assim, identificam-se quatro funções na Justiça Eleitoral: a administrativa; a jurisdicional; a normativa; e a consultiva.

A função administrativa é aquela em que a Justiça Eleitoral organiza e executa as eleições, lançando mão de todos os recursos e esforços possíveis para o sucesso do pleito. A jurisdicional se caracteriza pela resolução judicial dos conflitos de interesses travados antes e depois do processo eleitoral, com a finalidade de garantir a legitimidade democrática e paridade de armas no pleito. E essa jurisdição se manifesta no bojo de ações e recursos eleitorais processados perante as Zonas Eleitorais, os TREs e o TSE, seu órgão de cúpula.

Objeto central do presente estudo, a histórica função normativa da Justiça Eleitoral se insere no âmbito de atividade legislativa regulamentar, prevista na legislação de regência, desde o primeiro Código Eleitoral (Dec. 21.076, de 24.02.1932) que, em seu art. 14, I e IV, estabelecia competência do Tribunal Superior para elaborar seu regimento interno e dos Tribunais Regionais e para "fixar normas uniformes para a aplicação das leis e regulamentos eleitorais, expedindo instruções que entenda necessárias". Já a função consultiva é a competência da Justiça Eleitoral para responder aos questionamentos feitos, em tese, por autoridade pública ou partido político.

Com base na teoria geral das nulidades, o estudo ingressou no campo das nulidades eleitorais expondo as distinções teóricas e positivadas entre votações viciadas e os votos nulo, anulável e em branco, para, à luz do vetor da maioria, defender a validade relativa de votos anulados no pleito majoritário e a realização de novas eleições no caso de dupla vacância no Executivo, quando motivada por decisão da Justiça Eleitoral.

No Direito Eleitoral brasileiro, a precisa distinção entre o voto nulo, o voto anulável e o voto branco decorre dos arts. 175 a 178 e 219 a 221, todos do Código Eleitoral. Nesse sentido, o Código Eleitoral, em seu art. 175, aduz que serão nulas as cédulas: (i) que não corresponderem ao modelo oficial; (ii) que não estiverem devidamente autenticadas; (iii) que contiverem expressões, frases ou sinais que possam identificar o voto. De outro lado, serão nulos os votos, em cada *eleição majoritária*: (i) quando forem assinalados os nomes de dois ou mais candidatos para o mesmo cargo; (ii) quando a assinalação estiver colocada fora do quadrilátero próprio, desde que torne duvidosa a manifestação da vontade do eleitor.

Já na eleição proporcional, os votos serão nulos: (i) quando o candidato não for indicado, por meio do nome ou do número, com clareza suficiente para distingui-lo de outro candidato ao mesmo cargo, mas de outro partido, e o eleitor não indicar a legenda; (ii) se o eleitor escrever o nome de mais de um candidato ao mesmo cargo, pertencentes a partidos diversos, ou, indicando apenas os números, o fizer também de candidatos de partidos diferentes; (iii) se o eleitor, não manifestando preferência por candidato, ou fazendo de modo que não se possa identificar o de sua preferência, escrever duas ou mais legendas diferentes no espaço relativo à mesma eleição (art. 175, §§ 1.º e 2.º, do Código Eleitoral).

Ao tratar das nulidades da votação no capítulo VI, o Código Eleitoral discrimina cuidadosamente a *votação nula* da *votação anulável*, sob o princípio de que, na aplicação da lei eleitoral, o juiz atenderá sempre aos fins e resultados a que ela se dirige, abstendo-se de pronunciar nulidades sem demonstração do prejuízo, e o princípio de que "a declaração de nulidade não poderá ser requerida pela parte que lhe deu causa nem a ela aproveitar" (art. 219 do CE).

Portanto, nula é a votação: (i) quando feita perante mesa não nomeada pelo juiz eleitoral, ou constituída com ofensa à letra da lei; (ii) quando efetuada em folhas de votação falsas; (iii) quando realizada em dia, hora, ou local diferentes do designado ou encerrada antes das 17 horas; (iv) quando preterida formalidade essencial do sigilo dos sufrágios; (v) quando a seção eleitoral tiver sido localizada com infração do disposto nos §§ 4.º e 5.º do art. 135. Assim, "a nulidade será pronunciada quando o órgão apurador conhecer do ato ou dos seus efeitos e a encontrar provada, não lhe sendo lícito supri-la, ainda que haja consenso das partes" (art. 220 do CE).

De outro lado, é anulável a votação: (i) quando houver extravio de documento reputado essencial; (ii) quando for negado ou sofrer restrição o direito de fiscalizar, e o fato constar da ata ou de protesto interposto, por escrito, no momento; (iii) quando votar, sem as cautelas do art. 147, § 2.º, a saber: (a) eleitor excluído por sentença não cumprida por ocasião da remessa das folhas individuais de votação à mesa, desde que haja oportuna reclamação de partido; (b) eleitor de outra seção, salvo a hipótese do art. 145; (c) alguém com falsa identidade em lugar do eleitor chamado (art. 221 do CE); (iv) quando viciada de falsidade, fraude, coação, interferência do poder econômico e o desvio ou abuso do poder de autoridade, ou emprego de processo de propaganda ou captação de sufrágio vedado por lei (arts. 222 e 237, ambos do Código Eleitoral).

Ressalte-se, portanto, que, toda vez que a votação for viciada de falsidade, fraude, coação, ingerência do poder econômico e o descaminho ou abuso do poder de autoridade, ou uso de processo de propaganda ou captação de sufrágio vedado por lei, a votação é anulável e não nula. E é anulável porque os votos produziram efeitos no tempo e no espaço, como, por exemplo, a diplomação dos eleitos e exercício do mandato político. Evidente que, ao se anular esses votos, não há como dizer que os atos jurídicos praticados no exercício do mandato simplesmente não existiram. Fosse assim, a Justiça Eleitoral teria que anular *ab initio* todos os atos praticados pelo mandatário cassado, inclusive nomeações para os cargos de confiança, ordenação de despesas, políticas públicas realizadas, o que seria impraticável sob o ângulo da teoria das nulidades.

Desse modo, a diferença entre as concepções existentes entre o voto nulo e o voto anulável é tão evidente que a jurisprudência do TSE entende ser impossível a sua soma para fins de incidência do art. 224 do Código Eleitoral. Com efeito, se fossem somados os votos nulos com os anuláveis, em numerosos casos, a nulidade atingiria mais da metade dos votos, o que implicaria novas eleições.

Quanto aos votos em branco, esses não compõem a base de cálculo do sistema eleitoral majoritário, por expressa disposição nos arts. 28, *caput*, 29, II e 77, § 2.º, da Constituição da República. No sistema proporcional, registro que a discussão sobre a sua validade, travada no TSE[8] e, também, na Suprema Corte,[9] foi superada com a revogação, pelo art. 107 da Lei 9.504/2007, do parágrafo único do art. 106 do Código Eleitoral, que determinava o cômputo dos votos em branco como para composição do quociente eleitoral, método que era tradicional no País.

No âmbito do sistema de representação majoritária, o vetor da maioria decorre da essência da própria democracia. Entretanto, para solucionar o problema de eventual governo eleito por uma maioria apenas relativa, isto é, inferior à soma dos votos obtidos por todas as demais agremiações, determinados sistemas passaram a exigir a maioria absoluta, ou seja, considera-se eleito aquele que obtiver mais da metade dos votos válidos.

---

8. Cf. Acórdãos 11.890, rel. Min. Vilas Boas, 11.933/RO, rel. Min. Célio Borja, 11.957/ES, rel. Min. Hugo Gueiros, Cta 14.428/DF, rel. Min. FlaquerScartezzini.
9. RE 140.386/MT, rel. Min. Carlos Velloso.

Na Constituição Federal de 1988, a maioria absoluta dos votos é exigida para eleição do Presidente e Vice-Presidente da República (art. 77, § 2.º),[10] para eleição do Governador e Vice-Governador (art. 28, *caput*,[11] combinado com o art. 32, § 2.º),[12] e nas eleições para Prefeito e Vice-Prefeito nos municípios com mais de duzentos mil eleitores (art. 29, II).[13]

A maioria constitucionalmente exigida no segundo turno também é absoluta, pois as expressões "maioria absoluta de votos, não computados os em branco e os nulos" (art. 77, § 2.º) e "maioria de votos válidos" (art. 77, § 3.º) são equivalentes. Assim, com base em tais premissas, conclui-se que, ao considerar, como absolutamente nulos, os votos anulados após a eleição majoritária realizada em dois turnos, o TSE afronta os princípios constitucionais da soberania popular (art. 1.º, parágrafo único, c/c com o art. 14, *caput*) e da maioria (art. 77, §§ 2.º e 3.º), pois a maioria encontrada na fórmula engendrada não corresponde à verdadeira maioria absoluta que se impõe no pleito majoritário.

Em outras palavras, ao invalidar em termos absolutos a efetiva manifestação da soberania popular consubstanciada no sufrágio ulteriormente anulado, o TSE encontra, na verdade, uma *maioria meramente relativa* decorrente de votos relativamente nulos, jamais a *maioria absoluta exigível* pela Constituição Republicana de 1988 na espécie.

Não há possibilidade em nosso sistema majoritário que a "maioria dos votos válidos" exigível no segundo turno não corresponda exatamente à "maioria absoluta dos votos" que significa 50% + 1 dos votos válidos. Portanto, para se apurar "a maioria dos votos válidos", excluem-se os votos em branco e nulos do cálculo do quociente eleitoral. Assim, o resultado encontrado será precisamente "50% + 1 dos votos válidos", que é, logicamente, igual à "maioria absoluta" dos votos que, por sua vez é diferente de "maioria simples".

---

10. Art. 77, § 2.º, da CF/1988: "Será considerado eleito Presidente o candidato que, registrado por partido político, obtiver a maioria absoluta de votos, não computados os em branco e os nulos".
11. Art. 28, *caput*, da CF/1988: "A eleição do Governador e do Vice-Governador de Estado, para mandato de quatro anos, realizar-se-á no primeiro domingo de outubro, em primeiro turno, e no último domingo de outubro, em segundo turno, se houver, do ano anterior ao do término do mandato de seus antecessores, e a posse ocorrerá no dia 1.º de janeiro do ano subsequente, observado, quanto ao mais, o disposto no art. 77".
12. Art. 32, § 2.º, da CF/1988: "A eleição do Governador e do Vice-Governador, observadas as regras do art. 77, e dos Deputados Distritais coincidirá com a dos Governadores e Deputados Estaduais, para mandato de igual duração.
13. Art. 29, II, da CF/1988: "eleição do Prefeito e do Vice-Prefeito realizada no primeiro domingo de outubro do ano anterior ao término do mandato dos que devam suceder, aplicadas as regras do art. 77 no caso de Municípios com mais de duzentos mil eleitores".

Conclui-se que na hipótese de *dupla vacância* nos cargos de Chefe do Executivo, *independentemente da identificação de sua causa, não pode* a Justiça Eleitoral afastar a aplicação do *parâmetro Constitucional da eleição* – direta ou indireta – consagrado no art. 81 da Constituição Republicana ou conforme estabelecer a respectiva Constituição Estadual ou Lei Orgânica Municipal, sob pena de transgressão ao princípio constitucional da soberania popular.

Desse modo, os votos anulados por decisão judicial após a eleição majoritária em dois turnos não são absolutamente nulos e, por consequência, não podem ser excluídos da base de cálculo do quociente eleitoral. É que o voto anulado não é absolutamente nulo, mas relativamente nulo. O Código Eleitoral é claro ao distinguir como *anulável* a votação viciada de falsidade, fraude, coação, interferência do poder econômico e o desvio ou abuso do poder de autoridade, ou emprego de processo de propaganda ou captação de sufrágio vedado por lei (arts. 222 e 237, ambos do Código Eleitoral).

Sob o aspecto formal, os regulamentos são atos administrativos, conforme reconhece a clássica doutrina do direito público, consubstanciada, entre outros, em Hauriou,[14] Carré de Malberg[15] e Esmein.[16] A principal marca dos regulamentos é que não são baixados pelo Legislativo, mas por autoridades administrativas do poder público. Para Malberg, em linhas gerais, o regulamento não apresenta diferenças materiais com a lei, concluindo que as suas nuanças estão na forma e no autor.

A convivência entre as leis e os regulamentos revela uma tensão permanente, pois, é atípico que um Chefe de Estado possa, em paralelo ao parlamento, baixar atos normativos, como decretos, resoluções, medidas provisórias. Quando essas normas regulamentares emanam do Judiciário, a situação se torna ainda mais atípica. Por isso, é preciso investigar qual o fundamento, sentido e alcance do poder regulamentar, que é ato administrativo sob o ponto de vista formal, mas, sob o ângulo material, pode apresentar a natureza de uma lei abstrata.

Sob uma retrospectiva histórica, as constituições brasileiras sempre cuidaram do poder regulamentar. Na Carta do Império, de 1824, se previam regulamentos "adequados à boa execução das leis" (art. 102), embora o fato não mereça maior destaque, em razão do poder ilimitado do imperador.

Na primeira Constituição Republicana de 1891 e na Constituição de 1934, os regulamentos destinavam-se à "fiel execução das leis" (arts. 48 e 56). Já na Carta

---

14. HAURIOU, Maurice. *Précis de droit administratif et de droit public général*. 4. ed. Paris: Recueil Sirey, 1900, p. 40 e ss.
15. MALBERG, R. Carré. *Contribution à la theorie génerale de l'État*. Paris: Recueil Sirey, 1920.t. I, p. 548.
16. ESMEIN, Adhemar. *Éléments de droit constitutionnel français et comparé*. 5. ed. Paris: Recueil Sirey, 1909. p. 475 e 610.

de 1937, o Presidente da República estava autorizado a "sancionar, promulgar e fazer publicar as leis e expedir decretos e regulamentos para a sua execução" (art. 74), mas não de forma "fiel", uma vez que a palavra foi suprimida do Texto Magno, somente retornando com a redemocratização, no art. 87, I, da Constituição de 1946, fórmula mantida nas Cartas de 1967 (art. 83, III) e 1969 (art. 81, III). Finalmente, a Constituição Republicana de 1988 assenta competência privativa ao presidente para "sancionar, promulgar e fazer publicar as leis, bem como expedir decretos e regulamentos para a sua fiel execução" (art. 84, IV).

A Constituição Federal de 1988, quando fixou competências para editar atos normativos primários, delegou algumas funções ao Executivo, como o poder extraordinário para baixar medida provisória (art. 62) ou editar leis delegadas (art. 68, *caput*). Além dessa função normativa primária, o Constituinte confiou atribuições normativas secundárias ao Executivo, como, por exemplo, a de baixar decreto autônomo que disponha sobre organização e funcionamento da administração federal quando não implicar aumento de despesa nem criação ou extinção de órgãos públicos (art. 84, VI, *a*).

A histórica atividade regulamentar da Justiça Eleitoral se insere no âmbito de atividade legislativa regulamentar, prevista na legislação de regência, desde o Dec. 21.076, de 24.02.1932, o primeiro Código Eleitoral do Brasil, que, em seu art. 14, I e IV, fixava competência ao Tribunal Superior para elaborar o seu regimento interno e dos Tribunais Regionais, bem como para "fixar normas uniformes para a aplicação das leis e regulamentos eleitorais, expedindo instruções que entenda necessárias". Essa atribuição normativa foi mantida no art. 13, *a* e *p*, da Lei 48, de 04.05.1935, que promoveu ampla reforma no Código Eleitoral, no art. 9.º, *a* e *g*, do Código Eleitoral de 1945 (Dec.-lei 7.586, de 28.05.1945), que ficou conhecido como Lei Agamemnon e, por fim, no art. 23, I e IX, do Código Eleitoral vigente (Lei 4.737, de 15.07.1965).

Portanto, a função normativa da Justiça Eleitoral é aquela exercida pelo TSE, no uso de seu poder regulamentar, por meio de regulamentos autônomos e independentes impregnados de abstratividade, impessoalidade e generalidade, com força de lei ordinária federal. Por essas características, são aptos a instaurar o controle abstrato de constitucionalidade concentrado no STF.

O Código Eleitoral vigente de 1965, na parte que disciplina a organização e a competência da Justiça Eleitoral, foi recepcionado pela Constituição de 1988 como Lei Complementar em sentido material. Isso significa que o art. 23, IX, que fixa a competência regulamentar do TSE, integra a parte recebida pela Lei Maior. Ademais, o STF jamais questionou, sob o ângulo formal, a competência do TSE para expedir resoluções autônomas, o que corrobora a constitucionalidade desse poder normativo, dentro de certos limites legais.

O poder regulamentar da Justiça Eleitoral brasileira encontra paralelo em outros países, como Costa Rica e Uruguai, entre outros, sempre com o mesmo objetivo de organizar, executar e regulamentar as eleições livres e justas, de forma independente e com a menor interferência possível do Executivo e Legislativo na condução do processo eleitoral.

Os regulamentos da Justiça Eleitoral manifestam-se por meio dos processos autuados na classe instrução, nos feitos administrativos, nas demandas jurisdicionais, nas consultas normais ou normativas, sob o título resolução, nos regimentos, provimentos e portarias internas baixados pelos Tribunais, com o objetivo de nortear o funcionamento da máquina eleitoral.

Identificam-se quatro espécies de resoluções eleitorais: (i) normativas; (ii) regulamentares; (iii) contenciosas-administrativas; e (iv) consultivas, todas com o objetivo comum de organizar, regulamentar e executar as eleições.

O primeiro tipo de resolução é a normativa, que possui conteúdo de ato normativo abstrato, genérico e impessoal e, portanto, tem força de lei em sentido material. Normalmente, essas resoluções são originárias dos processos autuados sob a classe "instrução" no âmbito do TSE, mas, em casos excepcionais, emanam de processos administrativos, jurisdicionais ou até mesmo de consultas. Por possuir conteúdo de ato normativo primário – lei em sentido material –, essa sorte de resolução pode ser objeto do controle abstrato de constitucionalidade no STF.

A segunda espécie de resolução é a regulamentativa, que consiste em ato normativo secundário, simplesmente regulamentar, que não pode ser objeto da fiscalização abstrata de constitucionalidade no STF.

A terceira sorte de resolução identificada é a contenciosa-administrativa, que se fundamenta em uma decisão de cunho administrativo cujos efeitos, em regra, vinculam somente as partes, como, por exemplo, em pedidos de alteração no estatuto de partido político (Res. 23.077/2009 – Pet 100/DF, rel. Min. Marcelo Ribeiro, de 04.06.2009), de remoção de servidor (Res. 23.174/2009 – PA 20.254/PI, rel. Min. Felix Fischer, de 28.10.2009), de pagamento de diárias a servidor da Justiça Eleitoral (Res. 23.263/2010 – PA 53.510/PI, rel. Min. Cármen Lúcia, de 11.05.2010), de prestação de contas partidárias, entre outros.

O último tipo de resolução é a consultiva, editada a partir de uma resposta do TSE a questionamentos abstratos formulados por autoridade com jurisdição federal ou por órgão nacional de partido político. Essas decisões possuem natureza meramente administrativa e não jurisdicional, por isso sem nenhum efeito vinculante ou obrigatório, conforme jurisprudência dominante do STF e pacífica do TSE.

Com a alteração implementada por meio da Res. 23.308/2010, reservou-se o uso do título "resolução" apenas às decisões decorrentes do poder normativo e regulamentar do Tribunal e não a questões de natureza meramente administrativa ou consultiva.

Os elementos do poder normativo da Justiça Eleitoral são os pressupostos e os requisitos. Pressupostos são premissas, postulados e dizem respeito ao plano *descritivo* da existência jurídica (mundo do ser), enquanto os requisitos são circunstâncias do plano *prescritivo* da validade (mundo do dever ser). Assim, aponta como pressupostos ou condições existenciais para esses regulamentos eleitorais: órgão jurisdicional, requerente, processo e eleição. De outro lado, são requisitos de validade: competência, capacidade, audiência pública e publicidade.

Desse modo, independentemente do sentido e alcance doutrinário dos pressupostos existenciais e dos requisitos de validade, o ponto comum de partida é que, como bem assentou J. J. Calmon de Passos, "os pressupostos, requisitos de condições" constituem os denominados "elementos do ato" normativo e, "satisfeitos os pressupostos e requisitos, tem-se a validade do ato".[17]

O exercício do poder normativo, sem dúvida nenhuma, é a mais sensível das funções desempenhadas pela Justiça Eleitoral brasileira, pois, não raro ultrapassa as fronteiras e limites do Judiciário para inovar em matéria legislativa. As resoluções eleitorais devem ser expedidas segundo a lei (*secundum legem*) ou para suprimir alguma lacuna normativa (*praeter legem*), jamais devem contrariar uma lei (*contra legem*), ou mesmo inovar em matéria legislativa, sob pena de invalidação do ato regulamentar.

A ideia dos freios e contrapesos sempre esteve muito presente na fundação da Constituição norte-americana, de modo altamente perceptível não apenas para os juristas, mas para toda população diretamente envolvida nos debates constitucionais. Tanto é assim que, durante a convenção de ratificação da Carta Magna, em 25.01.1788, no Estado de Massachusetts, entraram para a história as palavras de Jonathan Smith, um simples fazendeiro local que discursou sobre o perigo da anarquia e assentou ter descoberto, no texto Constitucional, a cura para as desordens e abuso do poder, nos *checks and balances of power*.[18]

O poder político é uno e indivisível, teoricamente, porque seu titular é o povo, que não o divide, senão que, em face da ação do Poder Constituinte, confere seu exercício a diferentes órgãos encarregados de exercer distintas tarefas ou atividades, ou ainda diferentes funções. Portanto, a utilização da expressão "tripartição de Poderes" é equívoca e meramente acadêmica.

---

17. CALMON DE PASSOS, J. J. *Esboço de uma teoria das nulidades aplicada às nulidades processuais*. Rio de Janeiro: Forense, 2002. p. 36.
18. "Mr. President, when I saw this Constitution, I found that it was a cure for these disorders. It was just such a thing as we wanted. I got a copy of it and read it over and over. I had been a member of the Convention to form our own state Constitution, and had learnt something of the checks and balances of power, and I found them all hereem all heresaw this Constitution, I found that it was a cure for these diso. BAILYN, Bernard. *The debate on the Constitution. Part One*. New York: The Library of America, 1993. p. 907-908.

É que o poder é uma unidade, é atributo do Estado. A distinção é entre órgãos que desempenham as funções. Montesquieu sistematizou a repartição das funções do poder, propondo a criação de órgãos distintos e independentes uns dos outros para o exercício de certas e determinadas funções.[19] Assim, o mérito dessa doutrina não foi o de propor certas atividades para o Estado, pois estas já eram identificáveis.

O valor desta teoria está na proposta de um sistema em que cada órgão desempenhe função distinta e, ao mesmo tempo, que a atividade de cada qual caracterizasse forma de contenção da atividade do outro órgão do poder. O maior problema reside no desbordamento das funções do poder, ou seja, no ingresso indevido do Judiciário no domínio constitucionalmente delimitado ao Executivo e ao Legislativo.

O ativismo judicial eleitoral se faz presente toda vez que um Tribunal de Justiça invade – legítima ou ilegitimamente – matéria de direito eleitoral em um campo normativamente reservado ao Executivo ou ao Legislativo. Essa intrusão pode ser implementada tanto pela via jurisprudencial quanto pela via administrativa, por meio da edição de atos normativos ou regulamentares.

Quando o ato decisório ou normativo *ultra vires* parte das Cortes Regionais Eleitorais busca-se a recomposição no TSE ou recorre-se ao STF. Quando o ato emana do TSE reclama-se ao STF, por meio das ações do controle concentrado de constitucionalidade.

Mas o grande embaraço institucional ocorre quando a própria Suprema Corte, que tem a última palavra na jurisdição constitucional, ou, como dizia Ruy Barbosa, "o direito de errar por último",[20] invade seara legislativa para inovar em matéria de direito. Quando isso ocorre, o único controle possível é o controle político. Aqui não está a se examinar os limites das decisões em que o STF exerce o clássico papel de legislador negativo (*Negativer Gesetzgeber*), registrado por Kelsen no Tribunal Constitucional austríaco (*Verfassungsgerichtshof*),[21] mas, sim, quando as Cortes de Justiça exercem uma atividade legislativa positiva.

O estado de inconstitucionalidade é o resultado do conflito de uma norma ou de um ato hierarquicamente inferior com a Lei Maior, a qual pode advir de uma *ação* ou de uma *omissão*. A inconstitucionalidade *por ação* é aquela que resulta de atos administrativos ou legislativos que violam no todo ou em parte regras ou princípios da Constituição. A propósito, José Afonso da Silva observa que o

---

19. TEMER, Michel. *Elementos de direito constitucional*. 18. ed. São Paulo: Malheiros, 2002. p. 117-124 e 155-167.
20. BARBOSA, Ruy. Discurso proferido na tribuna parlamentar, em 29 de dezembro de 1914.
21. KELSEN, Hans. *Teoria geral do direito e do Estado*. Brasília: UnB, 1990.

fundamento da inconstitucionalidade por *ação* está no fato de que, "do princípio da supremacia da constituição, resulta o da compatibilidade vertical das normas da ordenação jurídica de um país, no sentido de que as normas de grau inferior somente valerão se forem compatíveis com as normas de grau superior, que é a constituição".[22]

De outro lado, a inconstitucionalidade *por omissão* decorre da inércia ou do silêncio dos órgãos do Poder Público, que deixam de cumprir um dever constitucional, ou seja, se desoneram de praticar ato exigido pela Constituição, tornando-o inaplicável ou letra morta. Mas, como adverte Jorge Miranda, os conceitos de *ação* e *omissão* são meramente operacionais quando relacionados aos órgãos do poder.[23]

No campo das omissões constitucionais do Legislativo ou do Executivo, não há dúvida da legitimidade dos Tribunais para promover certo ativismo judicial na defesa de direitos fundamentais de certo indivíduo ou da coletividade. Tanto é assim que a Constituição Republicana de 1988 dispõe de instrumentos jurídicos apropriados para a defesa desses direitos, como o mandado de injunção, na via difusa, ou a ação direta de inconstitucionalidade por omissão, na via concentrada.

Para melhor visualizar e compreender o problema do avanço das resoluções eleitorais sobre matéria reservada ao Legislativo, abordamos três casos clássicos e mais relevantes em que as resoluções eleitorais foram editadas e validadas ao arrepio das leis e da Constituição da República: (i) verticalização das coligações partidárias; (ii) infidelidade partidária como causa de perda de mandato; (iii) invalidação dos votos de legenda.

A inconstitucionalidade da resolução eleitoral que impôs a verticalização era evidente. Errou o STF ao validar a resolução do TSE uma vez que a Instrução 55 não se tratava de mera consulta administrativa. O plenário não soube diferenciar duas resoluções formalmente distintas: (i) a Res. 21.002 (Consulta 715), meramente "consultiva"; e a Res. 20.993 (Instrução 55), ato normativo impregnado de generalidade, abstratividade e impessoalidade, com força de lei em sentido material, como uma Instrução para as Eleições de 2002. A tese vencedora apoiou-se em uma premissa falsa, qual seja, a de ser a norma impugnada mera consulta administrativa, e em outra questionável, a de que as resoluções eram atos regulamentares secundários e, portanto, imunes ao controle de constitucionalidade perante o STF.

---

22. SILVA, José Afonso da. *Curso de direito constitucional positivo*. São Paulo: Malheiros, 1997. p. 47.
23. MIRANDA, Jorge. *Manual de direito constitucional*. Coimbra: Coimbra Ed., 1985. p. 274.

Perdida a batalha jurídica no STF, que relutava em aceitar a tese de que o TSE teria inovado em matéria legislativa, ante a sensibilidade da questão, coube ao Congresso Nacional impor limite ao ativismo judicial eleitoral, promulgando a EC 52, de 08.03.2006, que deu nova redação ao § 1.º do art. 17 da CF para disciplinar – legitimamente – as coligações eleitorais.

Eis o *supremo paradoxo*: para a resolução eleitoral – com força de lei – que impôs nova regra de verticalização das coligações (Instrução 55 – Res. do TSE 20.993/2002), a Suprema Corte decidiu não aplicar o princípio da anterioridade da lei eleitoral (Ações Diretas de Inconstitucionalidade 2.626 e 2.628), entretanto, no julgamento da ADI 3.685, que examinou a EC 52/2006, a qual desfez a confusão normativa reinante, ou seja, restaurou as regras de coligações do tabuleiro eleitoral de 1998, o STF, contraditoriamente, decidiu aplicar o art. 16 da Constituição. E como uma cereja no cenário de dois pesos e duas medidas, foi a Min. Ellen Gracie quem redigiu ambos os acórdãos.

Justificativas meramente formais não escondem o pano de fundo, qual seja, a inequívoca inconstitucionalidade da Res. do TSE 20.993/2002 que tanto inovou em matéria constitucional que somente uma emenda à Constituição pode desconstituí-la. A EC 52/2006, cuja redação é materialmente inversa ao regulamento eleitoral, poderia ter recebido um último dispositivo, sem parecer piada: "Revoga-se o art. 4.º, § 1.º, da Res.-TSE 20.993/2002". Não precisou, claro, a revogação foi tácita.

O caso da infidelidade partidária como causa de perda de mandato parlamentar foi exótico sob vários aspectos jurídicos. O primeiro porque derivou de resposta do TSE na Consulta 1.398/DF, que, como se sabe, não possui – ou não deveria possuir – nenhum efeito vinculante conforme remansosa jurisprudência do TSE e do próprio STF (cf. ADI 1.805-MC/DF e razões do item 5.2.2 deste estudo). A segunda impropriedade foram os veículos utilizados para implementar reforma política no art. 55 da Constituição: o estreito mandado de segurança combinado com mero regulamento expedido pelo TSE. Em outras palavras, reformou-se a Constituição por decreto judicial que autorizou a Justiça Eleitoral a operar como constituinte derivada, por meio de regulamentos.

Após o exame da teoria das nulidades eleitorais conclui-se que, por meio de resoluções eleitorais normativas, o TSE implementou modificação inconstitucional no sistema político-eleitoral ao anular, para todos os efeitos, inclusive para a legenda, o cômputo dos votos atribuídos a candidatos que tiveram o seu registro indeferido após o dia da eleição.

O poder regulamentar e normativo da Justiça Eleitoral deve ser desenvolvido dentro de certos limites formais e materiais. Os regulamentos eleitorais só podem ser expedidos segundo a lei (*secundum legem*) ou para suprimir alguma lacuna normativa (*praeter legem*). Fora dessas balizas, quando a Justiça Eleitoral inova em matéria legislativa ou contraria dispositivo legal (*contra legem*), por meio de resolução, ela desborda da competência regulamentar, estando, por conseguinte, sujeita ao controle de legalidade ou constitucionalidade do ato.

Chega-se, assim, ao fim deste estudo que buscou apresentar uma modesta contribuição para o aperfeiçoamento da atividade regulamentar da Justiça Eleitoral brasileira, com respeito incondicional aos princípios e limites impostos pela Constituição Federal de 1988.

Revisão e diagramação eletrônica:
Textos & Livros Proposta Editorial S/C Ltda.
CNPJ 04.942.841/0001-79

Impressão e encadernação:
Geo-Gráfica e Editora Ltda.
CNPJ 44.197.044/0001-29

A.S. L8667